核心素养·名师课堂

预约课堂的精彩

——著名特级教师黄厚江中学语文教学智慧

黄厚江／著

漓江出版社
·桂林·

图书在版编目（CIP）数据

预约课堂的精彩：著名特级教师黄厚江中学语文教学智慧 / 黄厚江著 . -- 桂林：漓江出版社，2015.7（2022.2 重印）
（核心素养 · 名师课堂）
ISBN 978-7-5407-7589-6

Ⅰ . ①预… Ⅱ . ①黄… Ⅲ . ①中学语文课—教学研究 Ⅳ . ① G633.302

中国版本图书馆 CIP 数据核字（2015）第 145990 号

预约课堂的精彩
——著名特级教师黄厚江中学语文教学智慧

作　　者　黄厚江
策划组稿　文龙玉
责任编辑　章勤璐
封面设计　石绍康
责任监印　黄菲菲

出 版 人　刘迪才
出版发行　漓江出版社有限公司
社　　址　广西桂林市南环路 22 号
邮　　编　541002
发行电话　010-65699511　0773-2583322
传　　真　010-85891290　0773-2582200
邮购热线　0773-2582200
网　　址　www.lijiangbooks.com
微信公众号　lijiangpress

印　　制　三河市嵩川印刷有限公司
开　　本　710 mm × 960 mm　1/16
印　　张　19.5
字　　数　300 千字
版　　次　2015 年 7 月第 1 版
印　　次　2022 年 2 月第 3 次印刷
书　　号　ISBN 978-7-5407-7589-6
定　　价　59.80 元

目 录

第五章 让课堂成为一首交响曲

第六章 一切在于分寸之间

谁能预约课堂的精彩（序）

王开东

大家都知道，课堂的精彩来自课堂的创造。谁能预约课堂的精彩？

黄厚江老师能，而且黄老师告诉我们：大家都能。

凡听过黄老师课的人，几乎没有人不觉得精彩的。因此黄老师每年应邀在全国执教几十节公开课，因此许多人不惜开支较大的花费，到各地“跟踪”听黄老师的课，因此有学校专门派出教师到黄老师身边随堂听课，因此全国许许多多像我这样的年轻老师拜到黄老师的门下，想在他那里学到语文课堂教学的真经，获得让课堂精彩的奥秘。

黄老师的课堂为什么能够精彩呢？

首先在于他能把握什么才是语文课堂真正的精彩。

黄老师做讲座，在语文圈子里是一个传奇，也是一个美谈。一杯清茶，一个话筒，一张嘴，没有讲稿，没有PPT，甚至没有提纲，有时一张纸片，据说是安慰听讲者的，怕大家觉得他怠慢；或一两个小时，或三天两天，听者无不颔首陶醉。黄老师的课，一支粉笔，几页课文，极少用课件，娓娓而谈，兴发感动，生命流转，不过是家常便饭。听黄老师上课，常常让我想起《口技》传神的描写：“忽然抚尺一下，群响毕绝。撤屏视之，一人、一桌、一椅、一扇、一抚尺而已。”一支粉笔写春秋，这就是黄老师的本色。简单乃是宇宙的精髓，至善至美无不简单。他经常说：真理都是朴素的，好课都是简单的。但这个简单不是“看山就是山”的简单，而是“看山还是山”的简单。他经常告诫我们：一问就答，一答就对，一呼百应，答案一写了之，铃声一响下课的“五一课堂”是彻头彻尾的假课。他提醒我们要对掌声不断的课堂进行理性的思考。他说：

“我更提倡的是：当掌声响起的时候，要冷静看一看想一想，掌声是为谁响起的。如果是为学生响起的，如果是为学生精彩的学习表现，如果是为学生走出一个错误的认识，如果是为学生互相之间精彩的辩论，如果是因为学生敢于发表自己独到的观点，如果是因为学生敢于和老师争辩，敢于向教材向权威质疑，这样的掌声当然应该响起。我们反对的是掌声是为教师而响起，是为教师的表演而响起，是为教师作态而响起，是为教师的要求而响起，这样的掌声我们便觉得有些无聊和无趣。而我们在课堂上这样的掌声听得太多了。

“即使当掌声是为学生响起的，我们也要冷静看一看想一想，掌声是为学生的什么表现响起的。”

从这里，我们不难看出黄老师追求什么样的课堂精彩。那就是语文的精彩，学生语文学习的精彩，给学生带来学习快乐和享受的精彩，让学生获得学习满足和成长的精彩，师生共同创生出共生课堂境界的精彩，能够给每一个置身于课堂的人知识启迪和艺术享受的精彩。

那么，怎么样才能创造出这样的精彩课堂呢？黄老师用他的实践和理论告诉我们，就是把语文课上成语文课，就是用语文的方法教语文，就是学生按照母语学习的规律学语文，教师按照母语教学的规律教语文。而所谓“把语文课上成语文课”，就是要“以语言为核心，以语文学习活动为主体，以学生语文综合素养提高为目的”。所谓“用语文的方法教语文”，就是用语文的教学活动实现语文学科的价值，就是按照母语的学习规律教学生学习语文，就是让学生学会用语文的方法思考语文的问题。

黄老师说：把简单问题复杂化，是学问；将复杂问题简单化，是智慧。黄老师的本色语文就是将被复杂化的语文教学简单化的智慧。要预约课堂的精彩，必须感悟语文的真谛，必须咂摸语文的规律，简简单单地教语文。“语文就是语文”，这就是黄老师对语文最“简单”，也是最智慧的回答。

而黄老师的共生教学，不仅告诉我们什么是精彩的语文课堂，而且告诉我们如何预约课堂的精彩。语文共生教学，是立足母语教学的基本规律和根本特点，依据本色语文教学的基本主张，运用共生理论协调语文教学的种种关系和矛盾，实施语文课程的教学，实现学生语文素养提高的教学方法。它有着充分的理论根据和有力的实践支撑，更有着极大的普适价值。本色语文是拨乱反正，共生教学是守正出新；本色语文是教学主张，共生教学是教学主意；本色语文是理性思考，共生教学是操作指导。这两者互为支撑，又相辅相成。本色语文和共生教学，是黄老师为现代语文教学做出的巨大贡献。

“一切妙境皆共生。”这句富有禅宗意味的话，表明在黄老师看来，语文课堂教学的最高境界，即真正的精彩，就是“共生”。那么怎么实现课堂教学的共生境界呢？

“用阅读教阅读，用写作教写作；在阅读中教阅读，在写作中教写作”，是共生教学的核心主张。用阅读教阅读，教师必须先阅读，要读出自己的感受，读出自己的体验，读出自己的思考，读出自己的发现。用自己的阅读引领学生的阅读，用自己的阅读感受引发学生的阅读兴趣，用自己的阅读体验激活学生的体验，用自己的阅读思考激发学生的思考，用自己的发现引导学生的发现。用写作教写作，教师必须懂写作，必须亲历写作过程，必须有自己的写作体验，必须有自己的写作经验，必须站在学生写作的角度组织作文教学。用自己的写作引领学生的写作，用自己的感受引发学生的写作兴趣，用自己的写作体验激活学生的写作体验，用自己的写作经验引导学生的写作过程。

“一个点，一条线，分层推进，多点共生”的“树式共生课堂结构”是共生课堂的基本结构。黄老师用这样一个比喻对它进行了描述：精选一粒种子，长成一根主干，伸开根根青枝，萌发片片绿叶。选好共生原点，激活共生现场，促进共生过程是共生教学的操作要领。“活”，既指教师的教，也指学生的学。有教师的“活”教，才有学生的“活”学。学生的“活”学，又生成了教师的“活”教。所以，“活”是指师生之间高度融合、互相“激活”的教学情景。“活”既指多样的形式，又指丰富的内容。只有活学，才能学活。所以，“活”是指内容和形式互相统一、互相作用的有效学习。“活”既指灵动的过程，又指呈现的效果。所以，“活”是行为和结果双向互动和促进的教学境界。

黄老师特别强调：共生教学的基础，是教师的先“生”和先“活”。先“生”，即教师的学习体验，学习发现；先“活”，即教师的教学智慧和教学创造。所以，共生教学法特别强调教师的文本阅读和阅读中的发现，特别强调教师的写作体验和写作发现，特别强调教师对语文学习规律、学生认知规律和课堂基本规律的直接体验和准确把握。

共生教学的核心是共生共长。“生”即“生成”，即体验，即感受，即发现，即创造。有教师之“生”和学生之“生”，而教师之“生”是基础，学生之“生”是目的。“长”即成长，即提高，即发展，即丰富，即实现。有教师之“长”和学生之“长”，而学生之“长”是根本。在“生”和“长”之间，“生”是手段，“长”是目的。“生”是“长”的基础，“长”是“生”的目的。“共生共长”有着丰富的内涵：既有资源共生，也有情景共生；既有言语共生，也有情感共生；既有思想共生，也有精神共生；既有阅读共生，也有写作共生。

要能预约课堂的精彩，还必须能够掌握课堂教学的规律，深得课堂的三昧。为此，黄老师倾注了三十多年的心血，听课评课近千节，观察研究课堂案例数百个，自己研磨积累得到广泛认可的经典教学案例几十个，发表论文数百篇，潜心对语文课堂教学进行深入而全面的研究，形成了系统的理论和主张。这本《预约课堂的精彩》便是他课堂教学研究成果的系统呈现。它从语文教学活动设计的基本认识和基本要求，到语文教学活动设计的基本策略，从语文教学活动的基本方法，到语文教学活动的教学凭借设计，从语文课堂教学的主要矛盾及处理，到语文课堂教学的辩证艺术，从语文课堂的教学设计，到语文教师的文本阅读，都有深入系统的阐述。既有系统理论，又有丰富案例，深入浅出，切中肯綮。相信有心的读者，一定能从这里找到让课堂教学精彩的门径。

在黄老师眼里，课堂到了一定境界，就不仅是科学，是艺术，还是哲学。课堂中的教与学，言与意，形式与内容，预设与生成，文本尊重与超越，问题提出与解决，矛盾的设置与疏解，都是辩证；课堂里的动与静，取与舍，放与收，进与出，内与外，点与面，加与减……一切都在分寸之间。飞花摘叶，皆可伤人。这样的课堂虽然是家常的，是简单的，是可学的，是可操作的，但它又是鲜活的，灵动的，生长的，充满生命活力的。

当然，要真正解读黄老师预约课堂精彩的奥秘，要像黄老师那样预约课堂的精彩，必须走进他的课堂，必须沉下心来读他的书，研究他的课，学习他的思想。黄老师是我的恩师，他的专著《预约课堂的精彩》即将付梓，嘱我写序，是对我的信任，更是对我的鞭策。我既如坐针毡，又如沐春风。不揣浅陋，惴惴写下如上文字。是为序。

2015年3月20日写于春雨池畔

第一章

课堂的精彩来自精彩的活动

语文教学活动的课堂地位

一

讨论语文教学活动的设计和组织，不能不先谈课堂教学过程的展开。

课堂教学是一个动态展开的过程。那么，目前的课堂教学是如何展开的呢？

考察我们很多语文课堂的展开，大致有这么几种情形：

1. 教学内容排列。

我们看到有些老师的课堂，就是把教学内容一项一项排列出来。比如：介绍作者和背景—整体把握文章思路—理解各部分内容—概括文章思想感情—分析文章写作特点。这是新课改之前语文课的常规套路，时至今天，这样的教学展开还不在少数。这些课堂基本就是把教学参考书上的内容，稍作整理作为教学内容，然后按照一定顺序先后排列。

2. 问题串联。

这一种比之前一种更为普遍。可能有些老师认为前一种教学思路过于简单了，或者认为教学理念过于陈旧了，于是将教学内容加工为一系列问题。这种教学展开其实和前一种没有什么本质的区别，只是把某一项内容提炼为一个或几个问题，然后把教学参考的内容归纳为答案而已。

3. 读书找答案。

这是由前一种做法衍生出的展开方式。所不同的是，它不是提出问题来让学生回答，而是让学生到课文里去找。其可取之处是引导学生关注文本，而不是凭空乱说。“一切答案都在文本”，这样的说法是有一定道理的。但有些老师对这一理念的理解过于简单，导致学生阅读的表面化，缺少应有的思考。教师的问题，其实已经不再是问题。钱梦龙先生所举的"白求恩同志是哪个国家的人？今年多大了?"之类是代表性的案例。

4. 教学理念罗列。

新课改以后，大家似乎都掌握了不少教学的新理念，于是有些老师的教学展开就由这些理念拼接而成。比如：整体感知—感悟体验—自主品读—合作互动—问题探究—拓展延伸。再如：走进鲁迅—走进鲁镇—走进平桥村—走进双喜—走进六一公公—走进社戏。目前还有一种时尚的"对话式"，比如：和屈原对话，和渔父对话，和生命对话，和老庄对话，和心灵对话。也有的，自己还要弄出一些新鲜的说法。其实这些概念的背后，还是问答式。

我们以为，这样的教学过程，本质上既没有真正意义上的"教"，也没有真正意义上的"学"。教学展开的核心就是找答案，下结论，贴标签。课堂展开的基本模式是"提出问题—学生看书—交流意见—亮出答案（大多为PPT）"。

5. 一键式展开。

这是多媒体普及之后很普遍的一种做法，也是多媒体之危害语文教学的另一种极端行为。多媒体引入语文课堂之后，起初的极端表现是喧宾夺主，形式主义，唯美主义，极大地伤害了语文教学。冷静下来之后，大家都发现，那不是语文教学的正途。现在有人又陷入另一个极端。课件非常简单，就是题目加答案。教师上课，就是敲击键盘。一敲，出来问题，学生带着问题看书，或者思考或者讨论；再一敲，就是标准答案（老师当然会称之为"参考答案"）。

以上几种形式的展开，从某种意义上说，既没有教，也没有学，其实都是没有"教学"的教学，都只是静态内容的陈列，都是没有动态教学过程的内容铺排。

二

那么，课堂教学到底应该怎么展开呢？我们先来看一个经典的教学案例——于漪老师教学《晋祠》的过程展开。

第一阶段：让学生口述祖国的名胜古迹。

于漪老师请每位同学就所知道的名胜古迹介绍一处，并提出具体要求。

第二阶段：学生听写《中国名胜词典》中“晋祠”的词条。

于漪老师先向同学们出示《中国名胜词典》这本书，然后开始听写。听写时对有些字词加以强调，对有些字词的书写进行说明，有些字词则进行板书。

第三阶段：把“晋祠”词条和课文内容进行对照。

听写完，于漪老师要求学生先将词条内容分项标好序号，然后用很快的速度把课文浏览一遍，把词条里介绍的有关内容和文章里的有关段落对应起来比较阅读。

第四阶段：交流对照阅读的情况。

教师对学生的对照提出明确要求并做具体指导。在交流过程中，完成说明对象、说明方法、说明顺序以及说明语言的准确性等教学内容；引导学生在阅读比较中发现问题，并指导学生解决。

第五阶段：讨论一位同学提出的问题。

一位同学提出：“既然作者在开头就揭示我们悠久的历史文物是着重描述的，要是我写的话，就会先写建筑、文物，然后写自然风景……作者这样写有什么好处呢?”于是于漪老师抓住这个教学过程中生成的问题让学生讨论。但这个问题，她并没有急于完全解决，当一个学生的分析走进误区时，她便建议“先放一放”。

第六阶段：讨论文章总分总的结构。

这个内容可能是教师预先的安排，也可能是及时生成的问题。因为发现同学们解决那位同学提出的问题有困难，必须先解决一些基本问题，那个问题才能很好地解决，所以于漪老师又回到这样一个问题的教学上。

第七阶段：品读文章，认识作者是如何进行艺术说明的。

这个阶段在教学内容上和前一个阶段相糅合，而且包含的内容也具有综合特点，既有说明顺序的分析，又有说明特征的认识，既有品味语言，又有分析方法。多方面的内容，通过师生的对话交流融合在一起。于漪老师让同学们自己整理文章的结构思路，指名一个同学到黑板上板书，然后让其他同学对照，比较异同，进行补充交流。这个教学活动特别丰满，在补充交流的过程中，不仅进一步理清了文章的思路层次，而且品味了说明语言，分析了说明方法和特点，并且非常巧妙地解决了前面一个同学提出的问题。

以上只是于漪老师《晋祠》教学过程的粗略梳理，但已足以让我们看到她的教学过程展开的特点。如果让我们来教，或者是“介绍作者—介绍晋祠—把握说明对象的特征—分析结构和说明顺序—分析说明方法—品味说明的语言”这样的思路，或者就是“走进梁衡—走进晋祠—美读课文—品赏美‘点’—拓展阅读”之类教学理念的堆砌，甚至有可能就是一节“晋祠”图片展示课，根据晋祠的主要景点来几次“走进”也不是不可能。

由于漪老师《晋祠》教学过程的展开，我们可以归纳出语文课堂教学展开的一般规律和要求。

三

于漪老师用她的课堂告诉我们：课堂教学展开的过程，是教的过程，也是学的过程，更是两者统一展开的过程。

其实，我们无论是备课还是评课，都应该在脑子里建立三条线：第一条线是教学行程，或者说教学内容。即这节课你要干什么，或者干些什么；先干什么，后干什么，再干什么，最后干什么。第二条线是教师行为，也就是教的活动，教的过程。即在每一个教学内容或教学步骤中，教师要明确自己的任务是什么，应该做什么，计划做什么，可能还要做什么。第三条线是学生行为，即学生做什么，也就是学的活动。我曾说：什么是以学生为主体？就是让学生做该做的事。什么是教师主体？就是带着学生做好该做的事，帮助学生做好该做的事。很多老师的备课和课堂，没有这三条线的意识，有的只是第一条线，有的只是第二条线；而更多的情况是混乱的，交织的；甚至有的一条线也没有。由这三条线入手分析课堂，课堂的成功与不足就会一目了然；同样，立足三条线构建课堂，课堂的质量和品位就能得到保证。

我们仍以于漪老师教学《晋祠》为例进行说明。

教学行程（教学内容）	教师行为（教的活动）	学生行为（学的活动）
第一阶段：学生列举知道的祖国名胜古迹。	要求每位同学说出一处名胜古迹，并提出具体要求：一说清楚，二是速度。学生列说过程中，教师适当勾连。	学生每人说一处名胜古迹。
第二阶段：学生听写《中国名胜词典》中“晋祠”的词条。	教师先向同学们出示《中国名胜词典》这本书，然后慢读词条。对有些学生容易写错的字词加以强调，对有些字词的书写进行说明，有些字词则进行板书。有时则提问互动。听写完，朗读校对。	学生听写词条并回答一些字词的写法。 听写完，根据教师朗读校对。
第三阶段：对照“晋祠”词条和课文内容。	要求学生标好句子的序号。要求快速浏览课文，把条目里的有关内容和文章中的有关段落对应起来，并举例示范。要求：对得准，对得快。提醒：有的内容可能找不到，仔细找就能找到。	学生先将词条内容按句标好序号，然后快速浏览课文，把词条里的有关内容和文章上的有关段落对应起来比较阅读。
第四阶段：交流对照阅读的情况。	教师引导学生关注：看似找不到的句子，如何仔细找；容易对应错的句子，如何正确对应；交叉对应的句子，不能简单排除；一句对应多处的，要注意找全。 在交流过程中，明确了说明的对象、说明的方法、说明的顺序以及说明语言的准确性；引导学生在自己的阅读比较中发现问题，并指导学生根据自己的知识积累和文章内容加以解决。	学生在教师引导下交流，不断完善自己的学习成果，丰富学习的内容，获得丰富的说明知识；学生在阅读比较中发现问题、解决问题，对文本的理解不断加深。
第五阶段：讨论一位同学提出的问题。	教师抓住教学过程中生成的问题让学生讨论。当发现一个学生的分析走进误区，同学们解决这个问题还有困难时，便建议“先放一放”。	一位同学提出：“既然作者在开头就揭示我们悠久的历史文物是着重描述的，要是我写的话，就会先写建筑、文物，然后写自然风景……作者这样写有什么好处呢?”学生围绕这个问题展开讨论。

续表

教学行程（教学内容）	教师行为（教的活动）	学生行为（学的活动）
第六阶段：讨论文章的结构安排；深入品读文章的说明艺术。 前一个内容可能不在教师预先安排的计划之中，是抓住学生的问题及时生成的教学内容，然后顺水推舟解决了第二个教学内容；也可能本来就在计划之中，教师将学生“节外生枝”的问题巧妙地整合到自己原定的教学计划之中。	指名一个同学到黑板上板书，然后让其他同学对照，比较异同，进行补充交流。在补充交流的过程中，不仅进一步理清了文章的思路结构，而且品味了说明语言，赏析了说明方法和特点，并且非常巧妙地解决了前面一个同学提出的问题。	根据教师要求整理文章的结构思路，一位同学到黑板上板书，其他同学对照，比较异同，进行补充交流。在补充交流的过程中，进一步理清了文章的思路层次，品味了说明语言，分析了说明方法和特点。

通过对于漪老师这两节课教学展开过程三条线的分析，不难看出语文课堂教学展开的基本规律：

1. 教学行程线（或者说教学内容）决定了学的行为（或者说学的活动），学的行为又决定了教的行为（或者说教的活动），学的行为和教的行为又对教学行程起着制约作用。三者的互相制约，和谐统一，成就了理想的语文课堂。

2. 从纵向关系看，每一个教学环节都必须有它的教学价值，即它必须对整个教学过程起着不可或缺不可替代的作用，它必须对前后的教学环节有一定意义；而教学形成线的前后安排，其实也就是三条线前后环节的组合，都必须遵循文本解读的规律和学生的认知规律。

3. 教学展开的过程，应该就是学生学习的过程，教师的教学活动就应该是学生的学习活动。如果泛泛而言，排列教学内容、排列教学理念、提出问题找答案也是教学活动，而真正的“教学活动”是指“教”学生学习的具体活动。而这样的活动，从教师的角度看是教的活动，从学生角度讲就是学的活动。

四

根据于漪老师这个经典的教学案例，我们还可以概括出“教的活动”

和“学的活动”必须具备的基本特点：

1. 这个活动必须是语文的学习活动。

即活动必须以语言为核心，以文本为平台，以听说读写为基本形式，活动本身必须有利于学生语文素养的提高。于漪老师在这篇课文的教学中，所有的活动都是地道的语文活动，口述、听写、比较词条和文章的内容、整理文章思路并比较等等，既是培养阅读能力的活动，也基本都是语言的活动。

2. 这个活动必须有明确具体的学习要求。

即教师设计组织的教学活动和学习活动，必须对学生的学习方式和活动方式做出明确规定，必须对学习效果提出具体要求，并能进行质量的评价。比如于漪老师要求学生说说自己熟悉的名胜，要求学生听写，要求学生整理文章结构和思路，无不在活动形式、活动质量上提出要求。而我们在很多课堂上看到老师组织的学习活动，常常是泛泛而谈的说和写。

3. 这个活动必须是着眼班级整体的。

仅仅是发生在个别同学和老师之间，或者个别同学之间的活动，并不是真正的教学活动和学习活动。所谓教学活动和学习活动，是面对全体同学提出的学习要求，而且应该是绝大多数同学都具备能力的活动。我们发现有些课堂的许多活动主要是为少数同学准备的，绝大多数同学是无法完成的，甚至连课文的朗读有时候也是如此。

4. 这个活动必须是适当适时的。

所谓适当不仅仅指适合特定的学习对象，更重要的是适合具体的学习内容，切合语文学习的规律，体现语文学习的特点。比如有位老师教学郁达夫的《江南的冬景》，要求学生选择一幅图景，将其改写为一首古体词（词牌自选）。我以为这就不适宜。如一位老师教学王实甫的《西厢记》，让学生将一些唱段改写为现代诗或者现代散文诗。我以为这就是适宜的。旧体诗欣赏，以画解诗是适当的，以诗解画就不甚适当；让学生根据画解读诗句，就比较适当，让学生根据诗句去画画就不恰当。所谓适时，就是在教学行程需要的时候，学生学习条件具备的时候开展活动。

5. 这个活动必须是完整的。

语文课堂教学中的每一个语文学习活动，都应该有相对的完整性。比如小组讨论。讨论前要明确分工，明确话题，提出要求；讨论后，要有小组交流，要有汇总小结，甚至还要聚焦出核心问题。可我们看到的一些分组，草草开始，草草结束，或者没有讨论，或者讨论后没有小组交流，还是指名发言。这样的小组讨论活动，因为过程不完整，而纯粹成了形式。自由品读之后，也必然有聚焦的品读讨论。

6. 这个活动必须是逐步深入的。

课堂教学中，大多数教学内容不是笼而统之一个环节就完成的，重点的教学环节更是如此，需要分步完成，需要分层落实。我在“好课是怎样炼成的”的系列论文中曾专门介绍过如何将重点内容进行分解。分解之后，按照一定顺序展开，或由浅入深，或由主到次，都是常用的思路。不仅是全文的思路，每个具体的教学活动的展开和完成，也必须是有层次的，是由表及里的、由浅入深不断深入的。

7. 须对学生的学习行为进行有效的引导，提供必需的帮助。

这个活动应该是在教师组织下进行的活动，即真正体现教师“教”学生“学”的活动。比如，在于漪老师的课堂上，学生提出问题后，因为问题有价值，于漪老师便及时组织学生围绕这个问题开展活动，但当发现学生解决这个问题的条件还不成熟时，于漪老师又及时让大家“放一放”，然后引导学生通过一系列学习活动最终解决了问题。

不难看出，理想的语文课堂是由语文教学活动组成的；教师通过教学活动教，学生通过教学活动学；没有具体教学活动的课堂，往往是既没有教也没有学的课堂。

语文教学活动的基本理解

一

什么是语文教学活动呢？

语文教学活动是组成课堂教学过程的基本单位，是教师实现教学意图达成教学目标的基本手段，是学生语文学习的基本活动，是教学内容经过二次加工的动态呈现。

为了说明这几点内容，我们先来看陈钟梁老师教学朱自清的《背影》的案例。这节课，陈老师主要做了这样几件事。

第一件事：默写词语

让同学们把本子打开，自己讲词语的大概意思和课文里的有关句子，学生默写词语：灾祸一个接着一个（祸不单行）；赶回家去办理丧事（奔丧）；回到家里看到家里一片乱七八糟的样子（狼藉）；把家里的东西当的当，卖的卖（变卖典质）；当时家里的光景很不景气（惨淡）；一切原因，因为父亲失业了，下岗了，但是课文却是很文绉绉地写道，给了“我”一点空闲的时间（赋闲）。

默写以后，老师让同学们打开书，自己看有哪些字是默错的；同时黑板或屏幕上也把默写的六个词语展示出来。

第二件事：连词成段

用黑板或者屏幕呈现六个词语，请同学们准备一下根据课文第一部分内容把这六个词语连贯起来说一段话。教师指导：你可以把“祸不单行”放在前面，作为一个总领：“这是一段祸不单行的日子。”也可以把“祸不单行”放在结尾：“这真是一段祸不单行的日子啊。”都可以。同学们把第一部分几个自然段看一遍，然后进行复述。复述了以后，请同学们提提意见，有什么疏漏需要补充的。其中有一个词语说错的人最多，“变卖典质”。很多人说成“变卖了典质”。老师点评：“变卖典质”是并列的，中间不能加一个“了”。复述以后，老师用一句话总结：以上大家复述的就是《背影》这个故事产生时的家庭境遇，是这个故事发生的背景。

第三件事：误读比较

老师说：同学们回顾一下，整篇文章写了几次背影？（写了四次。）详写的是哪一次？（第二次。）请同学们把父亲戴着黑布小帽，穿着黑布马褂翻过月台去买橘子这一段第二次写父亲背影的内容仔仔细细地看一遍。老师朗读课文，会故意删去一些字和词，要求同学们不看书，听出删掉了哪些词语。

老师朗读：

> 我看见他戴着小帽，穿着大马褂，深青棉袍，走到铁道边。慢慢探身下去，尚不大难。可是他穿过铁道，要爬上那边月台就不容易。他用手攀着上面，脚再向上缩。他身子微倾，显出努力的样子。这时我看见他的背影，我的泪很快地流下来了。

朗读完，叫同学们马上举手回答：听出来了没有，老师遗漏了哪些字？这些字和词可以删去吗？为什么？

有同学说：“老师，你把课文里‘黑布小帽’的‘黑’字漏掉了，‘黑布大马褂’的‘黑’字也漏掉了，凡是‘黑’字都漏掉了。”老师问：为什么不能漏掉呢？“因为祖母死了。”请你用刚才默写过的词语回答。“奔丧。”

有同学说：“老师，你把课文中所有的‘布’字都去掉了，‘黑布小帽’的‘布’，‘黑布大马褂’的‘布’，‘深青布棉袍’的‘布’。”老师问：这个“布”字为什么不好去掉呢？“因为那时候家里很穷。”老师说：请你用默写过的词语回答。“因为当时家庭的光景很‘惨淡’，过着‘变卖典质’的生活。”老师问：原因在哪里呢？“父亲‘赋闲’了。”

有同学说：“老师，你把‘蹒跚’这个词语漏掉了。”老师问：“蹒跚”什么意思啊？“走路跌跌撞撞的样子。”老师问：所以“蹒跚”这两个字是什么偏旁？“足字旁。”老师问：从哪里可以看出父亲“蹒跚”的样子呢？

有同学说："老师你把'他用两手攀着上面'这'两'字没有了，'两脚再向上缩'这'两'字也没了。应该是'他用两手攀着上面'，'两脚再向上缩'才'显出努力的样子'。"

老师问：为什么父亲的身体会如此"蹒跚"呢？"老师，你漏了一个词语，'肥胖的'。因为父亲年纪大了，身体肥胖。"

老师说：如果当时家庭光景很富裕，父亲动作很矫健，"啪"地翻过去，"啪"地翻过来，"我"的泪会"很快地流下来"吗？不会的。"我"的泪之所以会"很快地流下来"，是和当时家庭的境遇及父亲当时衰迈的体形密切相关。

老师说：同学们什么都看出来了，唯独有一个词语漏掉了，你们没有听出来。哪个词呢？就是"他肥胖的身子微倾"漏了一个"向左"。"向左"、"向右"不是一样的吗？一般一个人翻不过去，显出挣扎的样子，是用哪个手支撑起来的？是用右手支撑。右手支撑，身体就向左微倾。这就是朱自清。我们看其他的散文，像朱自清这样写得那么细腻的，在中国的文坛上能有几个？

这篇文章写父亲的背影，还让我们十分感动的，是第几次呢？是最后一次，第四次。请同学们把第四次最后一段齐声朗读一遍。

第四件事：品读"眼泪"

老师问：同学们看一看，写"我"的眼泪写了几次？同学们很快地看了一遍，在下面抢着说："四次！"于是老师请大家把这四次的句子挑出来。

第一次："回到家里，不禁簌簌地流下眼泪。"（板书：簌簌地）

第二次："我的泪很快地流下来了。"（板书：很快地）

第三次："我的泪又流下来了。"（板书：又）

第四次："在晶莹的泪光中。"（板书：在晶莹的泪光中）

然后老师问同学："簌簌地流下眼泪"中"簌簌"什么意思？是"纷纷地"，形容眼泪之多。第二次是"很快地流下来"，形容流眼泪的快。同学们，为什么第一次是形容眼泪之多，第二次是形容眼泪之快？这个问题相对难一点。我们可以把比较困难的题目转换成简易的。那么这样，我们先来找几个形容心理活动的形容词。

第一次"簌簌地流下眼泪"流下的是怎样的眼泪？你能给它在前边加

几个形容心理活动的形容词吗？“我”的泪很快地流下来，流下的是什么眼泪？你也找几个形容心理活动的形容词好不好？

通过讨论，同学们明白了：第一次流下眼泪是因为祖母死了，所以流下的眼泪是“悲伤的”、“悲痛的”或者是“哀恸的”。回到家里看到祖母的遗像，眼泪忍不住一下子流下来。很快地流下，纷纷地流下。第二次，看到父亲的背影，“我的泪很快地流下来”，流下的是什么泪呢？因为前边还觉得父亲办事有点迂。“迂”什么意思呢？注解有的，做事情很守旧，有个词叫“迂腐”。先前还觉得父亲有点迂，但现在看到父亲这样艰难地翻过去翻过来，为的就是给“我”买一袋橘子，所以这里流下的是“惭愧的”、“内疚的”、“愧疚的”泪。

老师又问：第一次是“簌簌地”，第二次是“很快地”。结尾说：“我读到此处，在晶莹的泪光中，又看见那肥胖的、青布棉袍、黑布马褂的背影。”“晶莹的泪光”能否改为“晶莹的泪珠”？为什么？

通过讨论，同学们明白：不可以。“晶莹的泪珠”是描写外貌，“晶莹的泪光”是描写内心的感受。

第五件事：比较人称

老师问：同学们，这篇文章是用第几人称写的？（第一人称。）

通过讨论，同学们明白：第一人称写“我”比较适合写“我”的心理变化心里的感受，而不太适合描写“我”的神情“我”的外貌。

老师请同学把“我”刚才的话复述一遍。问：如果这段话写在书面上，哪个字上应当加引号？同学回答：“我”的上面。再请一位同学起来。那么用第三人称写他，比较适合写他的什么，不太适合什么？通过讨论，同学明白：用第三人称写他，比较适合写神情、衣着、外貌，而不太适合写内心的活动内心的感受。

老师说：所以这篇文章写父亲是写“背影”，写“我”是写“眼泪”。但全文只有一处是写了父亲的心理活动心理变化，请同学们很快地把课文看一遍，把这个句子挑出来。

学生很快找到了“于是扑扑衣上的泥土，心里很轻松似的”这一句。老师追问：这个句子中，哪一个字不可缺少？学生发现了“似的”这个“似”字不可缺少。

第六件事：体会“亮色”

老师问：同学们，如果我们把《背影》这个故事绘成一幅画，不管是国画还是油画，可以想象它的色彩是什么样的？

通过讨论同学们明白：它的色彩是很暗淡的。你看，父亲穿着一身黑的：黑布马褂，黑布小帽，深青色的棉袍。

老师说：但是却有两处亮光。请同学们把这幅暗淡的画中两处亮光挑出来。

同学们发现：一处亮光，就是父亲翻过铁道，买回来的一篮橘子。老师问：这个橘子什么颜色？同学们说：朱红色。老师说：这一篮子朱红色的橘子给我们带来的是一丝的温暖，这就是父亲对“我”生活上的爱，特有的父亲的爱。朱红色显得那么的温暖，它是暖色的。

同学们发现还有一处亮光是：父亲为“我”上京读书，特地为“我”制作了一件大衣，这件大衣是紫红色的。通过讨论同学们明白：在这件紫红色的大衣中，可以看出父亲对“我”的期望，所以特地给“我”挑了一件紫色的衣服。老师说：这不是父亲的一种爱吗？恰似那刹那的温柔。父亲是老一辈的知识分子，老一辈知识分子最大的特点是“讷言敏行”。说话不利落，重在他做什么。

第七件事：品读情感

老师问：这篇文章中父亲有一句话，是令人催泪欲下的。是哪一句？

经过讨论，同学们达成一致意见：“到那边来信！”在同学们交流了自己的感受之后，老师讲述了自己亲见的一个情景帮助学生体味这句话的感情：“文化大革命”中，自己在光明中学带领了一批又一批的学生上山下乡。大家挤到火车上的时候还嘻嘻哈哈，你打我，我追你。哎呀，从来没乘过火车，多好玩啊！等到火车的汽笛一叫“呼——”，咔嚓咔嚓开始滚动的时候，“哗”的一下全都哭了。火车开始转动了，老人奔上前去的最后一句话是：“到了那里别忘了写信啊！”现代信息技术发达了，可以通电话，可以发电报，现在还有E-mail，还有可视电话。但是到了那里要发个信息过来，这句话是不变的。

最后老师还联系了中国文化中父爱的特点让学生理解朱自清父亲的父爱和这篇文章的价值。

二

陈老师的这节课，最为典型地诠释了什么叫语文教学活动，非常充分地体现了语文教学活动的内涵和应有价值。

1. 语文教学活动是组成课堂教学过程的基本单位。

课堂教学的展开是一个动态的过程，这个过程就是由教学活动组成的，一个个教学活动就是组成教学过程的基本单位。如果说一堂课是一个链条，那么每一个教学活动就是这个链条上的一节。它们环环相扣组成了传递力量的链条，让课堂向前发展。

我们看，陈老师这节课一共做了七件事。第一件事：默写词语，第二件事：连词成段，第三件事：误读比较，第四件事：品读“眼泪”，第五件事：比较人称，第六件事：体会“亮色”，第七件事：品读情感。这七件事组成了全部的教学过程，也就是这节课的教学链条，而每一件事就是链条的一节，前一个带动后一个，环环相扣，缺一个都不行。这不是随意的安排，更不是偶然的巧合。陈老师自己在介绍这节课的时候，有很多话可以说明他是精心安排的。在让学生连词成段之后，他说：“各位同学，既然你默了词语，那么你把这些词语从头用到尾，不要前用后丢了。”在品读文章主旨之前，他说：“课文讲到这里，基本上把需要推进的字、词、句的基本功完成了。就是初中语文教学必须完成的任务，我们经过教材的处理与提炼，加以集中了。然后我们才有基础来讨论这篇文章的人文精神。”可见老师的每一个活动之间都有着内在的逻辑规律。

可是，考察我们目前的课堂教学，情况常常不是如此。我们的教学过程是如何展开的呢？一是教学内容的简单堆积。或者说就是参考内容和各种资料内容的照搬。教师的教学行为，就是讲；学生的学习行为，就是记。二是问题和答案的拼装。课堂上，教师的教学行为就是提问题，学生的学习行为就是找答案。找到答案，大功告成；学生记下答案，万事大吉。而这些问题和答案，基本是直接来自参考书，或者稍作变形，把参考书的陈述句改为疑问句。三是一指禅式的展开。现在电脑基本普及，很多老师的备课就是做PPT，做好了PPT课就备好了，不仅一劳永逸，而且还集体共享。上课就是不停地点鼠标：“今天学习某某课文……”“同学们将课文齐读一遍……”“请大家思考以下三个问题……”“请大家齐读然后记下PPT的内容……”四是时尚式流行式展开。就是把时尚的课程概念和流行的教学话语组合成教学过程，诸如“整体感知—文本对话—走进作者—主题探究—拓展阅读—互动对话—合作探究”之类。近年又多出了“翻转课堂”、“微课堂”等时兴概念，但实际上就是贴贴标签，骨子里还是教学内容的堆积，既没有教的活动，也缺少学的活动。

2. 语文教学活动是教师实现教学意图达成教学目标的基本手段。

一堂课的教学，一篇课文的学习，都有一定的教学目标，至少教师都有一定的意图。那么怎么达成这样的目标，怎么实现这样的意图呢？仅仅把内容呈现给学生是不行的，必须依赖于一定的学习活动。换一个角度说，一个个教学活动就是为了达成教学目标和教学意图而进行的。

陈老师将他的这节课，分为四个板块：关于“写作的背景”的教学，关于“背影”的教学，关于“眼泪”的教学，关于文章主旨的教学。其实这四个板块就是他心中的教学目标。很多老师，教案上或者PPT上教学目标写得具体而丰富，而在课堂教学中却看不到教学目标的体现，而陈老师的课，或许根本就不写甚至也不说教学目标，而他的教学活动却具有清晰的目标，无不一一指向教学目标。他的四个板块，第一板块“关于‘写作的背景’的教学”其目标就是了解写作背景，了解故事的背景；第二个板块“关于‘背影’的教学”，其目标就是品读文章细腻的描写；第三个板块“关于‘眼泪’的教学”就是品读文章丰富的感情；第四个板块“关于文章主旨的教学”，主要就是理解文章的主旨。目标非常明确。

我们可以发现，七个教学活动也都一一指向教学目标：第一件事“默写词语”和第二件事“连词成段”是指向第一个目标理解“写作的背景”；第三件事“误读比较”指向目标品读文章细腻的描写；第四件事“品读‘眼泪’”和第五件事“比较人称”是指向目标品读文章感情；第六件事“体会‘亮色’”和第七件事“品读情感”指向目标理解文章的主旨。

要强调的是，陈老师的目标是非常明确的，但又不是简单化的，更不是单一化的。每一个目标的实现过程中都包含了丰富的教学价值，都对其他目标的实现有着一定作用。尤其要强调的是，作者的目标实现，不是简单的讲，也不是简单的练，而是通过具体丰富的语文教学活动。

3. 语文教学活动也是学生语文学习的基本活动。

教学活动，换一个概念就是学习活动。教学活动和学习活动是同一个概念不同立场的表述。对于语文教师来说，必须明确语文教学活动是教师教的活动和学生学的活动的统一。只有这样才能使语文教学活动为学生学习服务，为学生语文素养培养服务。

我们来看陈老师所做的七件事，每件事不仅有它的教学价值，而且都有它的学习价值，即每个活动学生都在其中获得知识、培养能力和提高素养。

第一件事“默写词语”。最直接的是掌握了这几个词的书写。陈老师说：“我走过全国的不少地方，都是大城市好学校，结果找不到一个同学六个词语全默对的。比如第一个词语‘祸不单行’这个‘祸’字，是示字旁的，不是衣字旁的。特别是‘奔丧’的‘丧’，和‘长短’的‘长’的写法不一样，它不是一竖到底的。老师们，对初中的学生，认字、写字毕竟是我们最基本的语文活动。”可见陈老师的目标是明确的，针对性是很强的。

第二件事“连词成段”，首先是让学生了解了本文的写作背景，整体把握了课文的基本内容，整体感知了文章的感情基调。我们现在有人把“整体感知”放在嘴上，却找不到让学生真正感知文本的办法，即并不能设计和组织具体的活动让学生感知文本。不仅如此，这个环节还培养了学生转述的能力。陈老师说：“现在我们语文教学，复述好像用得比较少。其实复述呢，第一，他自己要默读；第二，他要记忆；第三，要转述。转述的时候，他必然将现有的材料经过一定的改造，重新组合。《红楼梦》中王熙凤怎么会看中小红的？就是让小红做了一件事情，把这件事去告诉奶奶。小红回来以后告诉王熙凤，她已经把原话告诉了奶奶。一共有几个奶奶呢？一共五个奶奶，奶奶A，奶奶B，奶奶C，奶奶D，奶奶E。但是小红记得很清楚，回来复述了一遍。于是王熙凤决定，把小红调过来。本来呢，小红是在宝玉身边的，不经过组织部的调令，直接就把她调到自己身边了。所以复述这个过程，你叫他看了以后重新讲一遍，是很重要的一种语文能力。”可见陈老师“连词成段”这个环节的安排，是对学习价值的明确追求。

第三件事“误读比较”，其目的当然是品味作者描写的细腻，同时在细腻的描写中品味作者的情感，为下面的教学做铺垫。与此同时，还培养了学生听的能力。陈老师说："把书合拢，让他们竖起耳朵听老师读，这最容易集中学生的注意力，训练的是他的听力。卡内基的培训系统有一句名言：一双灵巧的耳朵胜过十张能说会道的嘴。任何一门学科，都需要培养学生的学习品质。什么学习品质呢？注意力要集中。所以卡内基认为，听的训练是极为重要的。"我们很多老师的课文朗读没有针对性，没有具体的目的。陈老师不仅有目的，而且还是多重目的。

第四件事"品读'眼泪'"，直接目的是让学生通过品读文章关键句品读作者的感情，但同时也是细腻描写的品读，也是对文本思路的梳理。第五件事"比较人称"，是抓住人称品味描写，理解作者的情感，理解叙事的角度，也是学习人称的运用；第六件事"体会'亮色'"和第七件事"品读情感"主要是解读文章主旨，但无不抓住具体语句进行品读。这几个环节虽然着眼于作者的思想感情，但又绝不做空洞的分析。陈老师说："整堂课都不要忽略同学的基本功。基本功是贯穿在平平常常普普通通的课中。"我尤为推崇的还有一个细节的安排。为了解读主旨，陈老师问："同学们，如果我们把《背影》这个故事绘成一幅画，不管是国画还是油画，可以想象它的色彩是什么样的?"我以为，这真是绝妙无比的设计。将赏画和赏文勾连打通，借助画的欣赏来品读散文，通过画的色彩来感受文章的色调，自然而合理。不仅读了文，而且提高了画的鉴赏能力。所以学生很快就明白：它的色彩是很暗淡的，但是却有两处亮光，一处亮光，就是父亲翻过铁道，买回来的一篮橘子，还有一处是父亲为"我"上京读书，特地为"我"制作的一件紫红色的大衣。学生很容易地读到了那温柔的父爱。倘若换着我们或者一些老师，会笨笨地让学生去直接找文章的"亮色"，那该是多么艰难！或者干脆让学生来画一幅油画或者国画，那又是多么做作而脱离学生的实际。不要说画一幅油画或者国画，就是让学生说说什么是国画或油画，一定会"秒杀"一片同学，而陈老师把学生的注意力集中在"想象它的色彩是什么样的"，于是一切轻松自如，水到渠成。这就是运斧成斤的大匠之举。

4. 语文教学活动是教学内容经过二次加工的动态呈现。

什么叫教学内容？这个概念，不同人有不同理解，不同情景也有不同的解释。它和教学目标、教学过程、教学活动之间有着比较复杂的关系。

最通俗最一般地说，就是这节课想教什么，这篇课文想教什么。教学内容有正确的，也有不正确的。我们这里都不予讨论。我们要说的是，课堂教学活动中的教学内容应该是动态的，应该体现了教师对静态内容的二次加工。尽管加工不当的情况也比较严重，但现在普遍的问题是教师缺少对教学内容的二次加工。比如我们前面提到的几种情况：无论是教学内容的简单堆积，还是问题和答案的拼装，无论是一指禅式的展开，还是流行式时尚概念的组合，都没有对教学内容的二次加工，有的只是参考内容和各种资料内容的照搬，有的只是各种现代技术的呈现，有的只是各种标签的装饰，看不到教师对文本的理解和加工，看不到教师对学生学习活动的设计和组织。

而陈老师的这节课，可以让我们充分感受他加工文本内容的功力和智慧。陈老师明确告诉我们，这节课，他就是要做四件事：关于“写作的背景”的教学，关于“背影”的教学，关于“眼泪”的教学，关于文章主旨的教学。这四件事真的很平常。或许绝大多数老师教学《背影》都要做这四件事，也很容易从教学中找到关于这四件事的有关内容。但我们会怎么做呢？关于“写作的背景”的教学——我们最大的可能就是放几张PPT，再找几个同学读一读，或者印几张资料给学生看一看；如果要来点花头，就在PPT上搞两个链接，弄几个人头让学生选择打开，就像中央电视台的“芝麻开门”，或者让学生在资料上圈出关键词句。关于“背影”的教学——我们就是让学生找出几处“背影”反复读，指名读，听录音读，如果教师再配乐深情范读一下，那就是课堂的亮点了；然后让学生说说难忘的是哪一段哪一句，说说为什么难忘。关于“眼泪”的教学——我们会花大力气探究作者为什么流泪，我们会让学生谈谈自己被父爱感动的情景，我们会链接无数让我们流泪的诗文片段，甚至我们会来一首某歌星的《父亲》。关于文章主旨的教学——我们会用PPT展示最全面最精彩的概括，我们还会找到作者自己关于本文的许多解说，我们甚至会将主旨拔高到一般人想不到的高度，让学生自卑地记下所有结论。可是我们对文本有加工吗？可是我们设计和组织了学生怎么学吗？都没有。

我们相信，如果把我们的做法和陈老师的做法再细加比较，我们一定对语文教学活动的设计和组织有更为深入的理解。

三

以上可以说是从外部谈了对语文教学活动的认识，下面我们再从概念内部来说说我们的理解。

语文教学活动，首先当然应该是语文的活动。什么是语文的活动呢？简单地说就是语文的听说读写，全面一点说应该是“语文综合素养”。什么是“语文综合素养”？就是除了听说读写之外，还有很多我们看不清楚也说不清楚但对一个人的语文又很重要的因素。比如写作，如果让莫言参加语文高考和中考，可能他的作文成绩并不一定理想，但是谁也不能不承认莫言的写作水平是全国最一流的，有那么多的作品说明莫言的写作素养非常非常好。再说普通的中学生，有一位老师跟我说，他的班上有一个同学，平时的作文都是60分左右，语言比较混乱，层次不清晰，主题不明确，但是他给班上的一名女生写了一封情书，书写工整，语言流畅，层次清楚，还用了很多比喻，全文的中心非常明确，三个字：我爱你。如果让班上作文成绩好的学生写情书，他们可能写不出来，甚至语文老师情书也写不好。所以说，学生的作文水平高与不高，主要不是我们教给他们的技巧、方法起作用，至少不是起主要作用。《登鹳雀楼》这首诗大家都很熟悉：“白日依山尽，黄河入海流。欲穷千里目，更上一层楼。”大家想象一下，登上鹳雀楼，向西面看，应该看到什么？看到山。向东呢？看到黄河流进大海。我到山西做讲座，山西的老师带我去登王之涣笔下的鹳雀楼。我一直爬到最高处，向西看不到山，向东看不到海。可见，按照我们教的写作方法，就算爬到楼顶也什么都写不出来。王之涣登上鹳雀楼为什么能看到西边太阳落山呢？为什么能看到千里之外的黄河入海呢？是作者的胸襟所致。同样，接受过高强度、大运动量的所谓现代文阅读训练的人，其阅读能力未必强，即使考试完成阅读题，质量和得分也未必比没有做过多少阅读题的人高。江苏师范大学魏本亚教授做过一个实验：找一篇教材以外的文章，让一位教师自己备课到一个班级去上了一节课，另一个班级不上，再让两个班级做同样的题目，结果上课班级的得分比没上课班级的得分还低一点。这个案例能够说明很多问题。我们语文老师至少应该明白，一个人的阅读能力，不是依靠做阅读题训练出来的，而是由他的阅读积累、生活积累、生活情趣、审美趣味等决定的。而这些都是属于一个人的素养。可见，不管是阅读还是写作，除了基本能力以外，一个人的综合素养非常重要。因此，语文教学活动的设计，既要着力于培养听说读写的基本能力，更要着眼于学生的语文综合素养。

语文教学活动不仅要立足"语文"，还必须真正做到"活"和"动"。什么是语文教学活动的"动"呢？概括地说，语文课上有六个"动"：动耳去听，动嘴去说，动眼去读，动手去写，动脑去想，还有动心去感悟。而动脑去想、动心去感悟是最核心的。没有思考，不要动脑的听说读写都是没有意义的。我们的母语文化特别强调"悟"。语文是没有公式的，学语文没有公式，教语文也没有公式。不管我们讲什么，一定要让学生用心感悟、体会，如果死死记住一个公式，就永远教不好语文，也永远学不好语文。所以，教学活动的根本就是想办法让学生动脑筋，让学生用心感悟。那么怎样才能让学生上课动脑筋，让学生用心感悟呢？唯一的办法就是老师设计教学活动必须首先动脑筋，先用心感悟。不动脑筋、不用心的老师是不可能教出动脑筋思考用心感悟的学生的。

吕叔湘先生说：语文教学有一把总钥匙，就是活。现在大家都希望自己的课堂能够活起来。什么样的课是活的呢？形式的多样是一个很重要的元素，但是我觉得不是最主要的元素。我一直讲语文课没有多少新方法，只有没有用好的方法，而不是寻找没有用过的新方法。目前我们课堂出现的一个误区就是：要上公开课了，备课组在一起挖空心思想别人没有用过的新方法。我认为把老方法用好才是根本之道。用老方法能把课教活吗？我认为一定能。那么教学活动怎样才能"活"呢？

1. 教学活动一定要有群体性。

群体性就是学习活动要尽可能让所有同学都能参与，任务让所有同学都有可能完成，活动才会"活"。为什么有些老师在课堂上很着急呢？因为学生让他们失望。学生为什么让老师失望呢？因为老师的教学活动的设计和要求没有靠近大多数学生的需要，脱离了大多数学生的实际。在不少公开课堂上我们看到的往往都是个别学生在活动，是老师和个别学生个体之间的交流。如果我们设计的学习活动班级里80%~90%的学生都是能够做到的，教学一定就是"活"的。当然不是要求学生完全能达到教师的要求，而是实现大多数学生能够参与。

教学活动的群体性有两种情况，一让学生作为个体完成学习任务，二是学生集体共同完成一个学习任务。我教《孔乙己》先让每个同学选择适合的地方写孔乙己的手；再让大家一起合作完成孔乙己死的场景，大家一起想一想："孔乙己会死在一个什么季节？""孔乙己会死在什么地方？""孔乙己死了，会是一个什么样的情景？""如果孔乙己死了，他手里会拿着什么东西？"让大家根据课文思考，根据人物特点和社会环境展开想象。前一个是个体完成的群体性活动，后一个是集体完成的群体性活动。无论是个体完成学习任务，还是集体共同完成一个学习任务，都是教学活动的群体活动。

2. 教学活动要有层次性。

有些老师在说课的时候，难点重点说得头头是道，但是到课堂上来看，重点也是五分钟，难点也是五分钟，非重点非难点也是五分钟。解决难点的办法就是把难点分成几个层次。我教《孔乙己》是抓住手的描写去理解人物和主旨，但绝不是一步到位的。先找文中写孔乙己的手有多少次。这是一个层次，找手。第二个层次是思考：作者是从哪几个方面写手的。第三个层次是品读，说说哪个动作最能表现孔乙己的性格。第四个层次，是再推进一步，让学生思考：将哪两个动作联系起来分析，不仅可以看出孔乙己的性格，还能看出人物的命运。第五个层次是重点品读最有表现力的一个词"走"。而"走"的品读还要分为几个层次：第一，如果我们写一个人腿被打断了，是写这个人用手走还是用手爬？第二，鲁迅先生为什么不写"爬"而写"走"？第三，"爬"和"走"二者有什么区别？第四，从情节上看，"走"字照应了前文的哪一个情节？第五，孔乙己用手"走"而不爬，表现了什么样的性格？层次丰富了，活动也就真活了。

3. 教学活动要有交互性或共生性。

老师提问题，学生找答案，找到答案万事大吉的教学活动就没有交互性，更没有共生性。我们经常说：优秀的教师不能以找到正确的答案为目的，而要善于让学生暴露错误的答案。教师是教学生不会的，而不是展示学生已经会的。第一个学生就找到了正确答案，我们的活动也不能就此停止。最简单的例子是，让学生说说文章中自己喜欢的句子。不仅让同学们说，教师还可以说说自己喜欢的句子，还可以让学生说说老师喜欢的句子他们喜不喜欢，还可以说说不喜欢的句子。这就是交互性。再比如让学生用一句话概括小说的故事情节。即使第一个同学概括得很好，我们还可以问：他的答案能不能加工得更好呢？有没有同学比他更概括呢？有没有同学比他更全面呢？有没有同学比他更简洁呢？有没有同学概括得和他不一样呢？有哪几种不同的概括呢？如果发现概括得不够好的情况，可以大家一起来修改。倘若这样开展活动，就有了共生性。课堂也就活了，学生的收获一定更大。

语文教学活动的基本要求

如果着眼于不同角度，语文教学活动的设计，有着很多不同的要求，我们会在后边结合具体环节分别进行阐述，这里先梳理一下最基本的几点要求。

一、活动意图要明确

课堂教学中的每一个活动环节都应该有明确的意图，即要让学生获得什么语文知识，进行哪一方面的语文活动，意在提高学生哪一方面的语文素养，应该清清楚楚，否则很容易成为无效教学、无效活动。

朗读是阅读教学的最为常见的活动，但有些朗读活动常常没有明确的意图。比如一些老师动不动就让学生齐读文章标题和作者，齐读写作背景，齐读要思考回答的问题，我们就弄不清楚这样的齐读是为了达到什么目的，培养哪方面的素养。一位老师教学徐志摩的《再别康桥》，让学生想象诗人多年前再到康桥时的所见所想，想象诗人自己会怎样读这一首诗，不知道到底要达到什么目的。一位老师用一节课和同学们一起诵读欣赏闻一多的《七子之歌》的七首诗，却花了不少时间让学生为几幅照片配上文字说明：一幅照片是一对母子在海边做游戏，一幅照片是一大一小两只鸽子在相向而视，一幅照片是一大一小两只骆驼行走在沙漠上。这样的活动，意图是什么呢？和教学的主体内容是什么关系呢？很令人费解。一位老师教学《幽径悲剧》，开头是大量的苏州园林的介绍，两者什么联系，也很难理解。

有些活动，看起来表面上有联系，其实教者具体的活动意图并不明确。一位老师教学戴望舒的《雨巷》，开始先是听一首《丁香花》的歌，接着老师深情朗读一首《丁香花》的诗，花去好几分钟的时间。而《丁香花》的歌、《丁香花》的诗，与《雨巷》的联系就是诗中有丁香花这个意象。但《雨巷》中的丁香花，和《丁香花》的歌、《丁香花》的诗中的丁香花有什么关系呢？看不出来，至少从这位老师的课堂教学中看不出来。现在这种抓住表面联系花大量时间开展拓展活动的情况非常普遍。教学鲁迅先生的《雪》，毛泽东的《沁园春·雪》来了，《我爱你塞北的雪》来了，柳宗元的《江雪》也来了。印象特别深的是一位老师教学《项羽本纪》“逼死乌江”一段，出示了八张项羽的各种造型、不同风格的头像，让学生说说最喜欢哪一个头像。活动的确别出心裁，但一般人实在猜不透其意图。

二、活动指向要清楚

语文教学活动，既要有明确的意图，还必须有明确的指向，即让学生得到明确的指令，才能实现活动的意图。所谓指向清楚，就是要对学生的学习提出明确具体的要求，要求学生做什么，要求学生应该怎么做，要求什么样的学习成果；否则学生就只能盲目活动。

很多时候，学生的学习表现让教师不满意，师生之间关系隔离，就是因为教师的教学活动指向不明。这让我想起中央电视台有一段时间到处采访别人“你幸福吗”，闹出很多笑话。有人说：我不姓伏。有人说：我不信佛。其实即使不是同音字的干扰，这个问题也没有办法回答。一个人的生活很难简单地用幸福还是不幸福来回答，有时候觉得幸福，有时候又会觉得不幸福，这方面很幸福，那方面可能又觉得不太幸福。同样一件事，这样看是幸福，那样看就不幸福。记得在一个电视节目中，某主持人问一个小朋友：你从哪里来？小朋友说：我从床上来。之所以闹出笑话，是因为主持人的提问指向是很不明确的。你从哪里来？可以说，我从美国来；也可以说，我从四川来；还可以说，我从学校来，我从家里来。一个主持人这样问，出一点笑话，或许还可以闹出一点现场效果，让大家一乐。但课堂上这样问，只能让学生的思维到处乱撞。事实上，我们就经常在课堂上看到类似的情况出现。一位老师教学一篇小说，让学生概括复述故事情节。学生复述时，他一会儿说这不够概括，一会儿说这不是复述，闹得学生无所适从。什么叫概括复述故事情节，这个老师到底要学生做什么，我至今也不明白。

虽然教师自己有明确的活动意图，但是学生却弄不明白具体该做什么、怎样做，必然影响活动的效果。我教学《黔之驴》，为了巩固对课文内容的理解，设计了一个创造性翻译课文的教学环节，让学生以老虎或驴的口吻向小老虎或小驴说一说当年的这个故事。应该说我的教学意图是非常清楚的，但学生说的或者是“戏说”，或者像科幻，或者像武打小说，活动的意图并没有达到，效果并不好。问题就出在学生并不完全清楚我的意图。后来我做了适当调整，补充了两条具体的要求：1. 立足课文，合理想象；2. 要有一个中心，即讲这个故事是为了让小老虎或小驴懂得一个什么道理。修改以后的方案，教学效果就明显好多了。一位老师教学苏教版高中语文新教材第一模块“历史的回声”这一专题，将专题中的《落日》和《勃兰特下跪赎罪受到称赞》《加拿大将“南京大屠杀”编入历史教材》两篇消息整合在一起教学，对学生提出了这样一个要求：请用一句话概括它们的内容。在学生进行了几分钟的概括之后，便组织交流活动。本来这是一个常规的活动，可是活动的展开很不顺利，效果很不理想。为什么呢？对老师的指令稍作分析，便会发现这个指令是不明确的。它至少有三种不同的理解：1. 用一句话概括三篇文章的内容；2. 用一句话概括《落日》的内容，再用一句话概括《勃兰特下跪赎罪受到称赞》《加拿大将“南京大屠杀”编入历史教材》两则消息的内容；3. 分别用一句话概括三篇文章的内容。从交流看，学生正是这样三种不同的理解。导致活动不顺利，就是因为学生弄不明白老师要让自己干什么。

三、活动强度要适宜

根据有关学习理论，学生的学习有一个最近发展区，它要求教师对学生的学习应该提出一个适当的要求，这个适当的要求应该是适当高于（但又不能过高）现有水平和能力。很显然，如果活动要求低于或等同于现有水平，或者要求过高，活动都是没有效果的。

上面举到的“历史的回声”的例子，在学生交流中老师才明确说出是要求分别用一句话概括三篇文章的内容。但很显然，这样的活动要求对于高一学生活动强度则太小了，因为两则消息的标题都是文章内容的很好的概括，学生不用思考，就可以找到答案。但是如果要用一句话概括三篇文章的内容，活动的强度又太大了，最多是概括它们的共同话题。再如一位高中老师要求学生阅读一段课文，概括这段话写了哪几层意思，然后组织学生交流，但几乎没有一个学生的回答符合老师的要求。最后老师说，这段话共有五个句子，也就是有五层意思。没有一个学生想到，老师会让他们完成这样的活动。如果将要求修改为“下面这段话共有五个句子，有五层意思，请大家用简要的语言概括每句话的意思”，对于高一学生来说，活动强度就比较适当。

也有时候，会出现活动强度过大的问题。一位老师教学苏教版初一的一篇课文《为你打开一扇门》，要求学生阅读课文概括文学的几个特点，可是所有学生的概括都不符合老师的要求。最后老师出示的答案文学的几个“功能”是什么审美功能，什么移情功能，什么社会功能，什么教化功能等，据执教老师说这个答案是从一本权威的书里找来的。但学生怎么能从课文的阅读中获得这样的信息呢？即使能够获得这样的信息，初一学生又怎么会做出这样的归纳呢？这样的活动对于初一学生，毫无疑问强度太大了，也只能是无效的活动。记得一位高中老师教学王羲之的《兰亭集序》，采用的是问题导读法。探讨的三个核心问题是：1.《兰亭集序》中的诗是什么样的人写出来的？2.《兰亭集序》是怎么写出来的？3.《兰亭集序》的文化意义是什么？一位老师教学《春江花月夜》，一开始就让学生探究闻一多先生为什么将《春江花月夜》誉为“诗中的诗，顶峰上的顶峰”？这样的活动，其要求的高度远远超出了高中生课堂学习的可能。

有些课堂教学，活动的随意性太大，一会儿强度过小，一会儿强度又过大，严重搅乱学生的学习节奏。一位老师教学梁衡的《夏》，开头一个活动是让学生阅读全文填空：夏天是__________旋律。这个填空根本无须阅读全文，课文第一句就是："充满整个夏天的是一个紧张，热烈，急促的旋律。"可是接下来让学生探究的问题是："夏"的象征意义是什么？学生们讨论半天，也就只能达到"祖国美丽山河"的高度，而教师落实到"黄土地的灿烂文明"。毫无疑问，前一个活动强度太小，后一个活动强度太大。如果前一个问题紧扣"紧张，热烈，急促"这里的两个逗号和"旋律"设计，后一个活动紧扣夏的特征和人们生活的联系设计，或许更加适合。

四、活动方式要适当

所谓适当的方式当然首先要求是语文的方法，是有利于学生语文学习和语文素养提高的方法。这个问题，我们在多处已经反复强调，这里主要从形式和内容适合的角度加以说明。

用诵读的方式来学习《离骚（节选）》无疑是对的，但有老师却让学生一人读一句，用接力的方式进行诵读，则是非常严重的错误。《离骚》生字多，理解难，要读顺畅很不容易，一人一句接力诵读，怎么可能读得流畅呢，怎么能读出作者的情感和自己的感受呢？如果老师带着学生一句一句读，相对就比较适宜。再比如分角色朗读，教《雷雨》和《威尼斯商人》都可以用这种方式，但是教古代戏曲《春香闹学》就不太合适了。那样的道白和唱词要读出人物的个性和内在感情，是需要专业要求的，很不容易。一位老师教学《今生今世的证据》，让学生给"故乡"下一个定义，说说自己心中的故乡。其意图是明确的，是想让学生表达自己对故乡的个性化理解，在比较中加深认识作者对故乡理解的深刻和独到。但这样的活动形式却是不恰当的。首先这个活动的要求本身有矛盾的地方："下定义"是一种科学的说明，是客观的；"说说自己心中的故乡"则完全是一种个性化的表达。这两者怎么统一到一起呢？况且学生也不知道定义的基本格式是怎样的。如果改为"以'故乡是'为开头说一句话或说一个比喻句"，就比较适宜。有位喜欢填词的语文老师，教学郁达夫《江南的冬景》，让学生选择片段内容和选择渔家傲、苏幕遮、菩萨蛮、生查子、浣溪沙、清平乐、踏莎行等词牌改写。我们以为将古人的词曲改写为现代诗歌或散文是可行的，而要求学生将现代散文改写为古代诗词是不适宜的，至少对绝大多数学生不适宜。

有时候，一味追求活动的创新，就会忽视活动形式的适当。有位老师教学陶渊明的《饮酒（其五）》，一个活动是：假如陶渊明要开一个主题酒店，各房间要布置一些风景照片，你准备从诗中选择哪个画面拍摄后提供给他？一个活动是：假如陶渊明开发了一种品牌酒，要从诗歌中选择一个意象作为品牌酒的商标，你认为最有代表性的是什么？《饮酒（其五）》的作者陶渊明，尽管对他是真隐还是假隐存在不同说法，但一般都认为他是中国文化中文人隐士的代表。他不为五斗米折腰，陶醉于悠然见南山的生活，“不戚戚于贫贱，不汲汲于富贵”。《饮酒（其五）》表达的正是这样一种志趣和心迹。而这位老师的两个活动都着眼于商业活动，总让人觉得不伦不类，有伤学生对诗歌的理解和欣赏。

五、要处理好活动和文本的关系

某种意义上说，阅读教学的教学活动都是为文本解读服务的，因此都必须以文本为基础，必须切合文本的特点，既不能脱离文本，更不能曲解文本。一位老师教学《劝学》，课堂的活动重点是让学生写比喻句，先是写一个比喻句，然后是写一组比喻句，最后是写正反对比的比喻句。把文言文阅读教学变成了比喻修辞的教学，变成了单项的语言活动，完全背离了特定的文本。一位老师教学《泪珠和珍珠》，多次进行了内容的归纳活动，但效果却很不理想，甚至可能有副作用，就是因为活动脱离了文本。一是将文章中的内容归纳为六种泪：少女泪、归乡泪、亲子泪、奋斗泪、慈悲泪和感恩泪，然后又将这六种泪归纳为“为自己—为家人—为人类”。熟悉课文内容的老师都清楚，这样的归纳完全不切合原文，只是教师出于“教学需要”的一种强加式的归纳。这样的活动不仅是无效的，其副作用也是可怕的。一位老师教学《琵琶行》，让学生根据诗歌中对琵琶演奏旋律的描写归纳琵琶女的人生轨迹，同样也是背离文本内涵的，显得十分牵强。还有一位老师教学《红尘之上》，让学生展开讨论：“有人认为人都必须要吃饭穿衣，是不可能真正达到红尘之上的，你认为可能吗?”最后老师的结论是：物质是人的生活基础，我们追求精神高尚并不能否定物质生活的需要。这个问题的讨论，其实完全脱离了文本。因为文章的主旨就是“红尘之上”，就是提倡追求精神的高品位，并没有否定物质生活的重要。而如果教者将《红尘之上》和《桃花源记》进行比较，得出一在“红尘之上”，一在“红尘之外”的结论，就紧密地贴近文本，一方面加深了对教学文本的理解，一方面拓展了课堂教学的容量，有效地提高了学生比较阅读的能力。

处理好活动和文本的关系，不仅仅要注意文本的内容，还要注意文本体式的特点。一位老师教学白居易的《钱塘湖春行》，设计的一个活动是：有人要到杭州来旅游，请根据《钱塘湖春行》这首诗为他们设计一个最合理的旅游路线，应该建议他们在哪个地方多看看。不用说，唐代到今天杭州会发生多大的变化，根据一首诗歌设计一个旅游路线，不仅专业人士看起来像笑话，恐怕一般的人都不会采纳。当然最主要的是学生根本就没有办法设计这个路线图。

六、要进行合理的组合

首先是要保证一个教学活动的相对完整。有位老师教学《松鼠》这篇说明文，先是出示了《辞海》中的词条，然后看课文怎么写。这就是教学活动的不完整。出示词条和阅读课文有什么关系呢？于漪老师教学《晋祠》先让学生听写了词条，然后让学生分析词条的内容要点，比较词条内容和课文的差异，讨论词条说明顺序和课文的不同，分析词条语言和课文的不同特点，这就使教学活动的过程充分而且完整。现在很多老师都喜欢进行小组讨论，可是讨论结束并没有小组意见的交流，仍然是个体的交流，这就是教学活动的残缺。一位老师教学张若虚的《春江花月夜》，说：“玉户帘中卷不去，捣衣砧上拂还来”这两句，有人以为是写一个人，有人以为这两句是写两个人。你们怎么理解呢？指名学生回答，该生回答说是写一个人，问大家，大家也都说是写一个人。于是这个教学活动便草草结束了。我们以为，既然抛出这个问题，就应该让学生比较充分地讨论，如果是一个人，根据是什么，如果是两个人，根据又是什么，理解为一个人或两个人和诗歌的主旨又有什么样的关联性。否则就是有头无尾的教学活动。

教学活动的合理整合，很重要的是指活动出现的时间适当。即使是比较好的教学活动，如果在不适宜的时机出现，也是不适当的活动。前面说过，一位老师教学的《春江花月夜》，一开始就让学生探究闻一多先生为什么将《春江花月夜》誉为“诗中的诗，顶峰上的顶峰”，不仅要求的难度远远超出了高中生课堂学习的可能，而且时间也很不恰当，即使要探究也应该在诗歌欣赏比较到位之后。一位老师教学《装在套子里的人》时，在让学生填写一个表格了解了基本情节之后，就呈现大量资料让学生探究这篇小说和作者思想历程的关系，最后的结论是这篇小说是一个孤独者孤独的呻吟。即使这个讨论是必需的，这样的出现也是很突兀的。

教学活动的合理组合，就是指教学活动能够按照课堂教学的规律和学生的认知规律展开。一般说，这个规律是先感性再理性，先感受再思考，先品读再探究，先整体感知再局部深入。

在杭州浙师大活动中上课

七、要坚持鲜明的学生立场

教学活动，听起来是为教师教学设计的，其实都是为学生学习设计的。可以说，一切教学活动的失败，都是由于教师缺少必需的学生立场。而且，站在教师自己的立场上设计教学活动，是我们教师最容易犯的错误。多年前，听过一位老师教学香港作家黄河浪的《故乡的榕树》，其中一个教学环节是要求学生自选一个片段，写快板词来概括这个片段的内容。很多学生茫然不知何为"快板词"。等到指名交流，自然是洋相百出。正在我诧异于教师何以要安排这样一个学习活动时，老师说：看来同学们还不熟悉快板词，下面请大家听老师写的几段。说着就掏出竹板说起了快板词。我这个时候终于明白了教师安排这个活动主要是为了秀一下自己的快板词。记得一个老师教学辛弃疾的一首词，一个活动是让学生以"辛弃疾，我要对你说"为开头说几句话。这个活动的意图是什么，我们这里暂不讨论。等到学生一个个说完了，老师用PPT亮出自己写的一段话，中间用了很多比喻，也引述了辛弃疾很多词句，看上去很有文采。但这段话对学生的活动起什么作用呢？就是通过对比说明学生写得差吗？而现在，这似乎成了一种流行式，很多老师会在学生表达之后，或在下课之前来一段很抒情很唯美的话，以曲终奏雅，雅则雅矣，对学生却没有用处。

课例1　《背影》教学实录

师：同学们，我们现在开始上课。今天我们学习朱自清的《背影》。同学们以前读过朱自清的文章吗？

生：读过，《匆匆》，《春》。

师：《匆匆》是一篇哲理性的散文，《春》是一篇写景的散文，今天我们学的《背影》是一篇回忆父亲的散文，这篇文章曾经感动了几代中国人，有没有感动你们呢？

生：感动。

师：真的感动了吗？那你们说说哪个地方让你们感动呢？现在请大家把书打开到《背影》，说说哪些部分感动了你？

生：“他用两手攀着上面，两脚再向上缩；他肥胖的身子向左微倾，显出努力的样子。”

师：你呢，有没有让你感动的地方？

生：没有。

师：没有一个让你感动的地方吗？好，那看来我们需要仔细学习课文，等下课的时候你再告诉我有没有让你感动的地方。你呢，有没有哪个句子让你感动？

生：“他再三嘱咐茶房，甚是仔细。但他终于不放心，怕茶房不妥帖；颇踌躇了一会，终于决定还是自己送我去。”

师：为父亲细致的照顾所感动。其他同学还有吗？说说你有没有感动的地方？

生：“他和我走到车上，将橘子一股脑儿放在我的皮大衣上。于是扑扑衣上的泥土，心里很轻松似的，过了一会儿说：‘我走了，到那边来信！’”

师：嗯，这段话也让我很感动，一段很朴实的对话，但很感人。还有吗？

生：“等他的背影混入来来往往的人里，再找不着了，我便进来坐下，我的眼泪又来了。”

师：“我的眼泪又来了”，我读到这边也是眼泪又来了。有没有同学来主动地说说你感动的地方，刚才都是被动的。

生：“父亲给我写了一封信，信中说道：‘我身体平安，惟膀子疼痛厉害，举箸提笔，诸多不便，大约大去之期不远矣。’”

师：大家都是会读书的孩子，懂事的孩子。其实读《背影》，你读到感动了，就不要老师上课了。好了，刚刚上课之前没有感动的这位学生，现在有没有让你感动，来说说。

生：没有。

师：啊，还没有让你感动啊？你心如磐石啊，那我慢慢地看能不能融化你的心啊。同学们读了这些都很感动，有没有想过一个问题，课文里这些感动你的内容都和一个具体的关键的词语有关，是什么啊？

生齐答：背影。

师：这是一篇让我们感动的散文，这是一个让我们难忘的“背影”。同学们不看书能说得出是什么样的背影吗？（学生没有反应）这可不好。这么关键的内容怎么不加以注意了。究竟是一个什么样的背影呢？黄老师画了一幅画，画出了那个让我难忘感动的背影，大家看得清吗？

师：我们读书，尤其是读散文，要善于把文字变成一幅画。如果从文章中选一段文字，放在这个图的下面，做这幅图的说明，你们觉得应该选哪段文字比较合适呢？你有没有发现？

生：没有。

师：没有，那看来你真的不善于感动。其他同学有没有发现？

生：第六段。

师：具体是从哪里开始的呢？

生：“他用两手攀着上面，两脚再向上缩；他肥胖的身子向左微倾，显出努力的样子。”

师：有没有不同的看法啊？有，我最喜欢这样的同学，你觉得是哪段文字？

生：“我看见他戴着黑布小帽，穿着黑布大马褂，深青布棉袍……就不容易了。”

师：我跟他的想法基本一样，黄老师就是根据下面这段文字把这幅画画出来的。

师：（读相关文字）如果根据这段文字配我的图，你们觉得黄老师画得好不好？有没有把文字要表达的内容画出来？

生：没有颜色。

师：什么颜色呢？

生：黑布大马褂，深青布棉袍。

师：是的。这里的颜色值得关注。大家能对照文字看到黄老师这幅画的问题吗？

生："我"看着他戴着黑布小帽，穿着黑布大马褂、深青布棉袍，走到铁道边，但这幅画里面没有表现出走到铁道边。

师：哦，只是画了一个静态的背影，没有走过去的过程，对吧？——除了这个以外呢，还有吗？

生：这幅画没有说清楚，他是慢慢探下身去，还是两手攀着上面，两脚再往上缩，也没交代清楚父亲在干什么。

师：是的。这位同学关注到了动作，"攀"还是"探"不太清楚。是的，黄老师这幅画的确不够清楚。

好，黄老师再读一遍这段文字，你们圈出自己认为最能表现父爱的词。这段话中有一个词，黄老师反复画了三个圈。看大家能不能圈出我反复画了三个圈的词语。

师读：我看见他戴着黑布小帽……我的眼泪很快地流下来了。

师：你圈出哪个词？

生：努力。

生：蹒跚。

师：你画出的是哪个词语？

生：探身，微倾。

生：攀。

师：大家圈的词语都很重要，都能够表达父亲对朱自清的爱。可是我好失望啊，看来我们的代沟不是一代的沟，是一代代的沟。再来看看有没有同学圈到黄老师圈了又圈的词语。你圈的哪一个词语？

生：不容易。

师：啊？为什么你认为这个词黄老师会特别圈了又圈呢？

生：因为这个词最能表现父亲的爱。

师：有道理。看来这位同学很能理解父亲的心。现在我们来看这段描写主要围绕哪一个词？

生：很努力。

师：这个词语也很重要。那么这个"努力"，跟现在老师们对你们说要"努力学习"的"努力"一样吗？

生：不一样。

师：不一样在哪里呢？你声音最响，你来说。

生：父亲年老力弱，买东西很费力气，要努力。

师：对，我们今天所说的“努力”是指一个人做事主观上很认真，这里的“努力”除了写爸爸年纪大了身体不好之外，还写出了父亲爬月台的什么情形呢？

生：艰难。

师：对的，我们也可以给他换个词——“吃力”。大家看这幅画描写的情景，主要表现爸爸“吃力”呢，还是表现爸爸“不容易”？

生：不容易。

师：应该说这两个词都很关键，但相对地讲“不容易”更关键。因为写“努力”也是为了表现“不容易”。从哪几个词可以看出爸爸爬月台不容易啊？第一个是？

生：蹒跚。

师：这是走路的不容易。还有？

生：探身。

师：为什么要探身呢？

生：因为月台比较高，比较深，有危险。

师：这是写下月台的不容易。后面还有哪个词可以看出不容易？

生：攀。

师：这是向对面月台上爬的不容易。还有？

生：缩。

师：这也是向月台上爬的不容易。是一只脚“缩”，还是两只脚？

生：两只。

师：对，看看黄老师画的图是几只脚缩？

生：一只。

师：对呀，刚才怎么没发现啊？为什么两只脚“缩”？因为这样就更能表现出不容易。大家看，做爸爸的多不容易哟。——黄老师有一个问题，我们写一个人一般都会写他的眼睛。作者为什么不写父亲的眼睛呢？如果朱自清也写他爸爸的眼睛，会是什么样的眼睛？

生：泪汪汪的。

生：关心的，慈爱的。

生：深情的，温柔的。

师：大家说得很好。父亲的眼睛似乎都是这样的。可是大家想一想这么写好不好？

生：好。

师：有没有同学觉得不好的？有一位同学。你为什么觉得不好啊？

生：泪汪汪的眼睛不好，父亲为了不让女儿担心（学生笑），是儿子，为了不让他的儿子担心，还鼓励儿子，不会眼泪汪汪。

师：这位同学从具体的语境出发，很有道理。现在我们要讨论的是，朱自清的爸爸看朱自清的时候眼睛里会有这样的深情和温柔吗？（一学生说不知道）对，说不知道是严谨。因为说话要有根据，不能凭空想象。你是一个很理性的人，所以你轻易不感动。（学生笑）

师：要讨论朱自清的爸爸会不会眼泪汪汪，眼睛里有没有深情，我们必须要理解背景，要看看他父亲是一个什么样的父亲。（PPT出示关于朱自清的资料）

师：背景很复杂，我整理了一个简要的。黄老师读一下，大家联系课文看看能发现多少信息。

师：（读PPT文字）1915年，爸爸给儿子包办婚姻，儿子生气。1916年，儿子考上北大了，儿子把自己的名字改掉了，爸爸很生气。1917年，爸爸失业了，祖母去世，父子告别。1920年，儿子毕业了，先到南方去工作。1921年，家里经济很差，儿子就回到扬州工作。结果他爸爸说家里经济太差了，跑到他单位去把他工资给领了。儿子很生气，愤然离去。1922年，儿子带着老婆孩子回家，结果父亲不让他进门。后来进了家门，结果父子两个长期不说话。不久儿子又出走了。1924年，儿子写了一篇小说，暴露家庭矛盾，老爸很不高兴。1925年，父亲写了一封信给儿子，朱自清看到这封信，在泪眼中写了一篇文章，叫《背影》。1928年，爸爸读到这篇文章《背影》，父子关系才缓和。到1945年，父亲去世。

师：哪个同学先说说哪些信息跟课文有联系？

生：1917年，爸爸失业了，祖母去世，父子告别。

师：这跟课文哪一段有联系？

生：第二段。

师：对。

生：1925年，父亲写了一封信给儿子，朱自清看到这封信，在泪眼中写了一篇文章，叫《背影》。

师：对，这是《背影》写作的背景。这封信大家懂不懂？这封信是用文言写的，黄老师来读一读。“我身体平安，惟膀子疼痛厉害。”“惟”是什么意思？

生：只有。

师：黄老师膀子也疼痛。“举箸提笔”，“箸”是什么意思？

生：筷子。

师：拿筷子、笔，膀子都疼。“诸多不便，大约大去之期不远矣。”什么叫大去之期啊？

生：死。

师：还有没有跟课文有关的地方？

生：“但最近两年的不见，他终于忘却我的不好，只是惦记着我，惦记着我的儿子。”至此冷战结束。

师：好，冷战结束。父子冷战结束，那么原来父子关系怎样？好不好？

生：不好。

师：父子关系不好，父子之间有冲突，有距离。你能从课文中找到父子之间有距离的根据吗？

生：“我那时真是聪明过分，总觉得他说话不漂亮，非自己插嘴不可，但他终于讲定了价钱。就送我上车。”

师：哪里可以看出？

生：总觉得他说话不漂亮，非自己插嘴不可。

师：年轻的儿子总觉得年老的父亲啰唆。善于发现，还有没有？

生：“我心里暗笑他的迂，他们只认得钱，托他们是白托。”

师：对，觉得他迂。还有没有？

生：“爸爸你走吧。”

师：这个话有什么距离，很深情啊，如果是你爸爸，很关心的，分别时说，爸爸你走吧，抹抹眼泪。（学生笑）有没有距离呢？有，哪个同学帮他解释一下。

生：可能是儿子嫌他爸爸烦，赶他走，不想让他在那里。

师：我跟女儿分别时，我女儿说，爸爸你等一等，等一会儿走。这里可以看出儿子不想跟爸爸在一起。文章中还有哪里看出儿子不想跟爸爸在一起？上文还有内容跟这呼应，说明他不想跟爸爸在一起的文字。

生："我再三劝他不必去，他只说，不要紧，他们去不好。"

师：这是爸爸的角度，儿子的角度呢，有没有？

师："到南京时，有朋友约去游逛，勾留了一日。"什么叫勾留？

生：停留。

师：有没有距离？

生：把爸爸抛弃了，一个人去玩。

师："抛弃"，这两个字重了。大家想象一下，假如我的奶奶死了，爸爸工作丢了，我跟爸爸一起到南京去，我还会去玩吗？为什么？

生：不想跟爸爸在一起。

师：那后来这距离有没有消除？

生：消除了。

师：怎么消除的？谁主动消除的，是爸爸还是儿子？

生：爸爸。

师：认为是爸爸的，请举手。

师：哪里看出是爸爸主动消除的？

生："我买几个橘子去，你就在此地，不要动。"

师：爸爸在表达对儿子的爱。其他还有没有啊？

生："他再三嘱咐茶房，甚是仔细。但他终于不放心，怕茶房不妥帖；颇踌躇了一会。"

师：父亲本来不去的，又不放心，对"我"很关心。还有没有？

生："他嘱我路上小心，夜里要警醒些，不要受凉。又嘱托茶房好好照应我。"

师：真是个好父亲。父亲主动关心儿子，主动和儿子和好。

生："于是扑扑衣上的泥土，心里很轻松似的，过一会儿说：'我走了，到那边来信。'"

师：这叫什么？叫牵挂。还有没有？

生："但最近两年的不见，他终于忘却我的不好，只是惦记着我，惦记着我的儿子。"

师：这也是写"我"爸爸，忘记"我"的不好，忘记过去，记着"我"，记着"我"的儿子。爸爸表达对儿子的爱，爸爸希望与儿子和好。大家觉得最主要的表现在哪里？

生：我觉得最主要的是最后的一封信。

师：你能说说你的理解吗？

生：大约大去之期不远矣。

师：大去之期，我们已经讲过了，就是死，从上文找找看，死的原因是什么？

生：膀子疼痛。

师：膀子疼痛？黄老师也膀子疼痛，你能不能说黄老师大去之期不远矣？

生：（笑）不能。

师：惟膀子疼痛，这个"惟"什么意思？

生：只是。

师：只是，只是膀子疼痛会疼死吗？一般不会。很显然父亲在夸大自己的身体问题，你能从背景中找到黄老师推测的根据吗？父亲是哪一年死的？

生：1945年。

师：写信之后，隔了多长时间死的？

生：十几年。

师：二十年。隔了这么长时间才死。他就说大去之期不远矣，他为什么要夸大自己的身体问题？

生：希望儿子多回来看看他。

师：希望儿子为他担忧，父亲用这个方法来对儿子示弱，示爱。爸爸买橘子，示爱；嘱托茶房，示爱。不但示爱，爸爸还向儿子示弱。当时爸爸太强势了，现在你要原谅爸爸。这句话有没有说？没有。是通过一系列行为表现的。爸爸主动拉近关系，那么朱自清这个儿子有没有理解爸爸的意思？有没有？

生：有。

师：从哪里看出来他理解了爸爸？

生："到这边时，我赶紧去搀他。"

师：一个"搀"字表现了儿子对父亲的爱。还有吗？

生："我不知何时再能与他相见！"

师：这句话在结构上有什么作用？

生：呼应开头。

师：对，呼应开头。开头怎么说的？

生："我与父亲不相见已二年余了，我最不能忘记的是他的背影。"

师：这"不相见"，是不是不能相见？

生：不是。

师：是不愿意见，爸爸讨厌儿子，儿子讨厌爸爸，父子冷战，所以不相见。最后想见了。——这篇文章还有儿子理解爸爸的地方吗？有人看了文章不感动，文中那么多次流泪，你看了不感动？刚才不感动的同学，举手给我看看，现在有没有感动啊？

生：感动了。

师：好，感动了。读进文章，你就感动了。作者被父亲的爱感动得流泪了。文章写了几次流泪？

生：四次。

师：文章中反复出现的内容一定要注意。第一次在哪里？哪个小节？

生：第二节。

师：第二节怎么写的？我们来看看。

生：不禁簌簌地流下眼泪。

师：簌簌是什么意思？对，是泪多。看见满院狼藉的东西，祖母去世，爸爸没有工作，眼泪哗哗地下来了。第二次流泪呢？

生："我看见他的背影，我的眼泪很快地流下来了。"

师：看见爸爸买橘子，"我"的眼泪很快流下来了，"我"有没有理解爸爸？

生：有。

师：是不是真正都理解了？是不是全部理解了？有没有认为还没有完全理解爸爸的？举手。

（有一个学生举手）

师：好，有一个。说说理由。

生：因为他后面说，"我赶紧拭干泪，怕父亲看见，也怕别人看见"。

师：太好了，这是一个依据。还有没有第二个根据？是不是他看见爸爸买橘子，很感动，当时回去就写文章？当时有没有写？

生：没有。

师：买橘子是哪一年？写文章是哪一年？

生：买橘子是1917年，写文章是1925年。

师：相隔多少年？

生：八年。

师：相隔八年。这八年中父子还有些矛盾。要是当时全理解了，当时就应该写。是不是？什么时候理解的？

生：1925年。

师：对，最后一次流泪才真正理解了。在买了橘子之后，父子之间还没有完全理解。让我们看看最后一次流泪，在哪一段？

生："我读到此处，在晶莹的泪光中，又看见那肥胖的、青布棉袍黑布马褂的背影。"

师：在这泪光中，我们看出作者对父亲的爱，作者感受到了父亲对自己的深情。你还能从其他地方看出来吗？儿子终于彻底理解父亲了？

生：他少年出外谋生，独力支持，做了许多大事，哪知老境却如此颓唐。他触目伤怀，自然情不能自已。

师：对，这句话中哪个词最能体现？

生：自然。

师：有几个“自然”？

生：两个。

师：两个“自然”中看出儿子对父亲的理解，对父亲深深的爱。——现在我们想一想，如果作者写父亲的眼睛，父亲的眼睛会不会是深情的、温柔的？

生：不可能。

师：为什么呢？

生：父子还有矛盾。

师：有道理。但还比较笼统。一是从父亲的性格看，感情不大可能很外显，那时候的父亲，都是这样的。从两个人的关系看，虽然父亲主动和好，示爱，示弱，但是用深情的眼睛注视着儿子，还不大可能，也不大自然。

生：作者也没有好好对着父亲的眼睛看。

师：太对了。这也是一个很重要的原因。那时的作者根本没有好好看一看父亲的眼睛。只有父亲爬过月台时那不容易的艰难的背影才震撼了他。结合这段信息，我们从课文里读懂了很多很多，读出了复杂的情感，读出了丰富的内涵。现在我们再回顾一下这个背影是怎样的背影？

生：不容易。

生：伟大的。

师：这些都比较抽象。大家用课文中具体的句子说说作者无法忘记的我们也不应该忘记的是什么样的背影？

生：肥胖的背影。

生：青布棉袍黑布马褂的背影。

生：一顶黑布小帽。

师：这是外形，是衣着。还有具体的动作吗？

生：蹒跚的背影。

生：慢慢探身下去，两手向上攀。

生：两脚向上缩。

师：非常好。读散文我们就是要抓住这些寄托了作者情感的描写。通过这些细节化的描写，我们读到了一个父亲翻越月台为儿子买橘子的不容易的背影，也看到了一个不容易的父亲。能说说这位父亲的不容易吗？

生：少年出外谋生，做了许多大事。

生：老境颓唐，触目伤怀。

生：家庭琐事让他生气。

生：惦记儿子，惦记孙子。

生：身体不好，又死去了母亲。

师：很好。大家能抓住课文的具体内容。但还是没有抓住最关键的内容。我为大家提供的背景资料，大家也没有结合起来好好思考。

（学生还是没有反应）

师：大家从资料中能看到一个什么样的父亲呢？

生：有点专制。

生：霸道。

师：是的，有点专制，有点霸道。可是有点专制、有点霸道的父亲，在文中却表现得很周到很细致，多么不容易啊！

从资料中，我们看到了什么样的父子关系呢？

生：对立的。

生：有距离的。

师：是的，曾经在很长一段时间里。作者和父亲的关系是非常僵化的。经过很长很长的时间，父子的矛盾才化解。儿子才终于从父亲的背影中读懂父亲的爱，理解了父亲的“不容易”。——这对于一个父亲来说又是多么的“不容易”啊！

（展示PPT内容：当你能从背影中读出一个人的爱，你就真正懂得了阅读，也真正读懂了爱。）

师：从一个人的眼睛中看到爱是很容易的，从一个人的背影中看出爱是不容易的。当你能从背影中读出一个人的爱，你就真正懂得了阅读，也真正读懂了爱。

让我们齐读课文这个片段，进一步感受不容易的背影，理解父亲的不容易和深沉的父爱。

（齐读：父亲是个胖子……我的眼泪很快流下来了。）

师：父亲真的不容易。可是作者经历了漫长的过程才读懂了父亲的爱，才理解了父亲的不容易。这告诉我们，要读懂爱也是不容易的，要从背影中读懂爱，是更不容易的。你们还小，慢慢地，就会懂得更深刻，更丰富。

同学们，阅读散文，就是要从感动处入手，就是要抓住形象，抓住人物情感的变化，就是要抓住细节化的描写，解读作者复杂的情感，读出文章丰富的内涵。

第二章

做好四则混合运算

添加策略

常常有年轻老师问：怎样才能把一节课上得精彩？回答这个问题很难。因为上好一节课的因素太多太多，教师素养、教学理念、教学追求、“好”的标准、特定主题、具体内容，等等等等，无不影响一节课的成败。要一一讨论这些问题，需要时间和空间。这里就一节课的设计优化谈一点自己的思考和做法。

我认为，添加、删减、整合、分解是语文课堂教学设计优化的基本策略，通俗地说，也就是加、减、乘、除。

有些课不耐看，是因为太单薄。“水分太多，干货太少”，是语文教学，尤其是阅读教学效率低下的主要原因。很多老师的阅读教学，其内容就是课文加教参，而且是没有内化的课文和不加消化的“参考书”。教学难免干干巴巴、捉襟见肘。所以优化教学设计的第一步就是要丰富教学内容。那么添加什么呢？

1. 加进自己的阅读感受和心得。

我们强调阅读教学要从学生阅读的原初体验出发。其实，就教学设计来说，则首先要从教师自己的阅读原初体验出发。这样的课才能鲜活，才能有新意，也才有创造力，才能激活学生的阅读体验。这种感受和心得，有感性的，也有理性的。

教学《阿房宫赋》，有一个教学环节是，将原文压缩为一段话，并留下一些空白，让学生阅读课文，根据课文内容，在我缩写的这段话中的括号里，填上恰当的词：

阿房之宫，其形可谓（ ）矣，其制可谓（ ）矣，宫中之女可谓（ ）矣，宫中之宝可谓（ ）矣，其费可谓（ ）矣，其奢可谓（ ）矣。其亡亦可谓（ ）矣！嗟乎！后人哀之而不鉴之，亦可（ ）矣！

学生填词的过程，就是理解概括课文内容的过程。我还改写了文章的结尾，让学生和原文的结尾进行比较：

观古今之成败，成，人也，非天也；败，亦人也，非天也。成败得失，皆由人也，非关天也。得失之故，归之于天，亦惑矣！

通过比较，从语言形式、文章主旨、文章结构等多角度对文章有了进一步深入的理解。

最后，又让学生根据压缩的短文用三个词概括文章的思路和主旨。如果说这些教学活动比较成功的话，其前提，就是在教学设计时加进了我自己的阅读心得。

2. 加进相关的阅读积累和生活积累。

这里的阅读积累，既包括已有的阅读积累，也包括即时的阅读积累。比如我们教学一篇文章，就会想到以前读过的教过的与所教内容相关的文章和书籍，这是前一种；为了备课的需要，我们会专门阅读与教学内容相关的资料，这是后一种。

于漪老师教学梁衡的《晋祠》，有一个环节是让学生听写《中国名胜词典》“晋祠”的词条：“晋祠在山西太原市西南25公里悬瓮山下晋水发源处。北宋天圣年间，追封唐叔虞为汾东王，并为大母邑姜修建了规模宏大的圣母殿，殿内有43尊宋代彩塑，殿前鱼沼飞梁，为国内所仅见。殿两侧为难老、善利二泉，晋水主要源头由此流出，常年不息，水温17℃，清澈见底。祠内贞观宝翰亭中有唐太宗撰写的御碑‘晋祠之铭并序’。祠内还有著名的周柏、隋槐，周柏位于圣母殿左侧，隋槐在关帝庙内，老枝纵横，至今生机勃勃，郁郁苍苍，与长流不息的难老泉和精美的宋塑侍女像被誉为‘晋祠三绝’。”于老师要求学生用阿拉伯数字标好词条五句话的句序，快速浏览一遍课文，从课文中分别寻找出条目里的五项内容，并一一标出序号，看谁找得快，找得准。然后再互相交流标示不一样的地方并展开讨论。在交流讨论的过程中，穿插课文层次的分析，有关段落的诵读，说明内容的归纳。再要求把课文和词条进行对照发现问题和不同（内容、写法、结构和语言），说说文章和词条哪个写得更好。一个词条带动了一节课的教学，十分精彩。可以说，这段话的增加在教学中发挥了重要的作用。而这则词条就来自教师的阅读积累。

而调动生活积累，对于丰富阅读内容来说，也相当重要。还原阅读，现在是大家都很重视的阅读方法。没有生活经验的调动，就没有还原阅读。教学《项链》《守财奴》和《老王》，生活经验都给了我很大的帮助。

3. 加进作者的相关思想和写作背景。

知人论世，这一孟子推荐给我们的读书方法，是文本解读的基本方法。但遗憾的是，很多课堂上背景介绍还是一种纯粹的形式，以至于人们对于背景介绍的重要性产生了怀疑。是否每节课都需要介绍背景，又应该怎么样介绍背景，我们另当别论。但教学一篇文本必须了解写作背景，这是肯定的。不仅了解背景，还应该了解作者的思想历程，尤其是与教学文本相关的思想发展及与其有关的文本。

苏州立达中学的曾文彦执教《紫藤萝瀑布》获得江苏省初中语文课堂教学比赛一等奖。这节课有许多可圈可点之处。其中一个很成功的环节就是，在引导学生品读“花语”内涵，学生对主旨的理解仅仅停留于“献给不幸的人，献给那些在精神上不能得到充分的宁静和生活中并不充满喜悦的人”，对文本的理解还达不到一定深度时，她及时而巧妙地为学生提供了这样几则材料：

> ●在昆明时严重贫血，站着站着就晕倒。后来索性染上肺结核休学在家。后来我经历名目繁多的手术，人赠雅号“挨千刀的”。(《花朝节的纪念》)
>
> ●我活着，随即得了一场重病。偏偏没有死。许多许多人去世了，我还活着。记下了1966年夏秋之交的这一天。(《1966年夏秋之交的第一天》)
>
> ●他们几经雪欺霜冻，好不容易奋斗着张开几片花瓣，尚未盛开，就骤然凋谢。我哭我们这迟开而早谢的一代人！(《哭小弟》)

结合这些背景资料，她进行了简要的点评，使学生对文章主旨的理解有了新的升华，认识到这篇文章是献给这世上所有遭遇痛苦的人，是献给生命的咏唱，也是献给普天下所有人的心灵烛火。

在阅读教学中，增加必要的背景知识，无论是对于文本的解读，还是学习活动的展开，都是非常有意义的。教学鲁迅的小说和杂文是如此，教学苏轼的词和李清照的词也应该如此。否则很容易是隔靴搔痒、盲人摸象式的解读。

4. 加进相关的知识。

新课程改革以后是淡化知识教学的。其实笼统地说淡化，并不准确，只是不能注重系统化烦琐化的知识教学而已。语文学习，没有知识的支撑是无法进行教学的。但阅读教学毕竟不是知识教学，教材更不可能提供所有的知识，这就需要我们自己去把相关的知识弄清楚，引过来，根据教学需要为学生呈现出来。教学说明文需要，教学记叙文、议论文也需要，教学散文小说和诗歌，有时候更必要。

5. 加进学生的阅读思考。

这是非常重要的内容，也是我们很多老师注意不够的一个问题。在传统的教学观念中，教学就是学生按照教师的要求去学习，或者在老师指导之下学习。其实学生的阅读体验和心得、学生的问题也是非常重要的教学内容。在我的教学中，很多比较成功的教学活动都来自学生。我的和谐共生教学法，特别强调这一点。

我教学《我们家的男子汉》这篇课文，有一环节是组织同学们讨论小标题的作用。在归纳小标题能够概括有关部分内容这一特点时，有同学提出文中有些小标题并不能概括相关部分的内容，一个是“他的眼泪”这个部分有的内容没有写“他的眼泪”；二是最后一个小标题不能概括文章最后一段。经过讨论，发现这位同学的结论是不正确的，但问题却很有价值。不仅使大家对文章结构层次有了更准确的把握，而且在讨论中有同学提出可以把文章的小标题改得更好，于是大家分工阅读，从各部分内容中选择人物的语言替换文章原来的小标题。这个学习活动的组织，不是来自教师的教学设计，也不是来自教师自己的阅读生成，而是由一个同学的阅读引发的。从某种意义上说，后一个教学环节比之于前一个教学环节更有意义，但它却是由前一个生成而来。没有前一位同学的问题，就没有这个很有意义的教学环节。另一个环节是，我让同学们概括自己心目中男子汉的特点，要求用形象的或者富有哲理的语言进行表达。结果有一个同学写了一组句子，很像一首小诗。我便让大家根据课文内容一起来完成这首小诗。这个教学活动也不是来自我自己的教学创意，而是源于学生的阅读生成和学习生成。

6. 加进别人的教学思考。

他山之石，可以攻玉。拿来主义，对于我们的教学设计也是很必要的。对文本的解读，对教学思路的思考，乃至于对文本的处理方式，都可以拿过来为我所用。

也许知道在教学设计中运用加法的老师很多，但加出问题的情况也很严重。因此有必要强调：

1. 加是内化，不是堆积；加是融合，不是拼凑。

有的老师会说，用了新教材新教参，什么都不加，我都教不完，再加不是更没有办法完成教学任务了吗？这不是加得不对，而是加的方法不对，没有内化，没有融合。简单相加，简单堆积，简单拼凑，对课堂的优化是没有任何好处的。只能采用内化的方法，融合的方法。所谓内化和融合，就是“以我观物”，为我所用，取其精神，取其精华，相互融合，相互渗透。

2. 以我为主，多加自己的东西，少加别人的东西。

真正能帮助我们提升课堂的，是属于自己的东西。我们很多课的失败，尤其是青年教师的课，就是由于拿了别人的东西太多，而没有多少自己的东西。如果提出批评，他还会说：某某名师就这么上的。姑且不说名师的教学未必都好，即使是好东西，搬进你的课堂就未必好。“南橘北枳”、“东施效颦”、“邯郸学步”一类的成语，是大家都知道的。

3. 多加内容，少加形式。

现在有一个不好的现象，很多老师备课在形式手段上花的时间太多，而忽视教学内容尤其是文本内涵的开发。一篇课文应该教什么，应该怎么安排教学的思路，思考得不多；而是致力于如何有一个新点子，如何找到新形式，如何吸引人的眼球。甚至花很大气力到网络上搜寻各类课件，然后集其大成，来一个花色拼盘。这样的课注定好不了。我不反对形式的新颖，但形式总是为内容服务的。没有内容的形式，脱离内容的形式，只能使课堂效果更糟。

4. 多加内涵，少加文本。

如何增加教学的内容呢？有些老师是有误解的。他们认为，增加内容就是增加文本。一位老师教学朱自清的《春》就引了十几首关于春的诗歌，有老师告诉我这还不是最多的。这我相信。我们市一位名教师开课，其主题是“慢慢走，欣赏吧”，结果一节课就阅读了五六篇文章。很多公开课已经不甘心于一节课就教学一篇文章了。而最近又发现一种时髦，就是一会儿就用PPT来一段名人名言（而且外国的居多），搞得很时尚，很深沉，很外国，很哲理。我大多是感到莫名其妙的，不知道孩子们能懂得多少。我以为，即使这些内容都很有价值很有必要，也不必把整个文本都加进来，而应该内化为教师自己的东西融合到教学内容之中。

删减策略

课堂教学有许多矛盾，处理这些矛盾最好的指导思想就是辩证法。知加不知减，必然导致课堂教学的失败。柳宗元写过一篇寓言《蝜蝂传》，是说一种小虫子，看到什么都要背在背上，最后被压死了。原意是讽刺那些贪婪的人，其实对我们很多老师的备课也有警戒意义。事实上，我们很多不成功的课就是因为背负太多被压死的。什么都好，什么都要，缺少消化能力，最后活活被撑死。

所以课堂教学设计的优化，必须学会做减法。

1. 减去不必要的教学环节。

一位老师教学李白的《将进酒》，开头的20分钟安排的是这样几个环节：（1）讨论在古希腊、文艺复兴、春秋战国、盛唐这四个时代中，你最希望生活在哪个时代；（2）让学生说说心中的李白；（3）教师介绍别人眼中的李白；（4）学生说说所知道的李白的诗歌。这几个教学环节的教学价值很显然是重复的，都只是把学生引入学习情景，或者简单说都只是教学的导入，取其一即可。一节课学习这样一首诗，时间比较紧张，在导入环节用这么多时间，是没有必要的也是很不合理的。可以说，精彩的好课都是简洁的，干干净净；很多课，失败的原因就是环节太多，太复杂。有些老师教学不管什么课文，开头都喜欢来一段录像，至少来一段音乐，常常令人莫名其妙。教学《安塞腰鼓》开头必然是一段安塞腰鼓，教学《济南的冬天》从一年四季你最喜欢哪个季节开始，教学《蔚蓝的大海》让学生说说自己心中蔚蓝的大海，教学《船长》最后要让学生说说一生中的“船长”。这样的安排，我以为不是叠床架屋就是穿靴戴帽。“油多不坏菜”，不是真理。环节多了必定破坏教学。

有位老师教学《谏太宗十思疏》，开头的导入环节是这样的，教师先在屏幕上投影出下面一首诗：

贤比尧舜天可汗，静志虚襟伶德思。
忧患守成时时记，待臣如友代代噫。
拓直敢谏帝皇过，喜遇明君纳言辞。
纵横学说佐盛世，二百陈事垂青史。

让学生读后思考：这首诗涉及了历史上哪两个著名的人物？（前四句涉及的是唐太宗，后四句说的是魏徵）引出本课涉及的人物——唐太宗和魏徵，然后板书课题。

接着投影两幅图片，让学生再说一说分别是谁（一个是唐太宗，一个是魏徵）。教师顺便介绍了人物。

然后又讲述“鹞死怀中”的故事：一天唐太宗得到一只雄健俊逸的鹞子，让鹞子在手臂上跳来跳去，赏玩得高兴时，魏徵进来了。太宗怕他提意见，回避不及，赶紧把鹞子藏到怀中。这一切早被魏徵看到，他禀报公事时故意喋喋不休，拖延时间。太宗不敢拿出鹞子，结果鹞子被憋死在怀中。

最后引唐太宗的名言：“以铜为镜，可以正衣冠；以古为镜，可以知兴替；以人为镜，可以明得失。魏徵没，朕亡一镜矣。”让学生说明唐太宗与魏徵之间的“明君诤臣”关系，导入新课。

有人撰文极力赞赏这样的导入采用四个环节激发学生的学习兴趣，而我对此不敢苟同。一是因为这样几个环节几乎都是重复的，尤其是前两个由诗猜人，由画猜人，典型的叠床架屋；二是这样的导入极为浮浅，没有触及文本内涵；三是针对高中生，采用这样的激趣方法，缺少高度缺少张力，甚至并不能实现教学意图。

2. 减去不必要的拓展和链接。

教学中的适时拓展可以帮助学生打开思路，可以丰富教学内容，拓展教学空间，推进教学进程，但如果不能适时适度就会有害。一位老师教学台湾作家林海音的《爸爸的花儿落了》，在引导学生抓住文中多处细节，深入感知那位严慈相济的爸爸形象后，适时穿插了《城南旧事》出版后记中父女俩关于骆驼脖子底下铃铛作用的讨论，教师动情地指出爸爸的“严”体现在对克服孩子缺点的坚决上，而他的“慈”则体现在对孩子美好品性的精心呵护上。大多数老师以为这样的拓展是适宜的。而接下去又要求学生说说在自己生命体验中类似文中父亲一样的人，就显得有点跑远了；至于教师还要讲述吕不韦如何严格教育秦始皇，即使秦始皇登上帝位后，他也会训斥秦始皇，激发他奋发图强，即使被赐毒酒自尽，也不后悔，临死前竟高兴地大笑自己“我成功了!”的故事，就是失去了拓展的分寸。

必要的资料链接，有助于学生突破学习难点。但链接的资料必须精心选择，控制总量。链接太多，势必冲淡教学的重点，喧宾夺主。一位老师教学《我若为王》先是补充一段500多字的关于“王”的解说的历史资料，然后又链接《过秦论》（已学课文）300字左右的一个段落和鲁迅《灯下漫笔》中的两个不连续的小片段（各50字左右）解释说明“奴性”，接着链接鲁迅《阿Q正传》（未学课文）中600字左右的一个片段，再接着就是链接鲁迅《随感录·五十九》中一个150字左右的片段，结束教学时又链接了《羊城晚报》《中国青年报》《宁波日报》的三段材料（约350字）和鲁迅《灯下漫笔》的一个近100字的小片段。给人的感觉，整个教学不是在文本阅读上花功夫而是在各种链接之间跳来跳去。我们总以为既然是阅读教学，就应该以文本本身为平台展开教学，链接的资料可以尽量少一些精一些，否则就转移了教学的重心。一节课的教学时间非常有限，动不动就是链接一段资料，常常是百字左右甚至更长的文字，完全破坏了原有的教学思路和节奏，也常常打断学生的思维，甚至有些链接的资料艰涩难懂，实在应该无情割去。

有些老师教学古诗词鉴赏，一会儿是《文心雕龙》，一会儿是《人间词话》，要不就是一连串的集评，弄得人眼花缭乱，真不知道学生能懂得多少。

3. 减去多余的手段和形式。

就我个人的观点而言，觉得语文课教学的方法越简单越好，也许这是基于我的“本色语文”的思想。真理都是朴素的，好课总是简单的。我们总觉得手段和形式的复杂必然会冲击教学的内容。所以在语文教学中使用多媒体辅助手段的问题上，我的基本态度是能不用就不用。当然我不能以一己之见约束别人。但有一条恐怕是大多数人赞同的，即不能因为过多的手段而影响教学效果，影响学生的学习。一位老师要求学生一边看书一边欣赏优美的画面，听老师配乐诵读课文。一心难以二用，这样的要求能够做到吗？做不到，我做不到，学生也做不到。当然做不到并不要紧，老师的课件白花了时间，也不要紧；但学生一会儿抬头看屏幕，一会儿低头看书的痛苦状，不仅影响了学习的效果，而且伤害了身心。还有一位高中老师教学戴望舒的《雨巷》，要求学生根据诗句想象诗歌意境。可是同时却用PPT一幕幕展现出他自己所想象的故事情景，自己还要在一边深情地配上旁白。这样的手段和形式实在太煞风景了，把一个好端端的教学活动学习活动彻底破坏了。事实上，在很多课堂上，屏幕上出现让人莫名其妙的画面，忽然来一段莫名其妙的音乐，忽然来一个莫名其妙的分组，朗读课文莫名其妙地要分为几个声部等情形并不鲜见。一位老师介绍写作背景和作者，做了8张图片让学生自由选择一张，然后再点开这一张链接到下一层。技术不能说不娴熟，备课不能说不用心，但效果恰恰适得其反。诸如此类意图不明、动机不当、效果不佳的教学手段和教学形式，都在该减可减之列。

4. 减去赘余的教学内容。

一位老师教学《沁园春》是这样安排的：（1）让学生说说“看我”（“我”是指授课老师）的感觉，然后老师小结要“勤于观察”；（2）让学生说说授课所在地，也就是学生家乡的特点，然后老师归纳“山美水美人更美，有向往有追求”；（3）指名背诵课文，指名评点，老师出示作者书法，品味豪放；（4）思考、讨论毛泽东这首词哪些地方值得借鉴（主要有虚实结合，动静结合，做人道理，借景抒情等。在说到虚实结合时老师又联系到让学生写“我”；在借景抒情时，穿插毛泽东和陆游写梅花的词，让学生在“愁”和“喜”两个不同心情下写“花”、“鸟”、“风”，并且自己还做了示范）。我想大多数老师会觉得这节课值得推敲加工的地方一定很多，但首先是教学内容。教学毛泽东《沁园春·雪》这首词，到底应该教学什么内容呢？无疑，既需要“加”进很多很多的内容，比如词的结构、词的情感、词的写景手法、抒情手法、词的语言艺术的理解和欣赏，包括词的朗读等很多内容都是该有的，但又必须减去很多内容。在我看来，让学生说说“看我”的感觉要减，让学生说说授课所在地，也就是学生家乡的特点也要减，让学生在“愁”和“喜”两个不同心情下写“花”、“鸟”、“风”，包括教师的示范都要减。

5. 减去价值不大的知识呈现。

我们前面说过，阅读教学中适当加进一些知识呈现，对学生的学习是有帮助的，但过多过繁，就会造成负面影响。一位老师教学《金色花》，一开头先是一段关于金色花的定义，然后是一段关于散文诗的文体介绍，接着又是一大段关于作者和《新月》杂志的介绍，并且要求学生一一齐读。过程显得琐碎而凌乱，对后面的教学价值也不大。一位老师教学《甜甜的泥土》在指导学生运用小说鉴赏方法分析小说时，链接了人物形象、细节、留白、伏笔、呼应、对比、线索、环境、情节、神态、动作、语言、心理等一大堆术语，评赏结尾时又链接了一大段欧·亨利结尾的介绍，并让学生齐读关于《麦琪的礼物》冗长的内容介绍和艺术评价。一位老师教学季羡林《幽径悲剧》，先后有五处链接：（1）PPT介绍苏州园林，谈古树和吴文化的关系。（2）介绍艺术的辩证法——反衬，并举例杜甫“感时花溅泪，恨别鸟惊心”的诗句和《红楼梦》第九十六回中“当时黛玉气绝，正是宝玉娶宝钗的这个时辰，紫鹃等都大哭起来。……因潇湘馆离新房子甚远，所以那边并没听见。一时，大家痛哭了一阵，只听得远远一阵音乐之声，侧耳一听，却又没有了。探春、李纨走出院外再听时，惟有竹梢风动，月影移墙，好不凄凉冷淡”。一段长长的文字，并联系生活分析。（3）艺术的辩证法——正衬，并举《于园》“瓜州诸园亭……”里的一段文字和白居易“回眸一笑百媚生，六宫粉黛无颜色”的诗句等为例进行说明。

（4）“吟哦讽诵读书法”，并另外提供一段文字让学生“吟哦讽诵”。（5）“补白猜想读书法”，并以《敬畏生命》中的一段话和《丧钟为谁而鸣》的卷首语为例加以解说。链接次数之多，涉及的文字量之大，真令人不胜其烦，横生枝节太多，毫无疑问应该大加删减。

6. 减去不集中、不该有的目标。

有位老师教学王羲之的《兰亭集序》，把欣赏王羲之的书法美作为目标之一。一开始就出示书法作品并展开讨论，然后教师对作品大加评点一番，既有书法章法的分析，又有二十多个“之”字写法不同的比较，对其书法地位更是竭尽赞美，并且在教学中对几个写错然后纠正的字更是大做文章，并组织学生展开讨论。教师在教学过程中也穿插进行毛笔的板书。尽管书法的确是我们民族文化的瑰宝，也的确属于语文的范畴，王羲之的《兰亭集序》也的确是书中圣品，那位老师的毛笔字也的确不差，但一节课时间教学这样一篇课文，目标还是应该集中在这篇序文的阅读欣赏上。目标多了，必然影响主要目标的实现。倘若把书法作品作为帮助我们解读文本的凭借，也许两者关系的处理更为恰当。鱼和熊掌难以兼得，书法欣赏多了，结果使文章的阅读和学习失去了保证。一位老师教学鲁迅的《雪》则把这篇散文的阅读欣赏和“全面认识鲁迅”同时作为目标，结果两头难以兼顾，教学主线凌乱不堪。一位老师教学苏教版初中教材八年级（下）的《鸟》专题，把“认识更多的鸟类”作为教学目标之一，结果千方百计地展示各种鸟。尽管这是“鸟”专题，但这毕竟还是语文课，不是生物课。我们只是借鸟学语文，而不是为了学习鸟的知识。

到底什么该减什么不该减，很难有一个明确的规定，我以为可以参照这样几条标准：

1. 有害无益的一定要删减。

教学实践已经证明，尽管我们说语文的外延和生活相等，尽管我们要尽可能追求教学的大容量，但课堂教学绝不是加进来的东西越多越好，有些内容加进来是有害无益的，有些内容虽然可能是有价值的，但如果采用不适当的方式加进来也可能是有害的。这样的情况，我们要毫不犹豫地减。

2. 影响学生学习的一定要删减。

为学生的学习服务，应该是我们教学决策的最高宗旨。有些内容本身虽然可能有一定的价值，但会妨害学生的学习，也应该毫不犹豫地删减。

3. 可有可无的要尽量删减。

有些内容，加了不一定有害，但也未必有多大意义。本着力求以少胜多的原则也应尽可能减去。

4. 影响主要目标的要尽量删减。

一篇课文的教学，尤其是一节课的教学，总会有一个总体的目标或者主要的目标，其他内容加多了，势必会影响主要教学目标的实现或者是主要内容的教学，也应该尽量删减。

重组策略

我们用加减乘除来表达课堂教学设计的优化，只是一个比喻。加，就是丰富教学内容；减，就是使教学设计更加集中更加精粹；而乘就是整合。有时候，我们在锤炼教学设计或者研究课堂教学时，会发现有些内容，删掉觉得有些遗憾，不删又有些多余累赘，这时最好的方法，就是整合。三三得九，整合可以使教学安排更加紧凑、严谨，能够提高课堂教学的效益。

1. 工具性和人文性的整合。

从学理上说，工具性和人文性是语文这枚硬币的两面，这样分开来表达是不科学的。但事实上，我们常常在课堂教学中发现，有些教学环节，只体现了人文性的一面而极端淡化了工具性的一面，甚至把工具的一面隐藏到几乎无法发现的地步。这时有必要进行两者的整合，以求更好地体现语文学科的特点，和实现语文课堂教学的高效益。

一位老师教学苏教版初中语文教材八年级（下）《鸟》专题，其中有一个环节是介绍各国的国鸟，从美国的鹰到日本的雉，从澳大利亚的琴鸟到印度的孔雀，有图片有文字，有鸟的特点，有国鸟的寓意，最后遗憾地告诉同学们我们中国还没有国鸟。这个教学环节，对于学生的语文学习又有什么意义呢？又有什么样的语文训练呢？我觉得没有，或者意义不大。很显然，这个环节只关注了“鸟”或者说“国鸟”，而没有关注这个环节对于学生语文学习的价值。其实只要稍加整合，就可以达到两性统一的目的。比如，我们可以将这个环节改为：世界上很多国家都有国鸟，如美国的鹰、日本的雉、澳大利亚的琴鸟、印度的孔雀（可以配图片，但花时间不能太多），可惜我们中国还没有国鸟。同学们，如果中国也要评选国鸟，你觉得选哪一种鸟呢？为什么？希望你用简要的语言，说说自己的选择，既说出这种鸟的特点，又要说说这种鸟作为国鸟的寓意。当然，也可以提供几种意见让同学们选择，或许还会有更好的方案。我想，这样的安排，就能比较好地体现语文的课程特征。而这个修改的过程，就是一种整合。

2. 教师和学生双边关系的整合。

在有些课堂教学中，我们发现老师的活动和学生的活动是互相割裂的，甚至是对立的。这种情况产生的根本原因是，教师对自己的角色定位不准，不知道在课堂教学中，教师的全部意义就是帮助学生学习，而把展示自己作为追求。有的老师喜欢用自己的朗读和学生的朗读形成对比，不但没有起到所谓范读的作用，甚至对学生造成一种心理压迫。记得有一次我担任全国课堂教学比赛的评委，一位老师指导学生写作，要求“要写出人物的特点，要饱含自己的感情”，开始是从课文中归纳出种种方法，然后是学生现场写作、教师评点正反两类习作。到下课前的最后一个环节，老师花了近10分钟时间，用PPT展示自己发表在某报纸的一篇写父亲的文章，同时配乐深情地诵读。文章写得不错，诵读也不错，但毫无疑问，这个教学安排是很不恰当的。它的教学意义何在呢？它对学生的写作有什么帮助呢？其实，像这样的情况，稍加整合，就可以达到很好的效果。

一位老师教学辛弃疾的《水龙吟》，最后有这样两个环节：先要求学生以“辛弃疾，我想对你说……”为开头说一段话；然后是PPT展示自己课前写好的以“辛弃疾，我想对你说……”为开头的几段文字。由于对学生要说的一段话，除了开头以外没有其他要求，所以学生说的话质量比较差。而老师的一段话因为是事先准备的，写得的确不错，一共有四段，每段分别以比喻句“你是一柄剑”、“你是一盏灯”、“你是一只号角”、“你是一名战士”为中心领起，然后围绕这个中心展开。倘若把老师的展示安排在学生活动之前（当然不能全部展示，否则学生活动空间就太小了），然后要求学生参照老师的形式写一段话，这样对于学生来说要求明确，又有参照，活动指向明确，效果一定好多了。当然，改造老师的这段文字，让学生填空，把老师的写和学生的说结合在一起，形成一种共生情景也是很好的方式。这样的修改都整合了师生的双边活动，提高了教学的效益。

3. 教学内容和教学形式的整合。

形式必须为内容服务，是一个大家都知道的道理，可是我们设计教学方案时，常常会忘记了这样几乎是“常识”的哲学。形式和内容脱离或者对立的教学环节，也时常可见。前面说过，教学《安塞腰鼓》，开头必然是一段安塞腰鼓；教学《济南的冬天》开头就是济南冬天的照片；教学《观舞记》，开头必定是一段舞蹈的视频；教学《蔚蓝的大海》开始就是一片蔚蓝蔚蓝的大海。很多老师的作者介绍和背景介绍也是如此，不管教学的文本内容，也不管这一节课的具体教学内容，凡介绍就是全方位的内容，这样就显得是为介绍背景而介绍背景。为什么不根据教学内容的需要进行作者介绍和背景介绍呢？为什么不根据学生的学习需要出示图片和视频呢？同样是教学《安塞腰鼓》，郑桂华老师也让学生看了录像，可是她先让学生标出节号，给生词注音，再进行字词教学，然后指名学生朗读。发现学生读不好课文，这时郑老师让学生看了两分钟录像，让学生说说看录像的感受，说说安塞腰鼓的特点，接下来再读课文。这样的安排，形式和内容就紧密地整合在了一起。形式不再是单纯的形式，整合提高了教学效益。

4. 相邻相似的教学环节的整合。

有时候，我们在安排教学活动时，由于缺少推敲，会使相邻的教学环节教学价值相似，显得重复，这时候也应该对这些环节进行整合。比如我们前面举到的例子，一位老师教学李白的《将进酒》，花二十分钟、用四个环节〔（1）讨论在古希腊、文艺复兴、春秋战国、盛唐这四个时代中，你最希望生活在哪个时代；（2）让学生说说心中的李白；（3）教师介绍别人眼中的李白；（4）学生说说所知道的李白的诗歌。〕导入教学。如果去掉（1），直接让学生结合李白的诗句说说李白在自己心中是一个什么样的诗人，老师再说说别人眼中的李白就是很好的整合，即使四个环节都舍不得丢掉，也可以再稍微点一下“有这样的李白，因为有盛唐那样的时代”这样的意思，也就足够了。

5. 交叉重复的环节整合。

课堂教学的环节安排，总体来说，应该是一个比较严谨的流程，是一根学习的“链条”，一环套一环，各不重复，互相作用。如果交叉重复，课堂就显得混乱，就会影响教学活动的展开，就会影响学生的学习。一位老师教学苏教版九年级（下）萧红的《呼兰河传》，起初的教学思路是：（1）导入。（2）范读。（3）讨论：节选部分写了哪些人、哪些事？老师小结归纳：园子在“我”眼中的多彩多姿；园子里“我”和祖父生活的趣事；园子在“我”心中留下的印象。（4）给节选部分加一个标题。老师小结归纳：如“我家的后花园”、“祖父、园子和我”等。（5）选择喜欢的段落朗读。（6）分组，一人读，一人评点。（7）归纳“我”、祖父和花园的特点。小结：快乐的“我”，慈祥宽容的父亲，充满生机的花园。（8）质疑发现。（9）小结。不难发现，（3）（4）（7）的教学内容都是理解归纳文本内容，互相交叉重复，而（2）和（5）之间的关系也松散。而且两条线互相交错，使教学思路不够清楚。经过思考和讨论，后来改为：（1）快速浏览课文并说说作者笔下的童年生活里有哪些人、哪些物、哪些故事？（2）这五彩斑斓的童年画卷是小说的节选部分，但亦可独立成篇，遗憾的是编者偷了懒，没给它命名，我们来给课文加个题目。（3）请选择你喜欢的片段，以自己的方式为我们朗读，读出你在文中体味到的情感。（4）教师参与朗读自己喜欢的段落。（5）阅读质疑（穿插背景资料、小说片段）：“我”的童年真的快乐吗？修改以后的安排，整合了师生之间的活动，整合了前后教学环节，大大提高了教学效果。

其他还有教学主线整合、教学目标整合等多方面，不再一一展开说明。

运用整合的方法优化课堂设计，要注意这样一些问题：

1. 整合中把握恰当的重心。

将不同的教学环节和教学内容整合为一个教学环节，要注意突出适当的重心。一般说，人文性和工具性整合，要突出工具性；教师和学生双边整合，要突出学生的学习活动；内容和形式整合，要突出内容；几个并列环节整合，要突出其中一个和教学主线和教学重点关系最紧密的环节；交叉环节整合，要理清相互关系，不可造成混乱。

2. 要在整合中提高教学的综合效益。

科学的整合，是“三三得九”，不是“三三相加”。所以要选择一个科学的整合角度和整合方式，尤其不可在整合中破坏教学的结构，对学生的学习活动造成影响。

3. 可删减的环节可以先删减后整合。

从某种意义上说，教学环节要力求精要，以少胜多。在减的前提下整合，才是真正提高效益。只加不减的整合，只能增加教学的负担和学生学习的难度。

分解策略

所谓除，就是分解。分解是教学设计的一项很重要的基本功。因为它是突出教学重点和突破教学难点很重要的方法。我们常常看到，有些老师的教案，重点和难点写得很清楚很明白，可是在教学过程中却体现不出来或者体现不到位。说课时，问他什么是重点，他是清楚的；再问怎样解决重点，他也会说通过朗读、讨论后再探究；再接着问怎样朗读怎样讨论怎样探究，就说不出具体办法了。这就是缺少分解的能力。那么，在什么情况下需要分解，又怎样进行分解呢？

1. 重点教学内容要分层推进。

教学《我们家的男子汉》，理解“男子汉精神”和小标题在文章中的作用是教学重点，我对这两个教学内容都进行了层次分解。前一个问题通过四个层次加以突出：（1）归纳“我们家的男子汉”身上的主要品质；（2）加工文中的话或用自己的话，描述心目中的男子汉；（3）讨论男子汉最可贵的品质应该是什么；（4）全班合作完成小诗《小小男子汉宣言》。后一个问题的解决，也有这样四个层次：（1）学生先说说小标题的一般作用；（2）归纳本文小标题的主要作用；（3）引导学生用人物语言改换小标题；（4）比较两种小标题的不同效果。清晰有效的分层推进，使教学重点的解决非常到位。

教学《阿房宫赋》这篇课文，理解文本内容毫无疑问是重点，我是这样分层到位的：（1）学生课前对照注释自读课文，提出问题；（2）通过讨论解决疑难问题，教师点拨释疑；（3）通过对压缩短文的填空，把握文章的基本思路；（4）通过比较结尾理解文章主旨；（5）用三个词概括脉络和主旨，把握文章结构。五个层次，由浅入深，由言及意，比较透彻地解决了文本理解的问题，并且较好地为表现手法的欣赏做了铺垫。

2. 重点学习活动要分步到位。

一般说，一节课总会有一些重点的学习活动。这些活动的开展并不是花的时间多，就能解决问题达到目的的，还要有精心的安排。否则总是在同一个问题上同一个层面上兜来兜去打转转，教学无法深入，效果就不好，必须要采用分解的方法分步到位。

一位老师教学《茅屋为秋风所破歌》，以诗歌的诵读作为教学的“点”，通过诵读逐层深入地理解诗歌的思想感情，认识诗歌的抒情手段和效果，教学安排了这样三个主要环节：（1）初读，读得准确；（2）再读，读懂大意；（3）三读，读出疑问；（4）赏读，读出魅力。以读为点，以读为线，通过读非常成功地完成了教学的内容。这似乎不难，于是有些老师也借鉴这样的思路进行教学，效果却并不好。为什么？因为每一个环节的读中，都必须要有具体的层次和方法，笼而统之的“初读”、“再读”、“三读”、“赏读”是不能解决问题的。比如“初读”，读得准确的要求是什么？学生读得不准确怎么办？估计哪些地方会出错？怎样去帮助他们读准确？再如“赏读”，什么是“赏读”？“赏”什么？怎么“读”？要不要示范？诸如此类的问题都需要分解开来一个个解决。

一位老师教学《岳阳楼记》，整体思路是这样的：自由诵读，熟读成诵（读得快，读得畅）—赏读（读出感情，读出思想，读出味道）—研读（读出问题，读出深度）。而赏读一个环节又分解为这样一些小层次：（1）明确要求（读出欣赏出的感情，说出欣赏的过程）；（2）教师示范；（3）

教给方法（从“内容形式、字词句篇、修辞方法、表现手法、情感态度”等角度鉴赏，用重音强调、语气延长、声调变化等方法读）；（3）提供凭借（分发关于作者及背景的文字资料）；（4）学生活动；（5）回顾要求；（6）同桌交流（一读一评，交替进行）；（7）指名交流（师生互动，读评结合）；（8）小结方法（多种角度，如动、静、虚、实等，联想想象，知人论世，参考他人评价）。很容易看出，这样的分层细化，就使重点教学活动落到了实处，效果有了保证。

另一位老师教学《甜甜的泥土》进行朗读指导，也给我们很多有益的启发。她在读课文这一个活动中安排了这样一些层次：（1）用指定的感情读一个指定的段落；（2）用突出关键词的方式读规定段落；（3）在规定的范围内自由选读一个段落；（4）用术语品读课文。不仅如此，每个环节中，她有具体的小层次安排。比如“用突出关键词的方式读规定段落”这个环节，就有“自由读—指名读—评点以后重复读”这样的小层次；如“用术语品读课文”这个环节，就有“示范品读—提供术语—辅导活动—交流评点—再次品读”这样的小层次。

以上这些课例，都通过有效的分解使重点的学习活动饱满而充实。

3. 难度大的问题要分解解决。

大家都知道，相对于重点问题的解决，解决难点更难。除了要找到适当的教学方法，还要对难点进行分解。比如教学《阿房宫赋》，对于赋的手法及其效果的认识理解就是一个难点。我初教这篇课文时，曾经采用了先知识讲解，后举例说明，再让学生对照课文的办法，效果很不理想。经过反复思考研究，并进行比较教学，最后我采取了分步解决、多维活动的方法，效果比较理想。具体步骤是：（1）让学生在我压缩的一段短文中填关键词；（2）根据这些关键词在文章中找相关句子；（3）借助《文心雕龙》中的解释认识“赋”的基本特点；（4）指导诵读片段理解“赋”的“铺采摛文”的表现方法；（5）配乐诵读全文感受赋体文章的整体效果；（6）通过比较自己改写的结尾并抓住原文结尾的关键句把握文章主旨。这样的分解学习，使难点得以顺利地分步解决。

教学《谏太宗十思疏》，一个难点就是如何评价文本的删改问题。有人认为，版本问题在学术界也是一个难题，绕开算了。这当然不是不可以。

但我想或许难题解决了，会有意想不到的效果。于是我采用不急于下结论，从文章的主旨理解、文章的结构分析、文章诵读的气韵、文章的句式特点等几个角度迂回比较，最后比较成功地解决了难点，同时也完成了文本的理解。因此，我觉得：难点，巧于分解则不难；巧于分解，可以使难点成为教学效益的增长点。

4. 内容交杂要横向分解。

前面我们所着眼的都是梯度分解，或者叫纵向分解，即着眼于教学过程进行的分解。但有时候也需要进行横向的分解。

一位老师教学一节高三阅读复习课，其教学思路是围绕这样几个问题展开的：（1）文学作品是怎么回事？（主要是考试说明分析）（2）“一幅烟雨牛鹭图”、“麦天”、“侯银匠”（这是江苏省前几年高考卷文学作品阅读的作品，应该用书名号。作者注）这三篇文学作品你更喜欢哪一篇？你期望阅读什么样的文学作品？（3）选做题往往难易程度不同，你是怎样选择的？（4）给散文《燕子》（其实是一首诗）设计四个考题。当然，这节课需要讨论的问题比较多，这里我们主要讨论分解的问题。很显然，这节课的教学内容是不明确也是不集中的。作者在学案上标明的是“文学作品的阅读指导”，但教学内容更多的是“考试指导”而不是“阅读指导”；其次是第三个问题涉及的选做题是实用文，不属于“文学作品”。教学所要解决的问题，到底是考场的阅读还是平常的阅读？是文学作品还是所有作品？是阅读还是解题？主线极为混乱。如果要锤炼教学设计，当然首先要删减，比如实用文的选择阅读必须删减。其次是缩小范围，既然是高三复习课，就定位在“考场文学作品的阅读和答题”，然后可以分解为散文、小说和诗歌三类。如果考虑诗歌无论是阅读答题还是鉴赏，自有其鲜明的特点，那就删掉诗歌，分解为散文和小说，或者不从文体的角度分解，而从阅读和答题的角度分解。只有进行分解，才能使主线清楚。

5. 教学过程中要随机现场分解。

前面我们论及的都是预设分解，即进入教学现场之前备课阶段的分解。然而有时候，备课时觉得没有必要分解的内容，在教学现场可能会遇到困难，这时就要根据现场情景进行分解。比如品味语言，很多老师都喜欢让学生找到自己喜欢的句子加以品味，并结合语言品味进行诵读，这样做体现了学生主体的地位，能够形成较好的互动，组织得成功，效果是不错的。可有时候，学生就是不主动怎么办？学生的眼光不是很好怎么办？你希望学生评点的关键词句学生就是不注意怎么办？学生的评点散乱无序怎么办？这就要随机进行分解。或者对要求进行分解，原先准备一步到位的分步到位；或者是双边分解，原先都由学生解决的问题，可以分解一部分由老师解决。这样就可以取得比较理想的效果。如果机械地按照原计划进行，不仅会耽误教学时间，而且会破坏教学的情景，挫伤学生的学习心境，拉远师生距离。

运用分解的方法优化课堂设计，要注意这样一些问题：

1. 明确教学重点和难点，当分则分。

一堂课的教学，必然有重点内容和一般内容。重点内容，经过合理分解可以使教学更加到位。一般的教学内容，则不宜进行分解。分解过细，层次过多，不仅浪费教学时间，而且会冲淡教学重点内容，也影响教学活动的张力和学生学习训练的效果。

2. 立足学生需要，当分则分。

教学环节是否需要分解，主要还取决于学生的学习需要。一般说，难度不大的学习活动不需要过细分解。但备课毕竟是一种预设，不同的班级不同的教学环境、教学情景会有很大的不同，所以既要尽可能事先考虑充分，又要根据具体教学情况随机灵活处理。当分则分，不需要分，就要及时整合。

3. 避免重复交叉，注意合理分解。

教学环节的分解，也是一种分类，要防止分解以后的教学环节前后内容简单重复，或者内容互相交叉。分解一定要紧紧围绕教学主线，突出教学主线，不可节外生枝，转移教学的重心。

课例2 《黔之驴》教学实录

师：同学们，我们今天一起学习一篇文言文《黔之驴》。“黔”这个字的读音同学们要特别注意了。会读了吗？

生：会。

师：那读给我听一下。

生齐读：qián之驴。

师：好的。知道这个作者吗？

生：柳宗元。

师：哦，柳宗元，唐代的，是非常著名的散文家，他在文学的很多方面都有很高的成就，而最有影响的是寓言。

（板书：寓言）

师：大家知道什么叫寓言吗？

生：寓言一般是借一个小故事讲大道理。

师：非常好，概括得非常简要、明晰。一要有故事，二要有道理，通过故事讲一个道理。

（板书：故事→道理）

师：不过大家还要注意，寓言故事的主要形象，一般不是人，是什么？

生：动物。

师：对，寓言的故事大多数是以动物作为主要形象，有时候也会是植物。那么，我们今天要学习的这个寓言的主要形象是谁啊？

生：驴。

师：对，是驴。这是一篇以一头驴为主角的文言文的寓言。我们都知道，学习文言文要多读。同学们来试一试，看怎样把这篇文言文读好，最好能读出寓言的特点。有哪位同学愿意试一试？

[一生举手，指名读全文（读得比较生疏）。]

师：好的，总体把握得不错，但是有几个地方不太好。比如有几个读音还要注意："慭慭然"的"慭"，读yìn，而不是xīn；"跳踉"的"踉"，读liáng，而不是láng；"跳踉大㘎"的"㘎"，读hǎn，而不是gǎn。书上都有注音，大家看注释一定要仔细。还有几个句子的停顿处理得也不太好，读文言文一般要比现代文慢一些，太快了句读就不清楚，比如"以为/且/噬己也"，停顿要清楚。另外呢，要把寓言的特点读出来，语调还要再稍微夸张一些，因为是讲故事嘛。下面请同学们跟我读一遍好不好？

（师领读，强调重点字的读音、关键句的停顿，语调适当夸张；学生跟读。）

师：好，同学们课后还要反复读，读好文言文是一种享受；要尽可能背下来，多背文言文，对今后的学习很有用。

下面我们来深入学习这篇寓言。刚才我们说过，这篇课文的主要形象是驴，现在我们看看这是一头什么样的驴。

请同学们快速地看一下课文，用你们习惯的标记画一画、标一标，课文的哪些语句写到了驴。

师：好了，都标好了是吧？第一处写驴的是哪一句？

生："庞然大物也。"

师：哦，庞然大物，这的确是黔之驴的重要特征。"庞然大物"什么意思？

生：很大的东西。

师：写驴个子很大，这是从哪个方面写驴？

生：写驴的形象，驴的外形。

（师板书：驴的外形）

师：大家注意，成语"庞然大物"不只是表现大，还有其他言外之意，后面我们再一起研究。"庞然大物"是第一处写驴的语句吗？这个句子前面还有写驴的吗？

生：有。"黔无驴，有好事者船载以入。"

师：什么叫"船载以入"？

生：用船运到贵州。

师：这句话告诉了我们黔之驴的来历。（板书：驴的来历）其他还有写驴的吗？

生：“至则无可用。”

师：“则”是什么意思？

生：就。

师：好。后边还有哪些地方写驴？

生：“驴一鸣。”

师：驴的叫声很响很长，很特别。这是写“驴的特长”。（板书：驴的特长）还有没有写驴的句子了？

生：“觉无异能者。”

师：谁“觉”啊？

生：老虎。

师：对，这句话通过老虎的心理活动写驴；我们由此可以看出很重要的一点：驴子没有特殊的本领。

前面写了驴的特征、驴的来历、驴的特长、驴的本领，后面还有没有了？

生：“驴不胜怒，蹄之。”

师：哦，也是写驴的本领。什么本领？

生：用蹄子踢。

（师板书：驴的本领）

师：哪个词是“踢”的意思？

生：蹄。

师：“蹄”本是名词，这里用作动词。“驴不胜怒，蹄之”，意思是驴子承受不住愤怒，就用蹄子踢老虎。

理解这个寓言，要特别关注驴的下场。哪句写出了驴的下场？

生：“断其喉，尽其肉。”

师：对。这句是写老虎，但我们由此知道了驴的下场是被老虎咬断喉咙，吃完了肉。

（板书：驴的下场：被断喉、被吃肉）

师：读课文要思考，读寓言更要思考。有没有想过驴为什么会有这样的下场？

生：没有老虎厉害，本领没有老虎高，没有老虎强。

师：说得很好。这个意思课文里是怎么说的？

生：“无异能。”

师：“无异能”，没有特殊的本领，所以被吃。

大家想一想，驴的悲剧给我们什么教训呢？或者说从驴的悲剧我们懂得了什么道理呢？

（学生沉默）

师：看来大家还没有思考过这个问题。不过，我们可以换个角度思考：这个寓言给我们留下一些大家都很熟悉的成语，同学们知道吗？或者说由贵州的这头可怜的驴子你们想到哪些成语？

生：黔驴技穷。

（师板书：黔驴技穷）

师：驴最后一招是什么？“蹄之”，使出这最后一招，老虎放心了，驴已经没有其他本领了。“黔驴技穷”这个成语，现在比喻最后一点本领也用完了，形容那些表面强大，其实没有什么了不起的人。和这个成语意思相近的，还有一个成语，大家知道吗？

生：黔驴之技。

师：对，和“黔驴技穷”意思差不多的是“黔驴之技”。除了这两个成语，还有一个写驴的形象特征的词现在也是一个成语，它是——

生：“庞然大物”。

师：对。“庞然大物”，也是成语。大家想一想，从驴的教训看，这个成语除了形容很大，还有什么意思呢？

（学生没有反应）

师：能不能说很大的东西就是庞然大物呢？比如姚明个子很高大，能说姚明在篮球场上是个庞然大物吗？

生：不能。

师：那么除了大，“庞然大物”还有什么意思？与黔之驴的故事联系起来看，什么样才叫“庞然大物”？驴与虎比，很大，但最后被老虎吃了。这告诉我们“庞然大物”不仅是大，而且是——

生：表面强大。

师：对，是大而无能，大而无用。个子大不是缺点，我们有些男同学个子很高大，篮球打得好，学习成绩又好，品德也很优秀，那就不能用“庞然大物”来形容他们。

好的，驴子的故事就说到这里。黔驴技穷，黔驴之技，庞然大物，就是贵州驴子留给我们的教训。这大概也是作者要告诉我们的道理。但我们读这则寓言可以读出更丰富的道理。同学们有没有注意到，《黔之驴》这篇课文的主要笔墨是写什么？是写驴吗？

生：不是写驴，主要笔墨是写老虎。

师：对，主要写老虎，老虎是胜利者。同学们有没有想一想，老虎为什么能把庞大的驴子给吃了？

生：老虎很勇敢。

师：老虎一开始就勇敢吗？

生：不是，老虎一开始怕驴子，后来了解了驴子，觉得驴子没有什么本事，就不怕了。

师：能联系课文说说吗？哪些地方表现老虎害怕？

生：“虎见之，庞然大物也，以为神，蔽林间窥之。”

生：“驴一鸣，虎大骇，远遁，以为且噬己也，甚恐。”

师：对，这些句子写出了老虎害怕：“大骇”，“骇”就是害怕；“甚恐”是非常害怕；“以为神”，把它当作神仙，可见有多害怕；“蔽林间窥之”，“远遁，以为且噬己也”，这些动作和心理也都是写老虎害怕。见到这样庞大的东西，害怕是正常的；但老虎的可贵在于害怕而不逃避。它后来为什么不害怕了？

生：它观察了解了驴子。

师：怎么观察的？

生：“稍出近之。”

生：“往来视之。”

生：“近出前后。”

生：“稍近益狎，荡倚冲冒。”

师：这就是老虎的聪明。作者写老虎对驴子的了解非常细致，也非常有层次，先稍微靠近一点试探性地观察，再前前后后反复观察，然后是再近一点挑逗性地观察，形象地写出了老虎的机智，一步步观察、试探，终于摸到了驴子的底细。可以说，老虎能够战胜驴子，最主要的不在于勇敢。或者说还有更主要的原因，是什么呢？

生：我觉得有两点。第一点是自己本身的力量比较强大。

师：这一点很重要，但应该不是最主要的。课文里写老虎的强大了吗？（学生：没有）对，没有写，因为老虎强大，大家都知道；同时也说明作者认为这不是主要原因。好的，本身强大算一个原因，驴子“无异能”，而老虎有本领。那第二个原因呢？

生：第二点是老虎对自己不认识的事物首先去熟悉它，仔细观察。

师：非常好。对不了解的觉得害怕的东西，不只是躲起来，而是慢慢熟悉它、认识它。如果老虎一开始畏惧之后就远远地躲起来，听驴子一叫就永远不敢靠近它，最后还能吃到驴吗？

生：不能。

师：所以，除了自己有本领以外，老虎还细心地观察了解驴子，这一点非常重要。可以说，老虎是有勇有谋，而且谋更重要，机智，用心。

大家想一想：从虎取得胜利的角度看，这又给我们什么启发呢？我们一起回顾一下老虎的行为：

看到驴子，“以为神”，以之为神，很害怕；“蔽林间窥之”，躲在林子里偷偷看；“稍出近之”，稍微靠近一些；“慭慭然”，小心谨慎的样子；“莫相知”，还是不了解它；“又近出前后，终不敢搏”，“荡倚冲冒”，再进一步观察，最后盘算一番。老虎的心理写得很复杂，由惧怕，到了解，到吃了驴，这个过程告诉我们什么？

生：想要取得胜利就要了解敌人。

师：对，想要战胜对手就要了解对手。说得多好！

师：驴的悲剧给我们留下了“黔驴之技”、“黔驴技穷”、“庞然大物”这些成语，当然都是贬义的。如果也仿造这些成语提炼一些词语概括老虎给我们的启发，大家想一想，可以用哪些词语呢？——大家好好动脑筋，说不定这些词语将来也就成为成语了呢。有没有同学想到？

（学生思考）

师：前面是“黔驴技穷”、“黔驴之技”，那么，这里可以是——

生：黔虎——

师：“黔虎”怎么样呢？

生：吃驴。

师：不错。老虎是把驴吃了，但似乎太赤裸裸了，而且老虎最可贵的也不是“吃驴”。大家看老虎最可贵的是什么呢？

生：是一步步了解驴子。

师：所以，我们可以归纳为“黔虎识驴”，或者叫“黔虎之智”。如果这两个词成了成语，意思就告诉人们：对外表强大的东西，不要害怕，只要了解了它，找到它的弱点，就能战胜它。对不对？

生：对。

师：我们刚才解读了驴的故事，也解读了虎的故事。下面我们开始根据课文从不同角度讲故事。请同学们不看书，讲一讲《黔之驴》的故事。好不好？

请大家注意：前面我们读课文时说过，讲故事，语调应该怎么样？（部分学生：夸张一点）对，适当夸张一点，可以突出形象特征，表达自己的感情。其次，要注意口语化，不要仅仅是翻译。比如“荡倚冲冒”，就不必说成“碰撞靠近冲击冒犯”，可以就说“老虎就用各种动作戏弄挑逗驴子”；“驴不胜怒”，也不必说成“驴子承受不住愤怒”，可以说“驴子终于忍不住发怒了”。还可以适当想象补充，当然不能脱离原文，不能违背原文的意思。比如“蹄之”，不妨说成“使足浑身的力气向老虎猛踢了一下”。

好的，哪位同学先来试试，用自己的话来说说黔之驴的故事。大家小时候一定讲过故事，或者听别人讲过故事，讲故事怎么开头？

生：从前……

师：对，从前，贵州这个地方，怎样？

生：没有驴子……

师：好的。哪位接着讲？

（一生举手）

生：从前，在贵州这个地方呢没有驴，有一个人呢就用船把驴载到贵州去。到了贵州呢，这个驴就没用了，就把它放到了山下。老虎看见了，觉得它是一个庞然大物，当作神来看，就躲在草丛里面窥探，一会儿出来，一会儿进去，但是呢还是不了解这个驴。之后呢，驴叫了一声，老虎很害怕，远远地往后退，以为呢要吃它，非常害怕。又往前面看一看，觉得它好像没有什么本领，慢慢地就习惯了它的叫声。但是呢，朝它看看又不敢跟它搏斗，老虎往前靠一下驴，想要试探一下它。驴呢，驴很生气，就用蹄来踢它。老虎感觉非常高兴，它想：原来你就这么一点能耐！于是就跳了起来，咬断了它的喉咙，吃光了它的肉，满足地离开了。

师：讲得非常好。语气词比较多，很像讲故事。前面一部分比后面一部分更好，后面内容还可以再丰满一些。有些句子还不够形象具体，还是生硬的翻译，比如“庞然大物”，就没有用自己的话来表达，可以说成“从来没有见到过的巨大的东西”，“当作神来看”，可以说成“心里想，这莫非是天上下来的神怪吧”。还有那个“载”，不能还说“载”，应该说成“运”。好的，总体来说，讲得不错。

刚才这位同学是以作者的口吻讲了这个故事，或者说是用第三人称讲故事，能不能换一个人称用第一人称来讲？第一人称该怎么讲啊？

生：我是一头驴……

师：这是以驴的口吻。

生：我是一只虎……

师：现在我们就用第一人称讲这个故事。男同学就做“驴”，女同学就做“虎”，好不好？

生：好——

一男生：从前贵州没有驴……哦，从前贵州没有我……

师：这句听起来很别扭。想一想，怎么说比较好？

生：从前我没去过贵州——

师：好。请接着讲。

生：从前我没去过贵州，有人用船把我运到贵州，到了贵州发现我一点用处也没有，就把我放在山下。然后我看见一只老虎，一直看着我。老虎看我的眼神，好像非常害怕。我没有理它。可是，它总是在我面前走来走去，我觉得很讨厌，就大叫了一声，那老虎撒腿就跑了。过了几天，老虎又来看我了，我又叫了几声，可老虎无动于衷。不过老虎还是不敢跟我打架。又过了几天，老虎来冒犯我，我非常的愤怒，就去踢它一下，老虎很高兴……

师：讲得很好，人称转换得不错，补充想象也比较好。“老虎看我的眼神，好像非常害怕。我没有理它。可是，它总是在我面前走来走去，我觉得很讨厌，就大叫了一声，那老虎撒腿就跑了。”很形象，想象也合理。可是后面有些草草了事。我要问你：你怎么知道老虎很高兴？

生：我看出来的。

师：哦，就是看见老虎面露喜色——

生：我看见老虎面露喜色，突然向我扑了过来……

师：后面一句不太好说了，因为喉咙被咬住了……大家看看怎么结尾？

生：眼睛一黑就什么也不知道了。

师：尽管老套，还算可以。下面请老虎讲这个故事。

一女生：我是一只生活在贵州的老虎。有一天，一个人把一个我也不知道的什么东西放在了山下。我看到了，感觉这东西……我觉得这东西像神一样，竟然那么大。我躲在草丛里偷偷地看它，我想慢慢地了解它。可是我仍然不知道它是什么。有一天，这个东西突然间大叫了一声，真可谓是河东狮吼，我害怕极了，远远地逃走了，我以为它要把我给吃掉，非常的害怕。后来我又来看了看它，觉得它并没有特别的本领，只是会叫。慢慢地我就习惯了它的叫声，我准备进一步了解它，但是我仍然不敢跟它搏击。后来可能它看到我在不停地看着它吧，它生气了，用脚朝我一踢。我就发自内心地感到高兴，原来它就只会这点技能。我马上蹿过去，咬断它的喉咙，把它的肉全部吃掉，满足地离去了。

师：讲得挺好的。不过“我马上蹿过去”不太好，你是老虎，怎么说自己是“蹿”呢？

生：扑过去。

师：对，应该是“扑过去”。同学们讲故事的水平不错。

我要问你们，如果你是驴，对你的小驴们讲这个故事，要告诉它们什么道理呢？

生：要有真本领。

师：有道理。还有不同见解吗？

生：不要轻易暴露自己。

师：这话好像没有说完。

生：不要轻易暴露自己的底细。

师：是的。在对手面前，的确不能轻易暴露自己的底细，虚张声势更没有什么用处。如果你是老虎，对小老虎们讲这个故事，你会叮嘱它们什么呢？

生：遇到强大的对手不要害怕。

师：仅仅不害怕就行了吗？

生：要摸清对手的底细。

师：要了解对手，找到它的短处，抓住它的要害，就能战胜强大的对手。我们解读了驴的故事，解读了虎的故事。同学们有没有产生什么疑问？

（学生没有反应）

师：刚才我们都发现了，这篇课文主要的笔墨是描写老虎，写它的心理，写它的动作，尤其是写动作，十分细致，十分传神。可是为什么课文题目却是“黔之驴”而不是“黔之虎”呢？

（学生小声议论）

师：有同学愿意说说自己的想法吗？

生：作者心中把驴子作为主要形象。

师：这位同学很不简单，说得非常有道理，见解很深刻。作者的确是通过讽刺驴的愚蠢来表达主题。作者写这篇寓言，有很强的现实针对性。当时，中唐时期，身居高位的人之间，豪门贵族之中，有很多人，只是徒有其表，并没有什么本领。柳宗元塑造这个蠢驴形象，就是为了讽刺这些人。所以作者对驴的态度和对虎的态度截然不同。我想问问大家，有没有同学对驴的态度，和作者不同，是站在同情的立场上看待驴的，有没有？

生（部分）：有。

师：你为什么同情驴呢？（指名一学生问）

生：我觉得驴好可怜啊。

师：哦，你觉得被吃的驴可怜，说明你很善良。能说说其中的道理吗？

生：驴和老虎打架，当然很吃亏。

师：这句话有意思。就是说，如果不打架，比试其他事情，那驴就有可能赢了老虎。对吧?

（生点头）

师：这位同学的思考，非常有深度。顺着她的话想一想，其实驴并非“无用”、“无异能”，它也很有本领，但不是打架的本领。同学们都在城里长大，没见过驴，也不了解驴。老师见过，而且知道，驴也很有本领，拉磨，拉车。在东北，以前家里有一头毛驴，那可不得了。问题是，现在它来到了贵州，所以“至则无可用”，到贵州才显得没有用处的。——如果刚才以驴的口吻讲故事的同学能讲到这一点，就更好了。当然你不了解驴，所以不知道。——其实，这也是作者以“黔之驴”为题的一个原因，告诉我们这是驴来到贵州才会有的悲剧。从这个角度看，驴的悲剧，主要责任并不在驴自己，而在谁呢?

生：好事者。

师：我也觉得是这样。驴的悲剧根源，不在驴本身，而是这个好事者造成的！如果从这个角度思考这篇寓言的主题，我们可以提炼一个什么词语概括这个故事呢?

生：运驴到贵州的悲剧。

师：抓住了主要内容，但不够概括。成语都是很概括的，比如：黔驴技穷，庞然大物，黔虎识驴。

生：好事载驴。

师：概括得不错。但没有突出最关键的内容，好事者的责任不是运驴子，而是把驴运到了贵州，使驴子失去了发挥作用的舞台。好的，这个要求比较高，不再为难同学们了。我们就概括为“载驴入黔”，好不好？如果“载驴入黔”成了一个成语，它的意思会是什么呢?

生：不要无事生非。

师：有点道理。但无事生非，一般都是说没有事情干自己会生出许多是非来。再想一想。

生：做事不要单从主观愿望出发。

师：大家越想越深入了。但寓言中看不出好事者是从什么样的主观愿望出发的。作为初一的同学，你们的表现已经非常优秀了。再说，一个成语的意思——如果这个词成为一个成语——也是在人们运用的过程中产生

在《中学语文教学参考》西安论坛介绍语文本色教学

的，而且有时候还会有不止一个的意思。但老师想，如果“载驴入黔”成了一个成语，至少有一个意思，就是告诉我们，不要一厢情愿地做一些脱离实际而使别人受害的事。好的，在下课之前，我们再想一想：寓言的两个基本要素是什么？

生：讲故事，讲道理。

师：对。阅读寓言，就是要抓住故事，理解道理。我们今天一起读了一篇寓言，知道了几个故事？

生：一个。

师：一个吗？

生：两个。

师：不是猜。要认真想一想。

生：三个。

师：是三个，驴的故事，虎的故事，还有这好事者的故事。我们应该记住几个成语？

生（部分）：三个。

生（部分）：六个。

师：我也觉得是六个。哪六个？我们一起说。

师生：黔驴技穷，黔驴之技，庞然大物，黔虎识驴，黔虎之智，载驴入黔。大家还要记住，这是一篇文言文的寓言，我们还要学会文言文的诵读和阅读，还要注重文言文的积累。读寓言，学文言，就是我们这节课的学习内容。

好，这节课我们就学到这里，谢谢同学们，下课。

第三章

让老方法成为新方法

让学生有思考地听

需要说明的是，我们这里说的教学活动策略的听和说，和课程标准上作为口语交际的听说不全是一个概念。

应该说，我们的语文教学从小学到中学都是比较忽视学生上课听的训练的。小学老师总会让学生在课堂上认真听、认真记笔记，初中以后会发现很多优秀的学生在上课的时候就是认真记笔记。上课只要认真听，这对学生的学习是一个很大的误区。学生上高中后，我会先给他们洗脑，首先告诉他们一句话：听比记重要。把老师上课讲的全都记下来是没有用的。一个学生如果上课就是记笔记，这个学生的学习几乎是没有质量的。在这一点上，陈钟梁老师的观点和我基本是相同的。他引用了卡内基的话证明了这一点，陈老师说："把书合拢，让他们竖起耳朵听老师读，这最容易集中学生的注意力，训练的是他的听力。卡内基的培训系统有一句名言：一双灵巧的耳朵胜过十张能说会道的嘴。任何一门学科，都需要培养学生的学习品质。什么学习品质呢？注意力要集中。所以卡内基认为，听的训练是极为重要的。"所谓听的训练，就是要求学生有思考地有选择地听。所以，我和同学们经常说的第二句话是：想比听更重要。上课会听就是有思考地听，就是有选择地听。有选择地听，也就是有思考地听。上课要想，在老师前面想，和老师一起想，和同学一起想。上课要有选择地听，学生就不走神，思维就会很活跃：老师讲的对不对，老师讲的和书上的一样不一样，老师讲的是不是我的问题，我的问题老师有没有讲清楚。如果学生能这样听，那么他的学习质量就很高。你看，陈钟梁老师不仅让学生听写，而且还故意读错让学生带着任务发现式地听。

所谓听的活动，就是训练学生有选择、有思考地听。从具体形式来说，听大多数是和说和写融合在一起的，单独的听的活动不是很多。最为常见的是听写。我小时候读书，老师经常让我们听写，现在的老师基本上不听写。其实听写太有用了，越是基础不好的学生越有用。经常搞听写活动，听写字词，听写一段话，听写一篇文章，都是重要的教学活动。

于漪老师教学《晋祠》第一个主要教学活动就是听写，而且这是一个非常经典的听写。

师：刚才我们花了不到两分钟的时间，把自己熟悉的名胜古迹初步检阅了一下，已经巍巍乎壮哉！我们祖国无处没有名胜古迹，真是美不胜收。我们祖国究竟有多少名胜古迹呢？我给你们介绍一本书，[出示书] 大家看：《中国名胜词典》。这本书里介绍的都是我国的名胜古迹，我们今天要学的《晋祠》，这里也有介绍。"晋祠"，你们学过地理，"晋"是指什么地方？

生 [部分]：山西省。

师：因此我们查这本词典的时候，在山西省部分可以查到。"晋祠"在这本词典的第127页 [翻到第127页]，山西省太原市下的第一个条目就是"晋祠"[出示给学生看]。我们听写一下。为了节约时间，把晋祠修建的时间以及后来重建的时间略去。现在请同学们把笔记本拿出来听写。

[听写] 晋祠在山西太原市西南25公里悬瓮山下(“悬瓮山”请你们翻到教科书的第137页，“悬”是悬挂的“悬”，“瓮”是酒瓮的“瓮”）晋水发源处。北宋天圣年间 [重复一遍]，（请翻到书的第140页，“天圣”圣人的“圣”），追封唐叔虞（唐尧虞舜的“唐”，追封唐叔虞——）[板书：唐叔虞]（“唐”是地名，“叔虞”是人名，追封唐叔虞）为汾东王（“汾水”的“汾”），并为大母邑姜 [板书：邑姜] 修建了规模宏大的圣母殿 [重复一遍]（“圣人”的“圣”），殿内有43尊宋代彩塑 [重复一遍]（“尊”在这里是量词，“尊敬”的“尊”），殿前鱼沼飞梁（请看第140页最后一行，鱼沼飞梁）[重复一遍]。为国内所仅见 [重复一遍]（“仅”是不仅而且的“仅”）。殿两侧为难老（“难老泉”的“难老”）、善利（“善恶”的“善”，“利益”的“利”）二泉，晋水主

要源头由此流出［重复一遍］，常年不息。（哪个“常”？）

生［部分］：“长短”的“长”。

师：“长短”的“长”吗？

生［多数］：“常常”的“常”。

师：（对，“常常”的“常”。常年不息）水温17℃（水温17℃怎么写法？）［边做手势边讲］，清澈见底［重复一遍］。祠内贞观宝翰亭中——（“贞观之治”的“贞观”，知道吗？）

生［集体］：知道。

师：（“宝翰亭”，“宝贝”的“宝”，“翰林”的“翰”。有些同学看着我，大概不会写这个字）［板书：翰］（注意，“人”下面没有一横）宝翰亭中有唐太宗撰写的御碑——［重复一遍］（“撰写”的“撰”，什么偏旁？）

生［集体］：“扌”旁。

师：撰写的御碑，哪个“御”？

生［部分］：“防御”的“御”。

师：“晋祠之铭并序”（加引号。“陋室铭”的“铭”，知道吗？“晋祠之铭并序”）。祠内还有著名的周柏、隋槐（“柏树”的“柏”，“槐树”的“槐”。周柏、隋槐），周柏位于圣母殿左侧［重复一遍］，隋槐在关帝庙内［重复一遍］。（关帝庙是祭谁的？）

生：［议论］关公。

师：老枝纵横［重复一遍］，至今生机勃勃，郁郁苍苍，与长流不息的难老泉［重复一遍］——（这个“长”是哪个“长”？）

生：［议论］“长短”的“长”。

师：（对。与长流不息的难老泉）和精美的宋塑侍女像［重复一遍］被誉为——（哪个“誉”？）

生：［议论］“荣誉”的“誉”。

师：被誉为（被称誉为）“晋祠三绝”。现在请同学们校对。我读一遍，不仅校对字，而且要校对标点符号，看看怎样点才正确。

［师朗读，生校对］都对了吗？一字不错的有没有？举手。1、2、3、4［边数边扳手指］。错一到四个的有多少？［稍停，学生陆

续举手］看来是绝大部分。校对好了以后，请同学们做一件工作：这里一共听写了五句，请你把每一句用阿拉伯数字标出来。［生标号］

很显然，这个听写是一石三鸟的教学活动，学生了解了晋祠，进行了扎实的基础训练，同时也是一种文化的熏陶；从教学活动组织的角度看，也是为后面的教学活动进行了比较充分的铺垫。

陈钟梁老师教学《背影》的第一个环节虽然是默写词语，其实也是一个很成功的听写：老师让同学们把本子打开，自己讲词语的大概意思和课文里的有关句子，学生默写词语：灾祸一个接着一个（祸不单行）；赶回家去办理丧事（奔丧）；回到家里看到了家里一片乱七八糟的样子（狼藉）；把家里的东西当的当，卖的卖（变卖典质）；当时家里的光景很不景气（惨淡）；一切原因，因为父亲失业了，下岗了，但是课文却是很文绉绉地写道，给了“我”一点空闲的时间（赋闲）。

默写以后，请同学们打开书，自己看有哪些字是默错的。虽然老师没有说出具体的词语，但是学生要写出正确的词语，首先要听清楚老师所说的意思，然后再根据具体意思去想词语写词语。

除了听写，还有一种听的活动，叫听记，即要求学生在听的过程中记下自己以为重要的内容。我教学汪曾祺的《葡萄月令》就有一个听写活动，在让学生说说什么样的人才能写出《葡萄月令》这样的文章之后，我让学生听记了作者女儿写的一段话。

师：其实我们这样的了解还是不够深入。下面黄老师来读一段话，是汪曾祺女儿写的。我读一遍，看你能记住几个关键词。不是记得越多越好，而是记得越关键越好。然后想一想，汪曾祺是个什么样的人。

（教师朗读汪曾祺女儿汪明的文章选段：

不管别人怎么评价，我们知道，父亲自己对于《葡萄月令》的偏爱是不言而喻的。当年因为当了“右派”，他被下放到张家口地区的那个农科所劳动改造。在别人看来繁重单调的活计竟被他干得有滋有味、有型有款。一切草木在他眼里都充满了生命的颜色，让他在浪漫的感受中独享精神的满足。以至于在后来的文章中，他常常会用诗样的语句和画样的笔触来描绘这段平实、朴素、洁净的人生景色。果园是父亲干农活时最喜爱的地方，葡萄是长在他心里最柔软处的果子，甚至那件为葡萄喷“波尔多液”而染成了淡蓝色的衬衫在文章中都有了艺术意味，而父亲的纯真温情和对生命的感动也像“波尔多液”一样盈盈地附着在《葡萄》上。）

师：让我们看看同学们都记了几个词。就记一个词的同学请举手（没有）。记三到五个词的举手（有一部分同学）。记五个以上的举手（很多）。你们记笔记的功夫很厉害。（学生笑）我们看看记的是不是最重要的。哪个同学主动来说说看？

生：我记得比较多。一个是“偏爱”，这是对葡萄园的感情；第二个是当时的身份，“右派”；还有“劳动改造”是他为什么到这个地方去；“单调”是别人的生活，而他（汪曾祺）是觉得生活“有滋有味、有型有款”的；还有“生命的颜色”，这也是对葡萄的感情；还有“平实朴素”是这篇文章语言的风格；还有“纯真、温情”是汪曾祺先生这个人的特点。

师：我觉得你记得够全了。如果让你删掉一个，你删哪一个？

（学生在下面小声讨论。）

生：删“单调”。

师：那“偏爱”你为什么舍不得删呢？你也“偏爱”吗？（学生笑）这一段的关键点其实有两个，一个是当时他的处境很不好，同时告诉我们另外一个信息，在这个非常不好的处境当中，他显得很乐观。这是一种什么样的人？

这段话其实就是介绍作者介绍写作背景，而我没有做一般的介绍，而是让学生听记写其中的关键词，借此进一步理解作者的精神品格。

听读也是一种很重要的听的活动。

陈钟梁老师教学《背影》中就有一个很典型的听读活动。

老师说：同学们回顾一下，整篇文章写了几次背影？（写了四次。）详写的是哪一次？（第二次。）请同学们把父亲戴着黑布小帽，穿着黑布马褂翻过月台去买橘子这一段第二次写父亲背影的内容仔仔细细地看一遍。老师朗读课文，会故意删去一些字和词，要求同学们不看书，听出删掉了哪些词语。

老师朗读：

> 我看见他戴着小帽，穿着大马褂，深青棉袍，走到铁道边。慢慢探身下去，尚不大难。可是他穿过铁道，要爬上那边月台就不容易。他用手攀着上面，脚再向上缩。他身子微倾，显出努力的样子。这时我看见他的背影，我的泪很快地流下来了。

朗读完，叫同学们马上举手回答：听出来了没有，老师遗漏了哪些字？这些字和词可以删去吗？为什么？

有同学说："老师，你把课文里'黑布小帽'的'黑'字漏掉了，'黑布大马褂'的'黑'字也漏掉了，凡是'黑'字都漏掉了。"老师问：为什么不能漏掉呢？"因为祖母死了。"请你用刚才默写过的词语回答。"奔丧。"

有同学说："老师，你把课文中所有的'布'字都去掉了，'黑布小帽'的'布'，'黑布大马褂'的'布'，'深青布棉袍'的'布'。"老师问：这个"布"字为什么不好去掉呢？"因为那时候家里很穷。"老师说：请你用默写过的词语回答。"因为当时家庭的光景很'惨淡'，过着'变卖典质'的生活。"老师问：原因在哪里呢？"父亲'赋闲'了。"

有同学说："老师，你把'蹒跚'这个词语漏掉了。"老师问："蹒跚"什么意思啊？"走路跌跌撞撞的样子。"老师问：所以"蹒跚"这两个字是什么偏旁？"足字旁。"老师问：从哪里可以看出父亲"蹒跚"的样子呢？

有同学说："老师你把'他用两手攀着上面'这'两'字没有了，'两脚再向上缩'这'两'字也没了。应该是'他用两手攀着上面'，'两脚再向上缩'才'显出努力的样子'。"

老师问：为什么父亲的身体会如此"蹒跚"呢？"老师，你漏了一个词语，'肥胖的'。因为父亲年纪大了，身体肥胖。"

老师说：如果当时家庭光景很富裕，父亲动作很矫健，"啪"地翻过去，"啪"地翻过来，我的泪会"很快地流下来"吗？不会的。我的泪之所以会"很快地流下来"，是和当时家庭的境遇及父亲当时衰迈的体形密切相关。

老师说：同学们什么都看出来了，唯独有一个词语漏掉了，你们没有听出来。哪个词呢？就是“他肥胖的身子微倾”漏了一个“向左”。“向左”、“向右”不是一样的吗？一般一个人翻不过去，显出挣扎的样子，是用哪个手支撑起来的？是用右手支撑。右手支撑，身体就向左微倾。这就是朱自清。我们看其他的散文，像朱自清这样写得那么细腻的，在中国的文坛上能有几个？

在这个教学片段中，听是最主要的教学活动，在听的基础上进行比较、品味和讨论。我教《谏太宗十思疏》，先听录音读，再听我读，然后让学生讨论比较谁的朗读更好；教学《白雪歌送武判官归京》，让学生推选一个人和我比读，看谁对诗歌感情的把握更好，都是听读的一种形式。

除了听写、听记、听读，还有听说、听辨等多种形式的听的活动。

让学生有质量地说

我经常对刚上高一的同学说一句话：说比想更重要。这是很多同学所不能理解的。很多老师，平时上课不让学生说，公开课就拼命哄孩子说。西方人总结出了一个“金字塔学习理论”，这一理论将人的学习方式和学习效果画成一个金字塔，级别最高、学习效果最好的学习方法就是和别人交流，把你的理解和别人分享。学生一旦与别人交流了，学习效果最好。有很多年轻家长问我：“孩子作文不好怎么办呢？”我说：“让他（她）读书！”又问：“孩子不肯读书怎么办呢？”我说：“你们和他（她）一起读！”又问：“我和他（她）一起读书，我读他（她）不读怎么办呢？”我说：“你读了讲给他（她）听，让他（她）读完书后讲给你听！”孩子作文怎么能写好？我归纳为一句话：让孩子和别人一起讲故事。再回到主题上来，课堂上“说”是学习效果最好的行为。由于长期的学习习惯，我们中国课堂上就是不让学生说话，有些老师还以课堂上学生不敢说话作为值得骄傲的资本。不说话思维是停滞的，不说话上课是容易走神的，不说话上课是容易睡觉的。陈钟梁老师《背影》教学中不仅听的训练很到位，说的训练也很到位，让学生连词组段说课文的背景和内容。效果多么实在。

应该说，我们今天的课堂并不缺少说。大多数老师的课堂上都有说的活动，但是很多课堂上都是乱说，是没有要求的说。“说说喜欢的句子。”“说说自己的感受。”“说说发现了什么。”“说说对生命的理解。”“说说要做什么样的人。”“说说文章写了怎样一件事。”但事实上说的活动充斥课堂，但效果却并不好，原因之一是对说没有要求。

从考试情况看，学生的现代文阅读基本上都不空，都写得密密麻麻，但是得分不高。为什么，因为说了一大堆，却不得要领。这不怪学生，责任在我们。因为我们上课让学生说话全是没有要求的，都是放任学生乱说。还有一些老师不管学生说得好不好，都说“很棒”，只是改试卷的时候就不棒了。一篇课文写了两件事，请同学们用简要的语言概括这篇课文写了哪两件事。这是非常常见的活动。但这样的活动常常是没效果的。有一次听课，有一位老师搞了这样的活动，让两个学生发言，老师说这个非常好，那个非常棒。其实真的不怎么好，也不怎么棒，但教师不知是没有发现还是发现了不愿意批评指正。现在学生发言要么不开口，要么就开口没完。而我们的老师据说是按照新课程理念绝不打断学生。可我不是这样的，他已经走上错误的道路了，我不能让他再说下去了，他越说跑得越远。没有要求的说就是培养胡说。胡说的结果就是在试卷上胡写，最后的分数就一塌糊涂。

因此，我以为，课堂中让学生说话必须是有要求的，这样的要求当然就是语言形式的要求和思想内容的要求。进行有要求的说的活动，形式也是非常多样的。

最常见的是复述。

复述是一种训练语言能力的常用手段，在心理学以及英语等学科广泛运用。2011年2月《妇女生活·现代家长》中一篇《外国语文课都讲什么》引起了众多媒体的转载，得到了社会的广泛关注。其中，俄罗斯的阅读复述课更是引起国内小学语文界的特别注意。在俄罗斯，小学的语文课也称为“阅读复述课”，教学过程主要由概览、提出问题、精读、复述、复习五个部分组成，复述是中心环节。复述的目的除了促进学生对文章内容的理解和记忆，更重要的是帮助学生积累语言，构思文脉，对文本进行二度“开发”，锻炼学生正确连贯地说话，增强学生的语言表达能力。在俄罗斯母语教育过程中，阅读复述课经久不衰，历久弥新。而我国的语文教学近年来对复述这种非常语文化的教学活动渐趋淡化，或者运用不当。小学初中不够重视，高中更不加重视。其实，复述活动的方式也非常多样，可以借助关键词复述，也可以借助板书复述，可以借助问题复述，也可以借助插图复述，可以全篇复述，也可以局部复述。

其次是转述。

陈钟梁老师教学《背影》其中有一个活动就是转述。在学生听老师说意思默写词语后，老师让同学们准备一下把这六个词语连贯起来说一段话。陈老师对连词成段做了具体指导：可以把“祸不单行”放在前面，作为一个总领：“这是一段祸不单行的日子。”也可以把“祸不单行”放在结尾：“这真是一段祸不单行的日子啊。”他要求同学们把第一部分几个自然段看一遍，然后起来复述。复述以后，老师用一句话总结：以上大家复述的就是《背影》这个故事产生时的家庭境遇，是这个故事发生的背景。这里的复述已经有了转换视角的要求，所以准确说是转述。一位老师教学朱泳燚先生的《看云识天气》，其中一个活动也是转述，老师让同学们从课文介绍的几种云中选择一种自己喜欢的云，用第一人称说说自己的特点和特长。有的同学说：我叫卷云，站得最高，也最轻盈，阳光可以透过我照到地面。我有时丝丝缕缕地飘浮着，有时像一片白色的羽毛，有时像一块洁白的纱。如果我和我姐妹们成群成行地排列在空中，好像微风吹过水面引起的鳞波，这就成了卷积云。如果看到我们，你们出门就不用带雨伞了，因为我们水分少，一般不会带来雨雪。这就是典型的转述了。

再次是描述。

其实描述是转述的一种。一般是将比较概括的内容更加具体化、形象化。某种意义上说，具有一种口头扩写的特点。我教《白雪歌送武判官归京》有一个环节就是描述意境的活动。在把握了全诗的主要内容和思路之后，我说：苏轼说王维的诗是“诗中有画”，我觉得大多数古诗中都有画。

同学们欣赏古诗，就是要能从诗中读出画来。现在请同学们说说你从哪一句能读出画来？请你向同学们描述这幅画面。有的同学描述“北风卷地白草折，胡天八月即飞雪”的意境是“我看到了呼啸的北风吹过了大地，地上长满了白草，风一吹就被折断了，然后灰蒙蒙的天空飘着的大雪就堆积到了地上”；有的同学描述“山回路转不见君，雪上空留马行处”的意境是“山回路转不见了友人，雪山下，站在帐篷门口，望着雪地上留下的一串串马蹄印”；有的同学描述“散入珠帘湿罗幕，狐裘不暖锦衾薄”的意境是“雪花从珠帘里飘进来，沾湿了罗幕，穿着狐裘皮大衣也不觉得暖，盖着用锦缎做的被子也觉得薄”；有的同学描述“纷纷暮雪下辕门，风掣红旗冻不翻”的意境是“友人离去的时候下着纷纷大雪，大雪纷纷之中，红旗冻在冰冷的寒风里”。虽然描述还不够丰富，甚至不够准确，但为诗歌的深入欣赏打下了基础。

交流阅读感受也是一种说的活动。

比如我教《孔乙己》，第一个环节就是让学生说说孔乙己给自己留下的印象。通常我还会让同学们从身材、脸色等角度把我和孔乙己进行比较，我还会让同学们说说印象中作者主要是从哪个方面描写孔乙己这个人物，既可以把我“不教”的内容教了，也可以为聚焦到“手”的阅读做铺垫。教学《我的叔叔于勒》，我的第一个活动是让学生交流印象比较深的情节碎片，然后以此串联情节展开教学。说说阅读感受，是现在大家用得比较多的说的活动，要注意的是不能太空泛，要有具体的要求和教学指向，如果泛泛而谈，意义就不大。

发表对问题的看法也是一种说的活动。

教学《给我的孩子们》，我就运用了这种活动方式。教学这篇课文，如何理解文章的主旨，即如何理解作者对现实的失望和悲哀是个难点。我先让同学们阅读三个父亲读了这篇文章以后发表的感想，说说三个父亲的态度有什么不同，再让同学们说说自己的父亲会是什么样的态度，接着说说哪一种态度更接近作者的态度，最后谈谈自己对童心的认识，并用规定的句式“不是……而是……”造句。通过多层次的“说”，比较好地解决了一个棘手的难题。

讲故事也可以说是一种说的活动。

我教学《黔之驴》，花了很长时间的一个活动，就是让学生以驴或老虎的口吻讲这个故事，要求既要紧扣原文，又要合理想象。效果比较理想，得到了不少老师的认可。一方面落实了一些关键词句的理解，但又不是简单的翻译，既有角色的转换，又有角色的体验，既是对文本意义的理解，又有一定的补充想象。

课堂教学中的说的活动，很多时候则体现在问题的讨论之中。某种意义上说，小组讨论就是一种群体性的说的活动。但恕我直言，目前这个活动组织得好的并不多。多是由于讨论的话题并不适宜，并不是所有问题都适合小组讨论的。《一件小事》的作者是谁，就没有讨论的价值。有的老师让学生讨论“最感动自己的瞬间”，学生怎么讨论呢？什么问题值得讨论呢？这个问题必须具有张力，具有多向性，具有复杂性，具有较大的思考空间。也不是所有小组讨论都是好的说的活动。我们从很多课堂上看到，在不少小组讨论中，有的同学从来不说或者很少说，而有些同学不停地说。如何保证大家围绕核心话题说，更是一个难题。小组讨论，应该是一种有组织的、有碰撞的、有提升的高质量的说的活动。

让学生从从容容地读

现在，大家都知道语文课要读。这是不错的，但能不能读得有效果呢？并不一定。目前语文课乱读的现象，应该说还是比较严重的。

作为教学活动的读，应该是有目的、有针对性、有具体要求、有效果的读。

目前的问题主要有：

1. 读的意图不清晰。

现在有很多课堂，莫名其妙地让学生齐读，似乎齐读成了课堂的法宝。

学习开始要齐读，每个教学环节之间要齐读，课文要齐读，写作背景、作者介绍也要齐读，甚至学习目标、学习活动的要求，都要齐读。无事可做，就齐读课文。读课文总比不读好，读课文总归没错，这是肯定的。但从阅读教学活动的角度看，能够读得有道理，读得有目的，读得有效果，当然更好。

2. 读的形式和读的意图不对应。

相对而言，这个问题最普遍。文言文教学中，老师要检查学生字音能不能读得正确，句读是否正确，就让学生齐读课文，这就是读的方式和读的意图不对应。全班五十多个学生，一起读怎么能听出来他们的字音和句读读得是否准确呢？还有的老师让学生齐读课文，还要提出一连串的思考问题。大家想一想，齐读的时候能够思考问题吗？除了齐读多，现在快速阅读也很时兴，但很多也不恰当。有的老师让学生速读课文，思考下面几个问题：（1）圈画出描写人物行为、心理的重点词语；（2）思考两个人物心理的变化有什么相同和不同；（3）思考他们前后心理变化不同的原因。这样的做法就不恰当。因为快速阅读是不能思考深层次问题的。什么时候能快速阅读呢？一定是要求不高的读，而且还要切合文本的特点。如教学《白杨礼赞》时，可以请同学们快速阅读，勾画出文中过渡的句子。不考虑文本特点分角色读也是一个比较突出的问题。不少老师教学鲁迅先生的《雪》，让男同学读北方的雪，女同学读南方的雪。问他为什么这样读，他说北国的雪是刚强的，南国的雪是温婉的。听起来是挺有道理的，但想一想是没有道理的。女孩子就只能读李清照的“寻寻觅觅，冷冷清清”，男孩子只能读“大江东去”吗？男生就不能读出温柔吗？女生就不能读出刚强吗？苏轼的婉约词比豪放词更多，李清照也照样写出“生当作人杰，死亦为鬼雄。至今思项羽，不肯过江东”这样豪迈的词。有位老师教学《沁园春·雪》，居然将学生分为三个声部朗读，挑一男一女领读，自己担任指挥。现场好不热闹，可诗词能这样读吗？教师要明确什么时候要个别读，什么时候要齐读，什么时候要分角色读，什么时候不能分角色读，等等。一般说，戏剧是适宜分角色读的，朗诵诗是适宜分角色分组甚至分部读的，但又不一定，要看具体文本。比如古代戏剧，就大多不适宜分角色。像《窦娥冤》，像《长亭送别》，像《春香闹学》，分角色读效果都不好，因为今天的学生基本都不会读古代戏剧的道白。弄不好，就成了胡闹。

3. 听录音读泛滥。

很多老师上课不读课文，说自己普通话不好，觉得录音读得好，其实录音读得好的并不多。很多老师把艺术表演的朗读和阅读教学的课文朗读混为一谈，这是目前很大的一个毛病。艺术形式的朗读更注重的是感染，而语文阅读教学的朗读注重的是理解。因为它的目的是为了阅读教学，是为了学生的文本理解。那些录音中的朗读者，他们的长处是声音有感染力，但要说这些人对文本的理解比中学语文教师好，一般不可能。更重要的是，他们并不知道你具体教学活动的具体目的。

我教魏徵的《谏太宗十思疏》时，先播放著名播音员的朗读，再让学生听我的朗读，然后大家讨论，哪个读得好。学生的评价很公正，播音员普通话好，声音浑厚，但是老师对文本的解读更透彻，把魏徵冒死劝谏的感情读出来了。对于阅读教学中的朗读，普通话好不好并不是最重要的，关键是要对文本有正确的理解，能读出自己的理解，能为阅读教学服务，能为学生阅读服务。用方言读课文，就一定不好吗？用方言读课文，说不定对人物性格的体现更好，理解更到位。鲁迅先生《从百草园到三味书屋》中对镜寿吾老先生的印象只有他用方言读课文了。语文教师普通话好当然更好，但不好也可以读课文。我一直说，普通话才有多少年，没有普通话之前，我们老祖宗读不读书呢？当然读。孔子和学生读诗一定不是普通话，唐圭璋先生读宋词，钱理群先生读鲁迅作品，都不是普通话，但都读得很好。

4. 课堂的朗读配乐泛滥。

现在很多老师几乎是没有音乐不读书。问他为什么要配乐呢？理由是充分的：营造情景，整体感知，走进文本。我问：走进文本，一定要音乐吗？你的音乐能让学生走进文本吗？有时候我和年轻老师们调侃说：我们女老师晚上在家里读书，是不是看到一篇好文章，想读一读，于是就说：老公，放音乐。会这样吗？我估计不会。没有音乐是可以走进文本的。阅读走进文本主要通过语言。学生在考场，总不能说：监考老师，我要做阅读题了，放音乐吧。放什么音乐呢？总不能随便放个音乐就可以走进文本的。有老师教学《周总理，你在哪里》，放的是阿炳的《二泉映月》。我开玩笑说：你把学生带到阿炳家里去了，没有带到总理家里。前些年在南京听课，一位老师教学《荷塘月色》，没有音乐，学生课文读得真好，可是老师放了音乐，学生把课文读得像追悼词。这是配乐误导了朗读。有老师说我是反对配乐朗读的。这不对。我从来不绝对地反对什么，关键是对不对，好不好，有没有积极的效果。配得好，有助于教学，有利于学生的阅读，当然好。

5. 教师对学生的读缺少积极的引导和指导。

指名读，是教学的基本活动之一。但有些老师不能有效指导学生的读，甚至对学生的读缺少正确的评价。一位老师教学苏轼的《水调歌头·明月几时有》，请一位同学读出“我欲乘风归去，又恐琼楼玉宇，高处不胜寒”的复杂感情。这位同学读得声音比较低。老师问苏轼的词什么派，学生说豪放派；老师问读得豪放吗，学生说不豪放。于是请一位长得极其豪放的同学读。这位同学果然声音洪亮，中气很足。老师问读得豪放吗，学生一起说豪放。老师于是引南宋俞文豹《吹剑录》中的一段故事告诉同学们：“柳郎中词，只合十七八女郎，执红牙板，歌‘杨柳岸，晓风残月’。学士词，须关西大汉，铜琵琶，铁绰板，唱‘大江东去’。”应该说，这是一个非常失败的读的活动，苏轼是豪放派，所有词都是豪放的吗？豪放的词，每一句都豪放吗？豪放的词就一定声音洪亮地读吗？

还有一位老师教学毛泽东写的一篇新闻《人民解放军百万大军横渡长江》，请班级普通话最好的同学上台用播音员的语调来读课文。——现在老师都请普通话好的学生读书，普通话不好，读书的机会都没有。我开玩笑说，这是犯法的。普通话好读书就一定好吗？不一定。——那位女同学普通话固然不错，但读得细声细气，语速缓慢。评课时，我说，课上得不错，但最后一个活动不好。老师问为什么，我问老师们：这是国民党电台还是共产党的电台呢？大家都笑了。

课堂朗读的形式的确很丰富，但一个老师的课堂教学活动设计，一定要有明确的目的，一定要采用适当的形式，一定要追求有效果。

语文课堂的朗读，形式极其丰富，除了齐读、指名读、范读、听录音读、分角色读、速读、跳读等，还有比读，也就是对比朗读，或者说叫比较朗读。前面说到我教《谏太宗十思疏》，先听录音读，再听我读，然后让学生讨论比较，就是比读。教学《白雪歌送武判官归京》，我让学生推选一个人和我比读，看谁对诗歌感情的把握更好。我们小时候读书，老师就经常用领读。教师领，或者学生领。我教《黔之驴》一般都是我自己领读。有一次在靖江上课，那位举手朗读的同学读得太好了，我就让他领读一遍。有时候，故意读错的误读，也是很有效果的朗读形式。陈钟梁老师教学《背影》朗读最感人的写父亲买橘的一段，让同学们认真听漏了哪些词语，也是一种误读的运用。一位老师教学《祖父的园子》，朗读“花开了，就像睡醒了似的。鸟飞了，就像在天上逛似的。虫子叫了，就像虫子在说话似的。一切都活了，要做什么，就做什么。要怎么样，就怎么样，都是自由的。倭瓜愿意爬上架就爬上架，愿意爬上房就爬上房。黄瓜愿意开一朵花，就开一朵花，愿意结一个瓜，就结一个瓜。若都不愿意，就是一个瓜也不结，一朵花也不开，也没有人问它。玉米愿意长多高就长多高，它若愿意长上天去，也没有人管。蝴蝶随意地飞，一会儿从墙头上飞来一对黄蝴蝶，一会儿又从墙头上飞走一只白蝴蝶。它们是从谁家来的，又飞到谁家去？太阳也不知道”，就采用了跟读（或者叫接读）的方法，老师读没有画线的句子，学生齐读画线的句子，效果也非常好，学生充分感受到了这段话的句式的特点和园子中自由快乐的氛围。

除了朗读，还有默读。很多老师以为，只有朗读才是教学活动，其实默读也是很重要的教学活动。默读的教学活动，速度也比较快，而且特别适宜学生的思考，所以给学生的时间一定要充足。

让学生形式多样地写

在我们提出的阅读教学的三个基本策略中，很重要的一个就是语言活动。而写是语言活动的主要形式。我们在教学活动中，应该让学生形式多样地写。可是总体说，现在语文课堂上写的活动还不多。即使有，也比较简单，甚至算不得是真正的写的活动。比如设计一个填空，让学生按图索骥地填写课文内容，并没有能够体现写的特点，缺少语言形式方面的具体要求，思维的空间也很小。有些阅读课，就是让学生阅读课文后填一个表格，如果是记叙文，或者填写记叙文时间、地点、人物等几个要素，或者填写事件发展的开端、发展、高潮、结局等几个阶段；如果是议论文，就是填主要观点、分论点、论据、说理方法等几个要素。所填的内容，基本是课文词语的摘写，或者是概念性的知识呈现。也有的让学生填“这是一个_____故事”，“这是一个_____的人”来交流阅读的思考和感受。复杂一点的，就是：“这是一个_____故事，其_____表现在_____。”“这是一个_____的人，因为他_____。”“我喜欢_____的_____，因为他_____。”这样的语言活动，的确也有它的价值，但语言活动的空间不大，对文本也缺少有深度的思考，似乎都没有体现语言活动这一策略的优势。如果不用语言活动的形式，直接让学生回答，质量和效果未必就不好。因为切合阅读教学要求和切合文本特点的写的活动，对设计的要求较高，需要相对多的时间，有些老师更多的是把应该写的活动，简单化为说的活动，一说了之。

实际上，写的活动非常丰富。

最传统的是造句。

我们小时候上语文课，造句是经常性的活动。我在课堂上也喜欢让学生造句，当然不再是词语运用的造句，而是立足文本理解的造句。教《我与地坛》，在完成基本任务后，我先让学生用“我”、“地坛”两个词说一句话，说说“我”和地坛的关系，其实就是造句；再说一句话包含“我”、“地坛”、“母亲”三个词，概括三者的关系，也是造句。有的同学说：“我在地坛中，终于理解了母亲的苦难与伟大。”有的同学说：“地坛和母亲是我生命中的两个支点。”有的同学说：“我在地坛中真正理解了母爱的内涵和伟大。”还有的同学说：“母亲在我心中是我生命的另一个地坛。”既深化了对文本的理解，加强了语言的运用训练，也是一种情感态度价值观的熏陶。

缩写也是常见的写的活动。

我教《葡萄月令》有一个活动就是缩写。

在品味了文章淡而有味的语言特点和简单而有变化的结构之后，我对同学们说：下面我给大家一个更有难度的任务。假如让你把汪曾祺的文章缩写成一篇短文，你能缩写到多少字，而且内容比较全，忠实于原文？看谁缩写得最快，缩写得最短，内容最全。一个人完成也可以，两三个同学商量也可以。约三分钟后，我让缩写的字数在50字以内的同学举手。只有一名学生举手，他缩写的是："一月，葡萄未出窖；二月，葡萄吐芽；三月，葡萄上架；四月，为葡萄浇水施肥；五至七月，喷药修枝；八月，葡萄成熟；九到十二月，葡萄下架入窖。"我再让大家讨论看内容全不全，能不能再短。最后我们一起将课文缩写为这样一段话：葡萄一月在窖，二月出窖，三月上架，四月五月六月浇水喷药打梢掐须，五月中下旬开花，七月膨大，八月着色，九月十月自然生长，十一月下架，十一月十二月葡萄入窖。接着讨论，这样一段话用什么题目好呢？能不能用"葡萄月令"这个原题呢？尽管"月令"就是"物候"，物候就是植物生长的周期特点以及与气候的关系，但这段话只能用"葡萄的生长周期"为题，因为"月令"有着更多的审美意味，更多的文化色彩。最后我告诉同学们：汪氏散文是说明文的内容，散文的特征，诗的语言。

补写也是常见的写的活动。

最常见的补写是结尾的续写。比如教学《变色龙》和《皇帝的新装》，有的老师就让学生续写一个结尾。这样的续写可以深化对文本的理解，对人物性格的认识，对情节安排的欣赏，也可以培养学生的想象能力。教学朱自清的《春》，让学生模仿原文的结尾"春天像刚落地的娃娃，从头到脚都是新的，它生长着。春天像小姑娘，花枝招展的，笑着，走着。春天像健壮的青年，有铁一般的胳膊和腰脚，领着我们上前去"的句式续写一个句子，也是很好的写的活动，不仅可以让学生对这篇文章有进一步的理解，训练语言运用的能力，还体现了情感态度价值观的教育。因为后面接下去的话必须写出春天积极、美好的特点，既表现了语言活动的综合性，又实现了语文学科的工具性和人文性的统一。再比如，高中语文课本中有一篇新诗是食指的《相信未来》，这首诗每一段的句式不一样，我在教学时，就让学生在诗歌的段与段之间选择一个位置仿写一段。学生完成这个活动，首先要思考这两节之间的关系，又要认真分析前一段诗句形式的特点，同时要考虑诗句的感情取向和前后段、和全诗和谐一致，这就让学生对诗歌的主旨、情感、内涵、语言特点都有了深入的思考和理解。我教学《孔乙己》，让学生选择合适的地方写手，也是同样的活动。

让学生为文章或段落拟写题目，也是简单易行的写的活动。

教材中一些节选的课文编者直接用了原题，如果让学生来拟写题目就是很好的活动。苏教版初中教材中节选了萧红的《呼兰河传》中的一段，题目是“呼兰河传（节选）”。一位老师教学时其中的一个活动就是让学生拟写题目。有的同学加的题目是“祖父和我”，理由是文中主要就是讲述“我们”之间的趣事；有的同学加的题目是“祖父、园子和我”，理由是后花园是“我们”的快乐天地，所以这个主要的快乐源泉不能少；有的同学就借用沈复的“幼时记趣”为题，因为文章主要表现的就是童年的快乐。老师肯定了他们，有的同学是从文章的主要人物来命题，有的是从地点的角度，有的是从整体把握了文章的情感，但似乎又都有不足。然后老师又让同学们讨论小学教材里也选了这部分内容，题目叫“祖父的园子”好不好。尽管最后没有找到一个形成共识的好题目，但却达到了理解文章的目的。而很多课文的标题本身就很有教学价值，可以通过让学生拟写标题加以比较深化对文章的理解。比如教学《安恩和奶牛》这篇课文，便可以让学生重新拟写题目，再通过题目的比较来理解人物和文章主旨。我教学《在西地平线上》就是如此，学生拟写的题目有“西地平线上的三次落日”、“三次落日”、“辉煌落日”、“悲壮的落日”、“大美落日”、“雄伟的风景”等，应该说学生的每个标题都很有道理，都标志着学生对文本的思考和理解。

设计得好的填空和改写，也是不错的写的活动。

我教《阿房宫赋》时，用了多个语言活动，其中有一个活动是我把文章缩写为一段话，这段话由几个句子组成，我在每个句子中留了一个空，让学生填写。这段话是：阿房之宫，其形可谓（ ）矣，其制可谓（ ）矣，宫中之女可谓（ ）矣，宫中之宝可谓（ ）矣，其费可谓（ ）矣，其奢可谓（ ）矣，其亡亦可谓（ ）矣！嗟乎！后人哀之而不鉴之，亦可（ ）矣！这个活动写的成分似乎不是很多，但对阅读和思考的要求很高。

改写是一种设计要求比较高的写的活动。《林黛玉进贾府》中对林黛玉的眼睛有这样两句描写：“两弯似蹙非蹙罥烟眉，一双似喜非喜含情目。”

据红学家周汝昌考证，“一双似喜非喜含情目”本不是作者原句，曹雪芹在描写林黛玉眼睛时一时没有找到恰当的词语，只好留下“一双似______目”的残句，以待以后补上。曹雪芹写《红楼梦》是“批阅十载，增删五次”。在这个过程中，《红楼梦》被人抄传开去，抄写者有人就凭自己的猜测，做了补写。这种补写有好几种，现在流行的版本一般都是“一双似喜非喜含情目”。教学中，我抛出这个问题，先让学生通过阅读自己发现这个句子，并讨论这一句的描写是否合理，为什么，再让同学们自己进行改写，不少同学居然能改写得和周汝昌后来发现的一种版本中的“一双似泣非泣含露目”完全一样，最后再讨论“一双似泣非泣含露目”好不好，好在哪里。教学效果非常理想。

有时候，虽然未必在课内完全完成写的任务，但立足于写的活动，也可以算是很好的写的活动设计。

我在很多讲座中说到过自己教学《神奇的激光》这个课例。有一次听一个老师教学这篇课文，评课时大家都说这篇课文难教。说明文比较长，说的知识学生又不熟悉，结构也比较松散，但又一看就懂。我说，没有绝对好教的课文，也没有绝对不好教的课文，不好教是因为我们没有找到好的方法。大家起哄，黄老师那你来教教看。准备了几天时间，我给大家教了一次。我的教学过程很简单。1. 检查预习，明确说明对象和内容。2. 思考交流：如果写一篇300字左右的文章介绍激光，必须保留哪些内容，文章中哪些内容可以删掉。3. 语言活动：再从保留的材料中摘取信息，组成一个不超过30个字的长句或语段说明激光是什么。4. 讨论：300字可以，30个字也可以，作者为什么写3000个字？写了什么内容？这些内容有什么作用？5. 讨论：三种写法各有什么特点？分别适宜什么样的要求？如果介绍激光，什么时候要用30个字？什么时候需要用300个字？什么时候需要用3000个字？我自己觉得，这也是阅读教学中采用了立足于写的活动的策略比较成功的一个课例。

让非语言活动为语言活动服务

尽管“把语文课上成语文课，用语文的方法教语文”是本色语文的核心主张，但我们并不简单排斥非语文的方法，我自己也经常在语文课中运用非语文的方法。

所谓非语文的方法，也可以说就是非语言的方法，有人将其称之为辅助手段，似乎也有道理，但我们并不主张这样的称说。因为现在人们似乎约定俗成地将计算机一类电子网络技术称之为辅助手段，而我们这里的非语文的方法并不是指这一类技术，而是指从内容来看并不直接属于语文学科的教学活动。

非语言的方法类型也非常丰富，主要有：

1. 音乐类。

人们用得非常多的配乐朗读就是这一类活动最常用的形式，包括歌唱的音乐和无歌唱音乐。我教学《阿房宫赋》，在对文本进行了比较充分的学习，在学生对赋这种文体语言形式的基本特点有了一定了解之后，为了让同学们充分感受赋体语言“铺采摛文”的特点及其表现力，我朗读课文时配了一首古筝曲《汉宫秋月》，很显著地增强了效果。

2. 图画类。

用图片服务于语文教学，是一个传统的手段。陈钟梁老师教学《中国石拱桥》，其中一个教学活动是请学生到黑板上画出赵州桥大拱、小拱的相对位置。学生画出了多种不同的图形，陈老师再带着学生来看，有没有画得切合原文的，哪一个比较切合原文，还要不要进行修改。很快，学生分清了“两肩”与“两边”、“两端”与“两旁”等词的区别，体会到了说明文语言的准确性。

3. 实物类。

实物类的教学手段，是数理化等学科经常要用的方法，简单说，就是教具。洪宗礼老师教学《一双手》有这样一个片段：

我再问第二个问题：课文的哪一段是写“一双手”给作者最初的印象的？主要是哪几句话？哟，都知道。哦，还有一位同学没举手，大家再等等。好，全了。请说。

生：第四段，“那简直是半截老松木”。

师：你见过松木吗？

生：见过的。

师：松木什么样子？我最近请木工师傅找了个半截老松木，是这样的。

（出示半截鹰爪形的老松木，全班学生兴奋地笑起来。有的从座位上站起来看，老师在行间巡走）

师：我要同学们看着老松木，想一想作者用半截老松木比喻一双手，说明一双手有哪些“奇”的特征？

生：粗。

师：为什么？

生：松木表皮粗糙。

师：还有什么？

生：老。

师：哪里老？

生：本来就是老松木。

师：还有什么？

生：干。

师：松木在老师手里，你怎么知道干的？

生：那块树皮已裂了，所以干。

师：还有没有？想一想，仔细想想。你说！

（生立起来又愣住）

师：不要性急，我相信你会想起来的。其他同学可能已想好

了，可我一定要请这位同学说。（两秒钟后）

生：硬。

师：很好，硬，你摸一摸，硬不硬？（把松木送到学生手上摸一摸，学生回答“很硬”）还有一个词，能再想一想吗？（全场静思）大家可以从颜色和形状上考虑。

生：颜色比较深。

师：对，色深。还有没有？

生：我认为还有厚。

师：好。大家一凑就把以树喻手的特征说得准确、完整而全面了。

（教师归纳以松木喻手的几个主要特征。板书：粗→老→硬→干→色深→厚）

师：我再问第三个问题。有人说，世界上任何比喻都是有缺陷的，你们觉得用“半截老松木”比喻一双“奇手”有什么不足？还有手的哪一个特征没有表现出来？

（几个学生插嘴：“大！”）

师：大？课文中哪里写“大”的？能不能找出来？

这是一个非常典型也是非常成功的运用实物手段引导学生阅读的例子。借助一段松木，学生认识到了人物的手粗、老、硬、干、色深、厚和大的特点，也领会了作者写作的艺术，不能不说很高明。

4. 视频类。

苏教版高中语文教材曾经选过几则《安妮日记》，很多老师认为这样的日记体的文本很不好教。一位老师教学这篇课文，便先让学生读课文，再看与节选文字相关的电影片段视频，然后让学生先转换日记文本为这段视频写旁白，再转换日记文本为视频中的安妮写人物的内心独白，充分运用了文本的材料，也发挥了日记文本的优势。我教学鲁迅的《祝福》，让学生看了电影《祝福》之后讨论夏衍的改编是否成功。虽然是在课后看的电影，也是属于视频手段的运用。

5. 实验类。

实验是理化生老师常用的教学手段，但语文教学以实验为教学活动，如果用得恰当也会有很好的效果。记得一位老师教学《死海不死》，老师带了一杯水、一个鸡蛋和一包盐，在解读题目时让学生做了一个实验，请一位同学想办法让鸡蛋在水里浮起来。在有些同学束手无策的时候，一个同学将食盐倒进水里，当水的含盐浓度达到一定程度时，鸡蛋便浮在了水面上。这既激发了学生的学习兴趣，也为文本有关问题的讨论打下了基础。

如果运用适当，非语言活动在语文教学中能够发挥非常独到的作用。

1. 可以运用非语言活动品味语言。

毛泽东的《沁园春·雪》里有两句诗是“山舞银蛇，原驰蜡象”。其意思注释是比较清楚的，即“山像舞动的银蛇，高原像奔驰的蜡象”。可是山怎么会像舞动的银蛇，高原怎么会像奔驰的蜡象呢？很多学生并不清楚。我于是先用粉笔侧过来在黑板上画出连绵的群山，然后直立粉笔勾出连绵群山的山脊线条，让同学们想象在漫天大雪的时候，远望群山能不能看到山的侧影。于是，同学们很快领会到毛泽东想象的丰富和描绘的准确。在大雪的背景中，连绵群山起伏的山脊，非常像一条舞动的银蛇。前面举到的配乐朗读《阿房宫赋》，也是为了品味语言的特点及其表现效果。

2. 可以运用非语言活动深化对文本的理解。

前文举到的陈钟梁老师教学《中国石拱桥》用简笔画理解“两肩”与“两边”、“两端”与“两旁”等词的区别，体会到说明文语言的准确性；洪宗礼老师教学《一双手》，用一段松木让学生理解人物的手粗、老、硬、干、色深、厚和大的特点，都是典型的例子。钱梦龙老师在上《中国石拱桥》时，先出示教学挂图“中国石拱桥”（图1），然后说：“你们先不要看课文，请用自己的话来说一说这个大拱和小拱之间的位置关系。”然后钱老师就按照学生说的位置关系来画示意图。学生1说：“大拱的两边各有两个小拱。”钱老师画图2。学生2说：“大拱两边的顶部有四个小拱。”钱老师画图3。学生3说：“桥身的左右两边有两个小拱。”钱老师画图4。学生4说：“在大拱的左右两端各有两个小拱。”钱老师画图5。学生5说：“大拱的两端的上方各有两个小拱。”钱老师画图6。然后钱老师让学生打开课本，体会原文“大拱的肩上各有两个小拱”中“各有”与“肩”字的使用：“你们看，这个‘肩’字用得多么准确呀！不是顶上，也不是两端，而是两肩。

还有一个字很重要，是哪个？”学生回答：“各。”钱老师说：“可见说明事物要说得明白，有一点十分重要，哪一点？”学生说：“用词准确。”钱老师也是运用挂图和简笔画让学生理解文本说明的内容，同时体会作者用词的准确。

图1

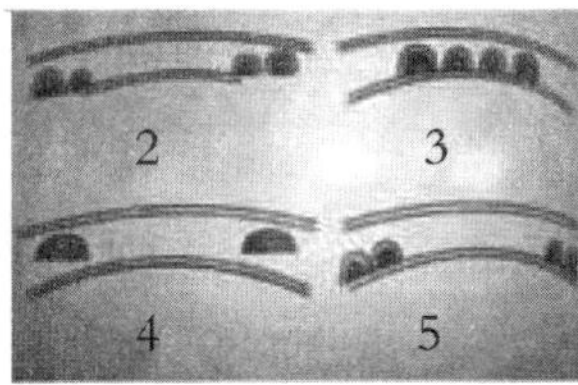

图2—5

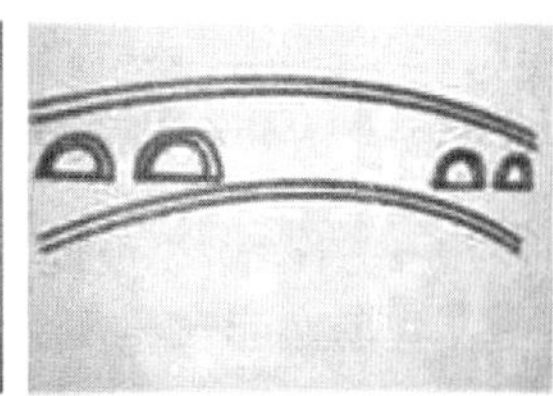

图6

3. 可以运用非语言活动理解诗歌的意境。

大家都知道诗中有画、画中有诗的道理。诗歌的教学，联想、想象是一个很重要的方法。借助诗画相通的特点，可以很好地为诗歌的意境理解服务。我教《白雪歌送武判官归京》，其中一个活动就是让同学们通过想象描述意境，在自由描述自己喜欢的诗句自己看到的画面之后，我组织全班同学一起想象“忽如一夜春风来，千树万树梨花开”和“轮台东门送君去，雪上空留马行处”两组诗句的意境，同学们一边想象，我一边在黑板上勾画简笔画，同时和同学们一起讨论：“千树万树”是整齐的树还是杂乱的树？花是一朵朵还是一片片？是一团团还是一堆堆？“东门”是城门还是辕门？是横幅的画面好还是竖幅的画面好？这里的画“像不像”是极其次要的，关键是帮助同学们展开丰富想象。教学苏轼的《念奴娇·赤壁怀古》和毛泽东的《沁园春·长沙》，我一般都会运用简笔画来帮助意境的想象和描述。

4. 可以运用非语言活动理解文本的主旨。

教学《守财奴》这篇课文，常为人物形象意义的归纳而费脑筋。由自己直接道出，自然省事而简单，但效果不好；通过“巧妙引导”让学生说出来，看起来是先“启”而后“发”，避免了教师硬塞结论，但做好圈套让学生钻的痕迹还是很明显。能否有什么比较合适的方法使学生自己走进人物内心世界的深处，对人物性格有深刻而准确的把握呢？我借助一架天平解决了这个难题。

我在黑板上先画了一个“失衡”的天平：一是天平横梁两边的距离不一样长，有一边比另一边明显要长得多；一是两边严重不平衡，一边高一边低而且幅度很大，并且是短的一边低、长的一边高。在低的一边的托盘上画上一个小方块，而在另一边高高翘起的托盘上画了四个同样的小方块。请同学们回顾课文内容，思考人物的一言一行，想一想这个天平的两边托盘中的小方块分别代表了什么。

学生边看书边交头接耳，也有的自己在草稿纸上画来画去。不一会儿，发言就热烈起来，而且很快就达成了一致的意见：横梁短的一侧的托盘中的一个小方块代表了“钱”，横梁长的一侧的托盘中的四个小方块分别代表了“夫妻之情”、“父女之情”、“妻子的生命”、“女儿的爱情（或幸福）”。我说：“请同学们用一句话表述这幅图的内容。”“在葛朗台这样的人心目中，‘夫妻之情’、‘父女之情’、‘妻子的生命’、‘女儿的爱情’合在一起也没有‘钱’的分量重。”被我指名的一位同学说。我趁热打铁问道：“这样的天平，代表了什么呢?”“葛朗台这种人的人生信念。”一个同学很快就答道。“葛朗台这样的人的天平的支点是什么呢?”我又追问一句。“钱——金钱至上的人生哲学。”同学们几乎是异口同声地回答。

5. 可以运用非语言活动启发学生的思维。

我教学鲁迅的《孔乙己》，抓住手品读人物时有这样一个片段：

师：你们觉得最能表现人物命运的动作是哪一个动词？

生（齐）：“走”。

师：为什么呢？

生：人们都是用脚走，而孔乙己用手，说明了他命运的悲惨。

生：他偷东西被打折了腿，在人们的嘲笑中“走”下场，说明他社会地位非常低。

师：很好。用手“走”，是一个畸形的动作；一个畸形的动作，表现了一个畸形人物不幸的命运。能不能把“走”换成“爬”呢？

生：不能。因为孔乙己是要强的。

师：是“要强”吗？能不能换一个更准确的说法？

生：死要面子的。

师：对。两种说法意思相近，但有差别，后一个更好。我们继续推敲这个“走”字。老师查过词典，“爬”是手脚并用向前移动。（画简笔画，图示爬的动作）爬的时候身子是趴下的。孔乙己坐着用手走，他的身子是不是趴下的呢？

生：不是，是直立的。（边交流，教师边画简笔画，图示孔乙己“走”的动作）

师：是的，强调“走”，而不是“爬”，正是写出了他在努力挺直身子的。我们能由这个动作看到他什么样的内心世界？

生：表现了他内心还要表现他作为读书人的清高。

生：表现他还想挺着身子走路。

生：表现他还想留给人们一个很不错的形象。

在这个教学片段中，学生的思维能够不断推进，能够直抵人物内心深处，两幅简笔画起到了非常重要的作用。

有时候，非语文方法的运用还能够起到综合性的教学效果。

我教学《蜀道难》，其中有这样一个片段：

师：有人说，诗歌是语言的艺术；也有人说，诗歌是排列的艺术。不过，排列对诗歌的确很重要；不同的排列，效果不一样。比如这首诗，有多种排列的方法。有一句一行的，有不分行连续排的。有两句一段，有四句一段。有人把“噫吁嚱”独立排行。也有人把“噫吁嚱，危乎高哉”排在一行。大家觉得这首诗，怎样排列更好？

（同学们的意见不一致）

师：看来大家的意见也不一致。同学们可以回去再想一想，排一排，并且按照不同的排列方法朗读，体会不同的效果。现在请同学们按照自己的排列形式朗读全诗，我在黑板上用线条画出图谱。画出的图谱，表达我对排行的理解。

（学生按照自己的排法诵读全文；老师在黑板上画出图谱）

师：好，现在请大家想一想，黄老师为什么要用这样的图谱表现这样的分行？由这个图谱你能想到什么？

生：形式上给人高峻的感觉。我想到又高又险的蜀道。

师：（勾勒出排行的边缘线，呈山势险峻的蜀道状）的确是这样，这样的排行在形式上给人强烈的震撼。还能想到其他什么呢？

（学生没有反应）

师：李白这首诗，是什么体裁？是不是近体？是律诗还是绝句？句式有什么特点？

生：是乐府诗。句式，有长有短。——对了，这样的排列，可以表现李白这首诗句式长短交杂的特点。

师：形式是为内容服务的，长短交杂的句式有什么作用呢？

生：形象地表现蜀道之难。

生：还有感情上的起伏和变化。

师：很好，通过诗句的长短，表现出感情上的起伏和变化。他奔放的情感和飘逸的诗风，他如神仙一样奇特的想象和联想，都和这样的语言形式形成内在的统一。

生：我觉得这还是李白作为诗仙的一种语言风格。

欣赏李白的《蜀道难》，理解内容和表现方法，也许并不很难；但欣赏他长短随心而变的句式特点，尤其是理解这样的语言和要表现的内容和思想感情之间的一致性，对高中生可能并不容易。我借助一个图谱，形象直观地表现了李白诗歌句式多变的特点，使学生由抽象到形象，更好地理解了有关内容。

设计和组织非语文的活动，要注意这样几个问题：

1. 服务于学生的语文学习。

尽管非语言的活动并不简单等同于一般所说的辅助手段，但它毕竟本身不是语文的内容，运用它们的目的是为了更好地服务于学生的语文学习，如果不能实现这样的目的，甚至适得其反，就不如不用了。

有一年江苏省课堂教学比赛，一位老师教学史铁生的《我与地坛》，他在教学“我与母亲”一部分时，先让学生听歌曲《懂你》，感受母爱，歌曲结束后，又让学生用五分钟的时间画一幅简笔画。第一个学生画了一只老母鸡张开翅膀，翅膀下一群小鸡，解说是：“在我心中，母爱是母亲用她的翅膀呵护着我们成长。”也有同学画了袋鼠、猴子等。这样的做法我很不认同。这篇文章中写母爱有很多感人的地方，比如课文里说“地坛公园中有我车轮痕迹的地方都有母亲的脚印”，这样的句子值得我们和学生好好品味。史铁生每次去地坛，母亲都悄悄地跟在后面，跟在后面又怕儿子看见。但有一次，儿子无意掉转轮椅发现了身后的母亲，母亲发现儿子掉头赶快躲了起来，可还是被儿子发现了。应该说，这样的细节我们每次阅读都很震撼。为什么不让学生从文本的细节着手去感受母爱，不抓住细节去理解作者的思想感情，而让学生听音乐、画简笔画呢？我们以为这样的非语言活动就破坏了学生的语文学习，前面说过的随意配乐，随意播放视频也是如此。

2. 适当节制和收敛，切不可喧宾夺主。

语文课堂的重心当然是语文学习，阅读的课堂重心当然是让学生学会阅读。所谓节制和收敛，就是一定要摆正非语言活动和阅读教学之间的关系。比如视频的运用就要特别慎重，因为视频的艺术感染力往往都比较强，很容易吸引学生的注意，分散学生的精力，很不利于学生理性思考和对问题的深入探究。从目前教学现状看，过多的PPT是一个比较普遍的问题，有的老师做的PPT过于花哨，有的课堂则PPT过多。过于花哨的PPT，必然会分散学生的注意力；过多的PPT，必然会挤压课堂教学的空间，都不可取。至于语文课，动不动就采用表演的方式，我们以为更不可取（小学生当然可以偶尔用用）。过多的表演，其实是对文本的出走，除非有明确的改编和转换。

3. 和语文的方法相互融合。

语文课堂教学设计和组织非语言的教学活动，一定要和语言教学活动相互融合。这一点从我们前面所列举的比较成功的例子中都可以看得出来。如果非语言的教学活动，和语言教学活动相割裂，就不能很好地为阅读教学服务。

课例3 《孔乙己》教学实录

师：今天我们一起来学习鲁迅先生的小说《孔乙己》。(板书课题、作者）同学们读过《孔乙己》之后，孔乙己这个人物给你留下的最深的印象是什么?

生：青白脸色。

师：对。不劳动，营养又不良。这是肖像描写。

生：穿着长衫。

师：是读书人的身份标志。这也是肖像描写。

生：只有孔乙己到了，才可以笑几声。

师：是的。这是一句耐人寻味的话。但这不是对人物的直接描写。

生：他的话，他文绉绉的语言。

师：能具体说说吗?

生：“多乎哉，不多也”。

生：“窃书不为偷书”。

生：“君子固穷”。

师：是的。这些话是经典的语言描写，已成为“名言”。鲁迅先生对孔乙己的语言描写非常精彩。你们有没有注意作者对孔乙己哪一方面的描写最多?

生：肖像。

生：笑声。

师：作者写了孔乙己的笑声吗?孔乙己笑了吗?

生：没有。笑声是酒店里其他人的。

师：对。在这个环境中孔乙己是笑不出来的。

生：语言。

师：是有好几处语言描写，但并不是次数最多的。老师在读这篇小说时，印象最深刻的是鲁迅先生对孔乙己手的描写。下面我们分工找一找小说中哪些地方写了孔乙己的手，有几处，看是不是描写次数最多的。

（分为两大组：一组找第4节到第9节，另一组找第10节到文末。顺便理清小说的结构）

（学生交流）

生：第4节“便排出九文大钱”的“排”。

生：第7节“孔乙己显出极高兴的样子，将两个指头的长指甲敲着柜台”中的“敲”，这段的后面还有“孔乙己刚用指甲蘸了酒”的“蘸”。他有“长指甲”，可见他不修边幅，很懒惰。

师：很好。找得很细致，分析也很有深度。还有吗？

生：第8节“孔乙己着了慌，伸开五指将碟子罩住”中的“伸”和“罩”。

生：第11节“他从破衣袋里摸出四文大钱，放在我手里，见他满手是泥，原来他便用这手走来的。不一会，他喝完酒，便又在旁人的说笑声中，坐着用这手慢慢走去了”中的“摸”、“走”。

师：找得很好。能说说小说是从哪些方面写孔乙己的手的吗？

生：动作，还有样子。

师：样子？

生：是外形。

师：对，外形，或者说是形状。（板书：外形动作）文中对手的动作描写最为突出。大家看看哪个动作最能表现孔乙己的性格？

生：“排”。在被嘲笑的环境下，为了证明自己的清白，他故意将钱“排”出来。

师：理解得很好，能结合人物的处境来分析。不过，这里还有个因素也应该引起我们的注意：他是跟哪些人在一起喝酒啊？

生：短衣帮。

师：对的。这些人都是没有钱的，孔乙己能买茴香豆下酒已经远远超过他们了，所以这个“排”还有炫耀得意的心理。还有哪些动词？

生：“敲”和“罩”。可以看出孔乙己的自傲与贫穷。“敲”说明他神气十足，但当孩子还要他的茴香豆吃时，他没有钱多买，就只能慌慌张张地伸出大手“罩”住了。这两个动词前后对比很鲜明，突出他自命清高、迂腐可笑的性格。

师：这位同学的思路非常好，值得大家学习。他能将两个词语联系起来分析，前后进行比较，准确把握住了人物的性格，自命清高又善良迂腐。还有哪两个动词也可以联系起来看？

生：“排”和“摸”。

师：为什么？

生：因为这里有一个前后的变化与反差，由前面“排”的自命清高到后面“摸”的自感卑贱的转变。

师：很好，这两个动词体现了人物处境的前后落差。你们觉得最能表现人物命运的动作是哪一个动词？

生（齐）：“走”。

师：为什么呢？

生：人们都是用脚走，而孔乙己用手，说明了他命运的悲惨。

生：他偷东西被打折了腿，在人们嘲笑中“走”下场，说明他社会地位非常低。

师：很好。用手“走”，是一个畸形的动作；一个畸形的动作，表现了一个畸形人物不幸的命运。能不能把“走”换成“爬”呢？

生：不能。因为孔乙己是要强的。

师：是“要强”吗？能不能换一个更准确的说法？

生：死要面子的。

师：对。两种说法意思相近，但有差别，后一个更好。我们继续推敲这个“走”字。老师查过词典，“爬”是手脚并用向前移动。（画简笔画，图示爬的动作）爬的时候身子是趴下的。孔乙己坐着用手走，他的身子是不是趴下的呢？

生：不是，是直立的。

师：是的，强调“走”，而不是“爬”，正是写出了他在努力挺直身子的。我们能由这个动作看到他什么样的内心世界？

生：表现了他内心还要表现他作为读书人的清高。

生：表现他还想挺着身子走路。

生：表现他还想留给人们一个很不错的形象。

师：很好。腿不能动了，照应前面打折了腿的情节，试图直着身子表现了一点可怜的尊严。小说是作者的创作成果，我们读小说也是一个再创作的过程。文中写了这么多处的手，其实有些地方也还是可以写手的，而作者却并没有写。你们能找出这些地方来，来一次再创作，补写出一两句，并能说说自己为什么这样写吗？

（生读书思考并动手补写）

（学生交流）

生：第7节，最后“他伸出手来准备画点什么，但见我毫不热心，又停在了空中，然后无奈地放下，便又叹了一口气，显出极惋惜的样子”。表现他对“我”不愿意看他写字的失望之情。

生：第6段，在“孔乙己立刻显出颓唐不安模样，脸上笼上了一层灰色”后面加上“双手用长指甲在桌子上掴来掴去”，表现了他受人嘲笑后的尴尬。

（有学生笑）

师：这有点像小孩子的动作。大家注意，我们的补写应该有两个要求：一是能表现人物性格，二是切合上下文。刚才几位同学总体都补得不错。

生：第4段，写他走进酒店的时候“两手放在背后踱进酒店”，说明他的自命清高，自己觉得高人一等。

师：那就是“踱进”酒店了。可孔乙己是不是顾客中最有钱的呢？

生：不是。穿长衫并且坐着喝酒的才是最有钱的。

生：第4节，在“孔乙己睁大眼睛说”后面加上“紧紧攥着拳头”，表现他的愤怒。

师：有意思。可是孔乙己愤怒的时候会“紧紧攥着拳头”吗？大家一起改一改。

生：挥舞着双手。

师：是好多了。但好像和身份还不是很吻合。

生：颤抖着双手——不对，是双手颤抖着。

师：很好。就是要学会这样的推敲。

生：第8段，“孔乙己用长长的手指夹起一粒茴香豆十分小心地分给小孩子们”，表现他的贫穷，没有多的豆给孩子们，既表现他的善良，又表现他的寒酸。

师：同学们主要是通过想象写孔乙己手的动作。总体不错，既能表现性格，也切合身份，而且能根据具体的语境。其实我们也可以写手的形状，作者只是说“长指甲”，其他没有写。大家可以想象一下孔乙己手的形状应该是什么样的。

生：又大又厚。

师：为什么呢？

生：给人家抄书。

师：抄书会使手大而厚吗？黄老师也经常读书写字，手是不是大而厚呢？想一想什么人的手才会大而厚。

生：劳动的人。

师：对。那么读书人的手呢？孔乙己的手呢？

生：又长又白。

生：手指细长。

师：我也觉得是这样。可是后来用手走路的时候，手还是这样吗？

生：白白的手上都是老茧。

师：还是白白的吗？（同学笑）

生：又黑又脏的手上都是老茧。

师：又黑又脏能看见老茧吗？

生：手又黑又脏的，手指就像鸡爪。

师：有想象力。同学们这都是在读小说中想象，在想象中重新创作。这样可以加深对人物的理解，对培养文学素养很有好处。读小说就要这样。文中可以补写的地方确实还有很多，我们当然不能一一补写。下面我们全班同学一起想象，集体补写一处。大家还记得小说最后一句话吗？

生齐读：“大约孔乙己的确死了”。

师：这句话中“大约”和“的确”是不是矛盾？

生：不矛盾，“大约”说明这里没有人亲眼见到，只是推测他是死了；

但从他最后出场的情况和他很久没露面可以确定他肯定死了，所以说“的确”。

师：这位同学对课文的把握很全面，很准确。鲁迅先生根据那个社会环境，断定孔乙己是必死无疑的，但人们又没有亲眼看到，所以这么说。——现在，假设我们看到了孔乙己的死，你觉得会是一个什么情景？请大家写一段话描述一下你想象的情景。还有一个苛刻的要求，必须写孔乙己的手。

生：孔乙己斜靠在墙角，两脚平伸着，双手撑在满是泥浆的地上，背还直直地挺着。

师：为什么强调“双手撑在满是泥浆的地上，背还直直地挺着”？

生：因为他不想承认自己的虚弱，要保持自己的尊严。

师：嗯，他临死还想保留那份自尊，是吧？不过有点像一个英雄形象。

生：冬日已至，寒风凛冽，孔乙己垂下了他那长指甲的满是泥巴的大手，悲惨地死去。

师：“垂下了他那长指甲的满是泥巴的大手”，描写不够具体。为什么是“冬日”？

生：因为课文里写他最后一次离开酒店，已经是深秋了。

师：从课文中找依据，非常好。

生：孔乙己歪倒在墙角，两条腿不规则地伸在地上，两只手都失去了原来的样子，简直已不能称作是手了。

师：“两条腿不规则地伸在地上”是什么样子呢？“不能称作是手了”又是什么样子呢？可以换用描述性的语言吗？

生：两条腿散了架似的瘫软在地上，两只手也像是折断的树枝，无力地垂了下来。

师：刚才几个同学的想象不错。下面我们来集体想象一下孔乙己死的情景。应该是什么季节？

生：冬天。

师：为什么是冬天？

生：课文里有“一天凉比一天了”。

师：什么时间？早上还是晚上？

生：夜里。

师：对，夜里好。没吃没喝、身体不好的人，冬天的夜里很冷，很容易死去。什么地点？

生：街上。

生：酒店门口。

师：在街上，在酒店门口，人们会不知道？

生：在村外的破庙里。

师：再为他的手里安排两个道具，才好。一个手里是——

生：是碗，因为他要要饭，还想喝酒。

师：有道理。另一个手里呢？

生：一根竹竿。

师：当然不错，因为已经沦为乞丐了。有没有更好的方案？

生：一本书。

师：为什么？

生：他一心想中举，他始终要显示自己是读书人。

师：非常有道理，大家想象力很丰富。现在孔乙己死的情景已经展现在了我们眼前：在一个寒冷的冬天的夜晚，在村外的破庙里，孔乙己死了。他蜷曲的身躯像一个少了一个点的问号，一只手紧紧地攥着一个破碗，另一只手紧紧地抓着一本又破又旧的书……

孔乙己的确死了。作为他的后代，我们能为他做点什么呢？我想为他立一座碑，请同学们为他写一句碑文。有没有写过碑文？（学生笑）其实写碑文并不难，有两种基本思路。一种最简单最好写的思路，大家都应该知道。聪明的同学一分钟就可以想到。

生：上大人孔乙己之墓。

师：真聪明。可是另一种写法要动点脑筋。外国人的碑文，有一种写法常常是"这里躺着一个……的人"。比如黄老师将来就可以是"这里躺着一个热爱语文的人"。（学生笑）大家按照这个思路可以想一条碑文，并简单说说理由。

生：这里躺着一个可怜的人。因为在那样的环境中，没有一个人同情他，他被打了还嘲笑他。

生：这里躺着一个可悲的人。因为他是一个悲剧人物。

生：这里躺着一个可笑的人。因为他自命清高，迂腐可笑，能给人带来笑声。

生：这里躺着一个可爱的人。因为他很善良。

师：同学们真了不起。一个词，概括了一个人物的性格，也概括了一个人物的命运。大家有没有注意在想象孔乙己死的情景的时候，老师加了一句话“他蜷曲的身躯像一个少了一个点的问号”？知道这有什么含义吗？

生：孔乙己的一生给我们留下了一个思考的问题。

师：对。作者塑造这个人物，就是要唤起我们的思考。孔乙己给我们留下的，也许不是一个问题。这里我想和同学们讨论的是：造成孔乙己悲剧的原因是什么？

生：是封建科举制度。

师：的确如此。是封建科举制度害死了孔乙己。有其他原因吗？

生：没有人帮助他，关心他。

师：对，还有那人情麻木、世态冷漠的社会环境。还有没有其他原因呢？

生：有。就是他自己好吃懒做。

师：见解很新颖。大家同意他的意见吗？（大多数同学同意）

师：是的，老师也同意这位同学的意见。他自己性格上的弱点，也是造成他悲剧命运的原因之一。大家想一想，孔乙己有没有办法避免他的悲剧命运？

生：有。他本来可以自食其力，以抄书为业。

生：他受到别人嘲笑的时候就应该反省一下，为什么自己受嘲笑，然后找出自己的一条生路来。

师：大家为孔乙己设想了很多，都有一定道理。老师在读这篇小说的时候也想到了一个人。他也一生热衷科举，可始终不得志，72岁时才补了一个岁贡生，但他没有在科举失败中迷失自己，而是收集民间故事，结合自己的经历，写下了一部文学巨著。知道这本书吗？（生齐答：《聊斋志异》）这位老人是谁？（生齐答：蒲松龄）对，是他。科举始终不得志的蒲松龄，用另一种方式实现了自己的价值。蒲松龄能避免孔乙己那样的可悲命运，一个重要的原因，是他能够走出自己那个破灭的梦想。人不能没有梦想，但人的梦想不可能全都实现；梦想破灭了也不要紧，走出那破灭的梦，人生就会开辟出一条新的道路来。

这节课我们就学到这里。老师想问一问：如果下节课我们继续学习这篇课文，应该探讨什么内容？

生：应该分析环境描写。

生：应该分析小说的其他人物。

师：大家说得很对。可惜这些内容只好留给你们的老师和你们一起学习了。回家想一想：这节课对你的小说阅读有什么启发？

第四章

给课堂一个支点

教学凭借的教学价值

概括地说，教学凭借在教学过程中的基本意义是支撑和推进教学过程和学习活动，但加以具体分析，其作用是多方面的。

一、推动教学进程

教学凭借，最直接的意义是推动教学进程。一个成功的教学凭借能够推动整节课的教学。

2009年江苏省优质课评比初中组一等奖第一名的曾文彦老师执教的《紫藤萝瀑布》就是一个典型的例子。这节课的教学流程大致是这样的：

第一步是从“花语”导入新课，解读玫瑰、樱花、向日葵、蒲公英几则“花语”后归纳花语的特点，明确这节课的学习任务是解读紫藤萝的“花语”，走进紫藤萝和作者的心灵。

第二步是教师配乐范读全文后，学生阅读课文，解读紫藤萝的“花语”。学生先用文章中的一两个词语来说说对紫藤萝的初步感觉；再读课文后把文章中描写紫藤萝的句子中最美的一句话画下来，朗读，品析，教师点拨；学生根据课文内容为紫藤萝写“花语”。

第三步是品读“花语”的深层内涵，理解作者的“花语”献给谁。学生大声、自由朗读第7、第9、第10三个自然段后在文中找答案；教师引入背景资料，引导学生知人论世深度理解“花语”背景；最后教学小结引导学生解读“花语”的现实意义。

分析这个教学过程，不难发现，“写花语”这一设计在教学中起到了极为重要的作用。我们知道，花语知识，花语写作，都不是初中生语文学习的必须完成的任务和教学内容，事实上，教师的教学也没有把花语本身作为教学的内容和学习的内容，但它却对整个教学过程的推进和学生的学习过程起到了至关重要的作用。

二、搭建学习平台

从某种意义上说，文本就是阅读教学开展学习活动的平台。但如果能针对具体的教学意图和特定的教学目标，设计适当的教学凭借开展学习活动，会有更为理想的效果。

如蒋祖霞老师教学《台阶》一文，他先让每位同学根据自己对课文内容的理解，画出父亲情感变化的曲线图，然后小组交流，推选两位同学到黑板上画出曲线图，并根据曲线的变化说出父亲变化的具体内容，老师和其他同学做出评点和补充，再联系曲线谈生活的启发。这个教学设计，就是以情感变化曲线图为教学凭借，借助于这个图示开展了多种学习活动，有对文本的研习，有互相的交流讨论，有对人物内心的探讨，理解了文本的基本内容，把握了“父亲”情感变化的轨迹，探讨了引起“父亲”情感变化的原因，并讨论了父亲的人生态度和心灵轨迹给我们的人生启示。

一位老师教学柳永的《雨霖铃》，先投影出示一位同学简笔勾画的柳永与恋人的别离图，请同学们联系词的内容为这幅画补出标题，比较不同标题的长短优劣，再讨论“执手相看”这个标题好在哪里。然后讨论如果要渲染别离的情景，可以选取哪些景和物作为这幅画的背景（长亭、兰舟、江水、寒蝉）。最后再出示《唐宋词鉴赏辞典》（上海辞书出版社）明代《雨霖铃》插图，让同学讨论与这幅插图比较，这位同学的图还可以虚写哪些内容（杨柳岸晓风残月）。

这两个课例，都以一幅简笔画为教学的凭借，把这幅图作为平台，组织学生开展了多层次多样化的学习活动。

三、深化文本理解

阅读教学，理解文本是教学的基本任务，也是开展其他活动的基础。设计教学凭借，是引导学生理解文本非常有效的方法。教学《阿房宫赋》，除了字词的理解，对文本的理解还有多层次的内容。为了引导学生深入地理解文本，我将文章主要内容压缩为一段短文，并在关键处留下一些空白：

“阿房之宫，其形可谓（ ）矣，其制可谓（ ）矣，宫中之女可谓（ ）矣，宫中之宝可谓（ ）矣，其费可谓（ ）矣，其奢可谓（ ）矣，其亡亦可谓（ ）矣！嗟乎！后人哀之而不鉴之，亦可（ ）矣！”首先让学生阅读课文，在括号中填写上恰当的词语，互相讨论，比较正误优劣（有些括号里可以填写不同的词语）。然后再分组从课文中找出写规模、写建筑、写宫女、写珍宝、写耗费、写奢靡的具体句子，并思考这里一个词，作者用了一段话，这是运用了什么手法，接下去通过诵读体会“赋”的表现效果。最后，又以这段话为基础，用三个词概括《阿房宫赋》的全文内容和思路（奢—亡—鉴）。由于运用了比较适当的教学凭借，教学效果比较理想，借助于凭借，学生比较顺利地一步步走进文本，理解了作者对阿房宫所描写的具体内容，理解了作者描写阿房宫的深刻用意，理解了作者描写阿房宫所采用的具体方法及其效果，把握了全文的思路和结构。

四、激活学生思维

教学凭借的设计，对学生思维能力的培养，尤其是对营造适宜的学习情景，激活学生的思维，具有很重要的意义。

于漪老师教学梁衡的《晋祠》，有一个环节是让学生听写《中国名胜词典》“晋祠”的词条，要求学生用阿拉伯数字标好词条五句话的句序，快速浏览一遍课文，在课文中分别寻找出条目里的五项内容，并一一标出序号，看谁找得快，找得准。标完后，互相补充个人没有找到的内容，然后再互相交流标示不一样的地方并展开讨论，在这个交流讨论的过程中，穿插课文层次的分析，有关段落的诵读，说明内容的归纳。然后，要求学生思考：把课文和词典进行对照发现了哪些问题，两者在内容、写法、结构和语言方面有哪些不同，说说文章和词条哪个写得更好。用一个词条把学生的思维一步步向前引导，成就了一节精彩的课。钱梦龙老师教学《死海不死》，也有一个异曲同工的教学环节，先让学生回忆在地理课上学习的关于死海的知识，然后将这些知识归纳为三条：1. 地理位置；2. 得名原因；3. 海水趣事。然后让学生围绕这三点说明有关内容，教师引导同学点评并穿插语言的推敲。

这样的教学环节，教学凭借的设计不仅引导学生进入文本，更重要的是点燃了学生思维的火花，让学生在阅读中思考，在学习中发现。

五、组织探究活动

我们看到的探究性学习活动，常常都是让学生围绕老师设定的一个问题或者话题展开。如果借助于一些教学凭借开展探究性学习活动，则更为实在有效。

《林黛玉进贾府》中对林黛玉的眼睛有这样两句描写："两弯似蹙非蹙罥烟眉，一双似喜非喜含情目。"据红学家考证，"一双似喜非喜含情目"本不是作者原句，曹雪芹在描写林黛玉眼睛时一时没有找到恰当的词语，只好留下"一双似________目"的残句，以待以后补上。曹雪芹写《红楼梦》是"批阅十载，增删五次"。在这个过程中，《红楼梦》被人抄传开去，抄写者有人就凭自己的猜测，做了补写。这种补写有好几种，现在流行的版本一般都是"一双似喜非喜含情目"。教学中，我抛出这个问题，先让学生通过阅读自己发现这个句子，并讨论这一句的描写是否合理，为什么。经过讨论，同学们都认为不够合理，其理由有：1. 和上句"两弯似蹙非蹙罥烟眉"矛盾；2. 不合黛玉母亲刚去世的处境；3. 也不合她心灵敏感、内敛含蓄的性格。然后再让学生改写这一句。比较讨论同学们改写的句子后，告诉同学们，红学家周汝昌在《红楼十二层》一书中说他对这一句也早存疑问，1984年，受国家古籍整理小组负责人之托，赴当时的苏联去目验一部久藏于列宁格勒的《红楼梦》古抄本，发现此书中描写林黛玉眼睛的句子是："两弯似蹙非蹙罥烟眉，一双似泣非泣含露目。"再让同学们讨论"一双似泣非泣含露目"好不好，好在哪里。同学们发现，这样的描写更符合林黛玉见贾母后大家无不伤心的情景，也符合她自己死了母亲见到外婆的悲伤心境；"含露"既表现了林黛玉的美丽，也与第一回神瑛侍者每天用甘露灌溉的情节照应。

这个教学设计，以人物描写的一个版本问题作为凭借，组织了一个立足文本，着眼于阅读鉴赏能力培养的探究活动。

六、突破教学难点

教学《装在套子里的人》，深刻理解小说的主旨是一个难点。仅仅认识了别里科夫这样一个可笑的人物，对小说的解读显然比较肤浅。但如果用说教的方法，直接让学生接受小说旨在批判沙俄专制制度的主题似乎也不是不可以，但只是一种强制的灌输，不是学生自己由作品欣赏而自然获得。为了解决这个难点，我以小说标题的两种不同翻译为凭借，取得了比较好的效果。不同版本对这篇小说标题的翻译不一样，一种翻译为“装在套子里的人”，一种翻译为“套中人”。我让学生从小说内容和主题的角度讨论哪一种翻译更好。经过讨论，大家明白，尽管“套中人”这个标题也很好，能很鲜明地突出人物性格特征，而“装在套子里的人”的这个“装”字内涵非常丰富，它告诉我们别里科夫不是自己钻进套子的，也不是自己躲进套子的，更不是生来就有这么多的套子，是沙俄专制制度把他“装”进了套子，是专制文化让他成为套中人，并通过他们来把更多的人装进套子，在这个基础上再研读小说的最后一段，于是对小说主题有了基于文本研读的深入理解。

教学《直面苦难》，主题的理解也比较难，一位老师教学这篇课文时，在引导学生揣摩了几个关键句的理解之后，用PPT出示一幅图片，图片是一对盲人夫妻，先让学生说图中是怎样的一对老人，然后用文章中的关键词，谈谈自己读图的感受，再对照课文说说这对夫妻是课文中说的哪一类人，如果作者看到这幅图片会用文章中的哪一个句子表达自己的感受。成功的教学凭借设计，拓展了学习空间，丰富了教学资源，巧妙地处理了一篇比较难理解的文本的主题解读问题。

七、丰富教学资源

毫无疑问，只要是适宜的教学凭借都能够丰富教学资源，拓展教学空间。一位老师教学《兵车行》，根据具体的教学内容，穿插了杜甫《石壕吏》《新婚别》，以及《前出塞》中“君已富土境，开边一何多”的诗句，王昌龄的《从军行》“青海长云暗雪山，孤城遥望玉门关。黄沙百战穿金甲，不破楼兰终不还”全诗，陈琳的《饮马长城窟行》“长城何连连，连连三千里。边城多健少，内舍多寡妇。作书与内舍，便嫁莫留住。善待新姑嫜，时时念我故夫子！报书往边地，君今出语一何鄙？身在祸难中，何为稽留他家子？”全诗，以诗解诗，不仅有助于诗歌内容和主旨的理解，也拓展了教学的空间，丰富了教学资源。

教学凭借设计在教学过程中除了具有以上几方面的作用，还可以引发教学生成，强化教学重点，这些由以上举例不难看出，就不再一一举例说明。

教学凭借的主要类型

阅读教学凭借设计的常见类型有：

一、相关文本

阅读教学中，相关文本是最为常用的教学凭借，尤其是一些节选的课文。

一位老师教学《雷雨》，通过贯穿全戏的时间概念“三十年前”来深入理解周鲁两人的特殊关系，很有创意。教师先让学生找出第一场戏中反复出现的“三十年前”（共出现12次），然后PPT出示《雷雨》的人物关系表：

周朴园——某煤矿公司董事长，五十五岁。

周繁漪——其妻，三十五岁。

周萍——其前妻鲁侍萍生子，年二十八岁。

周冲——繁漪生子，年十七岁。

鲁贵——周宅仆人，年四十八岁。

鲁侍萍——其前妻，某校女佣，年四十七岁。

鲁大海——侍萍与前夫周朴园之子，煤矿工人，二十七岁。

鲁四凤——鲁贵与侍萍之女，年十八，周家使女。

让学生讨论：你能从这表中看出什么奥秘吗？——根据这个人物表的有关数据，你能看出，鲁侍萍被赶出周家是多少年前？

明确“是二十七年前”后，提问：既然是二十七年前，那作者为什么（应该是人物）反复强调是“三十年前”呢？是不是作者的疏忽？再引用弗洛伊德的话“凡是你不想记忆的东西，你都会忘记的”，引发学生的思考。通过讨论明确，两个人都说是“三十年”，是“想记住”的是“三十年前”，而不是“二十七年前”，那么“二十七年前”和“三十年前”这之间的三年，对于他们来说是什么样的三年呢？原来，在两人的心中那是他们最最甜蜜最最幸福的三年。在那三年里，他们相爱，他们有了爱情的结晶。这样的理解深入而不牵强，视角独到，十分成功。很显然，在这个教学过程中，这个人物关系表起了非常重要的作用。

二、背景资料

知人论世，是文本解读的一种很重要的方法。阅读教学介绍背景就是要引导学生“知人论世”，但很多老师都把背景介绍作为一种程式化的教学环节，为了介绍而介绍，和具体学习活动缺少内在联系，更没有具体明确的教学目的。其实，运用得当，背景介绍和作者介绍，应该是一个非常有价值的教学凭借。

如我们前面介绍过的《紫藤萝瀑布》的教学，在品读“花语”内涵时，学生起初的解读仅仅停留在“献给那些不幸的人”，“献给那些在精神上不能得到充分的宁静和生活中并不充满喜悦的人”，“献给这世上所有遭遇痛苦的人”。这个时候，教师引入背景资料，介绍作者《花朝节的纪念》中的“在昆明时严重贫血，站着站着就晕倒。后来索性染上肺结核休学在家。后来我经历名目繁多的手术，人赠雅号‘挨千刀的’”和《1966年夏秋之交的第一天》中“我活着，随即得了一场重病。偏偏没有死。许多许多人去世了，我还活着。记下了1966年夏秋之交的这一天”等片段，还介绍了宗璞的《哭小弟》中“他们几经雪欺霜冻，好不容易奋斗着张开几片花瓣，尚未盛开，就骤然凋谢。我哭我们这迟开而早谢的一代人！”在此基础上让学生再品读“流着流着，它带走了这些时一直压在我心上的关于生死的疑惑，关于疾病的痛楚”等句子，学生便有了“这花语不是只献给一个人，不只是献给那些不幸的人，它是献给生命的咏唱，是献给自己，献给家人，献给天下所有人的心灵烛火”，“生命是一条河，它是永远奔腾不息的”这样的深度解读。

《浪之歌》是黎巴嫩诗人纪伯伦的代表作之一。诗人以细腻的笔触塑造了一位充满激情的恋人形象——海浪。海浪和海岸是一对情侣，海浪对海岸的爱是那样热烈，那样真诚，那样执着。一位老师教学这篇课文，在学生以为这仅仅是一篇表达爱情的散文诗，或者理解为一般意义上的爱国主题时，适时介绍了背景，让学生了解作者曾因小说《叛逆的灵魂》，激怒当局，作品遭到查禁焚毁，本人被逐出国，直至逝世。诗人写《浪之歌》时，正在远离祖国的异邦，使学生对这首爱国诗歌主题的深刻、情感的炽热有了更为深入的理解。海浪是诗人的化身，诗人此时也正为祖国而失眠，他对祖国爱得刻骨铭心，虽然被迫侨居异国他乡，但他对祖国的思念一刻也没有停止，就像痴情的海浪永远依恋坚定的海岸一样。

三、音像资料

毫无疑问，在多媒体技术日益发达的今天，音像资料也是语文教学的重要辅助手段，以音像资料作为教学凭借，也是常见的形式。

苏教版高中语文新教材有一篇课文《安妮日记》，是节选了《安妮日记》中的几则日记作为教学文本。很多老师都觉得这篇课文很不好处理。一位老师以音像资料为教学凭借，非常成功地解决了这个问题。她先是让学生观看了电影《安妮日记》中与课文内容相关的反映德军轰炸情景的片段，让学生从文本中寻找相关语言材料，为这个电影片段写旁白，再让学生观看同一片段，指名读自己写的旁白文字，组织讨论，进行评点；然后，再观看电影中表现安妮内心世界的片段，让学生从文本中寻找相关语言材料，为这个电影片段写安妮的内心独白，再让学生观看同一片段，指名读自己写的独白文字，组织讨论，进行评点。这样既深化了对文本的理解，对安妮内心世界的解读，也是非常有效果的语言综合训练，效果非常理想。

应该说，现在大多数老师运用音像资料作为教学凭借的意识还是比较强的，但不等于说运用了音像资料就是教学凭借，这还要看它能否和教学活动学习活动真正融为一体，看它在教学过程中能否起到应有的作用。

四、图画图片

图片资料，也是语文教学凭借设计常用的资料。

记得听初中一位老师教学一组写四季景物的古诗，有时让学生根据诗句选择适当的配画，有时候让学生给画配上适当的诗句，效果非常理想，既体现了古诗常常“诗中有画”和国画常常“画中有诗”的特点，也切合初中生的认识特点，体现了课程标准对初中古诗阅读的适当要求。

我在教学中常常用简笔画作为教学凭借，比如教学《沁园春·雪》，学生对“山舞银蛇”总是很难理解，无法想象具体的意境，可是只要画一幅简笔画，勾勒出山的轮廓，就会豁然开朗。《守财奴》一文的教学，理解作者以金钱为中心的人生观和价值观，也是一个比较难的问题。为了回避进行思想教育的说教方式，我设计了一个图示作为教学凭借，效果也比较理想。我在黑板上画了一个倾斜的天平，右边的托盘上画了四个叠加的方框，左边托盘上画了一个方块（五个方块都是一样大），而只有一个方块的左边的托盘却明显向下倾斜。我让同学们根据课文内容说说五个方块中应该分别填写什么内容。先是个人填写，然后展开讨论，学生的学习非常投入。最后达成一致的参考答案是，左边托盘上的一个方块中应该填写“金钱”，右边托盘上的四个叠加的方块中的内容分别应该是：夫妻之情、父女之情、女儿的爱情、妻子的生命。再让学生根据这个图示说一句话表达葛朗台的性格特征：在守财奴葛朗台的人生天平上，夫妻之情、父女之情、女儿的爱情、妻子的生命和金钱相比都不重要。再让学生探究支撑葛朗台人生天平的支点是什么？稍加讨论，学生就得出了“金钱至上”的人生观的结论。一个以简图为主的教学凭借设计，很成功地解决了小说主题理解的难题。

五、实物凭借

钱梦龙老师教学《死海不死》，一开始就让学生做一个让鸡蛋在水中不沉的实验的案例，想必大家都知道。这就是以实物作为教学凭借。

著名特级教师洪宗礼教学《一双手》则可以说是运用实物凭借最为经典的案例。教学中，他出示半截鹰爪形的老松木，让同学们看一看老松木，说说作者用半截老松木比喻一双手，说明这双手有哪些“奇”的特征，学生说出了“粗”、“老”、“干”、“硬”的特点。老师再把老松木给学生仔细观察，学生又补充“颜色深”、“厚”的特点。老师又巧妙引发道：有人说，世界上任何比喻都是有缺陷的，你们觉得用“半截老松木”比喻一双手有哪些不足？还有哪个特征没有表现出来？学生说：“大”没有得到体现。老师问：文中哪里写大？学生勾画出文章中的句子。老师提问：哪一个词最能表现手大？学生根据课文进行回答：“那只大手把我的手紧紧地裹住了”的“裹”。老师小结：这是运用了对比、衬托的写法。请同桌的同学互相裹一裹手（又一个教学凭借），再体味“紧紧”的作用：手大，有劲，热情。接下去，让同学们拿出尺子，量一量自己的手有多长多宽多厚：16厘米，6厘米，1.2厘米……（这也是实物凭借）老师请一位同学给自己量一量，18.5厘米，然后让同学们报出最长的手，长19.5厘米，宽8厘米，厚1.5厘米，请这位同学把左手按在幻灯底片张迎善的手图上（图的尺寸按课本上的数字画出），教师打开幻灯，屏幕上映出手的对比图形。然后，小结课文写手的方法：数字说明，探究如果就写“手很大很大”、“非常大”、“大得不得了”、“大得惊人”好不好，效果有什么不同？在此基础上再看课文从哪些小处写手，自己归纳这是一双什么样的手：创造绿色宝库的手，美化了祖国的手，创造了奇迹的手……作者歌颂这双手的目的何在？歌颂平凡的劳动者，歌颂创造美的人。

很显然，洪老师运用多个实物凭借，引导教学一步步展开，效果非常理想。

六、版本资料

有很多老师，看到旧教材采用了不同的版本，就很反感，这既反映这些老师缺少正确的教材观，缺少处理教材的机智，同时也说明这些老师缺少设计教学凭借的基本意识和能力。其实，版本差异，常常是很好的教学凭借。

我教学《谏太宗十思疏》，首先让学生比较两个不同版本的注释差异，和同学们讨论哪些注释虽然注法不同，但本质是一样的，哪些注释是有本质差异的，哪一家的注释相对更好，为什么。通过这个环节不仅对文本有了扎实的理解，而且非常有效地培养了学生推敲文义的能力；然后再比较文本删减的不同，组织学生讨论，从文章主旨的表现、文章结构的完整、文章语势的流畅等角度来判断到底该不该删。教学效果非常显著。

一位老师教学《散步》，以教材和原文做比较，以第2段“有一些老人挺不住”后面该不该删去“在清明将到的时候死去了”，第6段“一霎时，我感到了责任的重大”后面该不该删去“就像民族领袖在严重关头时那样”作为凭借，展开学习活动。先用屏幕呈现这两句话，转引了作者自己的看法，引导学生讨论：有人说，第一处该删，因为与前一句重复；因为中华民族的传统文化忌讳死；因为和春天的景色不协调。也有同学认为不该删，因为加这一句可以承接前一句“挺”，又照应下文“母亲又熬过了一个冬天”的“熬”；因为删了这一句，“挺”和“熬”就没有了着落；因为这一句照应了“我伴同他的日子还长”，言外之意，伴同母亲的日子短；因为有了这一句，和“死”比较，表现对亲情和生命的格外珍惜。对第二处的理解也是如此。有人说这样写太夸张了；也有人说大词小用，表现决策艰难，和全文轻松气氛协调。教学效果非常理想。

要注意的是，利用版本资料作为教学凭借，其意图不是判断版本的优劣，而是借助版本差异引导学生学习语文，目的在于培养学生阅读能力、探究能力和语文综合素养。

七、名家评点

许多经典作品，尤其是古代诗文，前人为我们提供了许多阅读鉴赏的文字。这些资料是非常宝贵的教学资源，以它们为教学凭借可以很好地优化我们的教学。

一位老师教学杜甫的《登岳阳楼》，引入了唐庚《唐子西文录》的评点：“尝过岳阳楼，观子美诗，不过四十字耳，其气象闳放，含蓄深远，殆与洞庭争锋，所谓富哉言乎者。太白、退之辈，率为大篇，极其笔力，终不逮也。杜诗虽小而大，余诗虽大而小。”教师首先让学生思考：“小”和“大”分别指什么？（“小”指篇幅，指只写一个人；“大”指气象，情感）然后再讨论：哪一联最能表现“气象闳放”？“吴楚东南坼，乾坤日夜浮”写出了洞庭怎样的自然景象？是谁赋予它气势雄阔的力量？（是诗人的内在情感）再接着讨论：复杂的情感怎样在很小的篇幅里和壮阔的景联系在一起？（一个人感慨的是国家的衰微和百姓的苦难，他的胸襟则是阔大的）由小到大，什么大，为什么大，谁使之大，小大之间是什么关系？一首古诗的欣赏，依赖于一个成功的教学凭借。

八、相关知识

语文学科的知识教学是一个比较复杂的问题。但有一点要特别注意的是，语文教学中的知识（狭义知识）本身并不是学生要掌握的内容，绝大多数情况下，语文知识的学习常常都是为学生的学习活动服务的。因此，以语文知识为凭借，也是常见的形式。

一位老师教学鲁迅的《风筝》，学生初步阅读评点交流自己的理解后，教师让学生阅读几则资料，了解了“鲁迅风”和“白描”的知识，引导学生更深入地解读文本。这是以语文知识为凭借，没有这样的凭借，学生对文本的解读就没有这样深入。一位老师教学《甜甜的泥土》，为了引导学生理解结尾的妙处，先介绍了“欧·亨利结尾”的内涵，并且结合作品做了说明，然后让学生谈谈文本的结尾有什么特点和效果，学生的分析鉴赏大多都比较准确和深入，这与以知识为凭借有着紧密的联系。

曹国庆老师教学小说《铃兰花》，为了让学生理解小说的艺术手法和主旨，先让学生替换小说的题目，然后PPT呈现有关铃兰花的资料：“这个花产生于欧洲，传说是亚当和夏娃听信了大毒蛇的谎言，偷食了禁果，守护神圣·雷奥纳多宣誓一定要杀死大毒蛇，在与大毒蛇的英勇作战中，精疲力竭，与大毒蛇同归于尽。森林里的全体小精灵为了赞美圣·雷奥纳多，便在森林里开满了紫色的芬芳的美丽的铃兰花。”这一关于金色花的介绍无疑是一个成功的知识凭借，不仅使学生对小说的标题艺术有了深刻理解，而且非常自然地深化了学生对小说主题的理解。

一位老师教学《湘夫人》，PPT介绍了一系列香草的俗称和特点，引入香草美人的象征手法，然后引导学生对作者的思想感情进行解读，不仅知识的处理比较得当，而且拓展了学生的知识领域，也有效地深化了对诗歌思想感情和主旨的理解。一位老师教学《读〈伊索寓言〉》，首先介绍“竖着读”的读书方法，然后让学生进行尝试阅读，再组织深入的阅读，效果也非常理想。这是以读书方法作为凭借。

由于语文知识包含的范围十分广泛，所以以语文知识为教学凭借的教学设计形式也十分多样。

除了前面的几种，阅读教学凭借还有掌故逸事、学生问题等多种凭借形式，而具有教学创意的老师更会针对具体的教学和具体的教学目的设计出成功的教学凭借设计。

凭借设计的基本原则

我们认为，成功的教学凭借设计必须体现这样一些基本原则：

一、意图正确

课堂教学的每一个环节，每一个活动，都应该有着鲜明而正确的意图。从某种意义上说，教学凭借设计也是教学过程中很重要的教学活动和学习活动。我们前面列举的成功课例无不说明了这一点。但我们也看到很多反面的课例，教者设计教学凭借的意图并不十分清楚，甚至令人莫名其妙。

一位老师教学《项羽之死》，PPT出示了八幅项羽的头像照片，有的头戴盔甲，有的方巾长衫，有的是京剧脸谱，有的是漫画手法，有的居然还有头角装饰，有手绘的，有Q版的，有的大同小异，有的相去甚远，让学生说说分别喜欢哪一幅。学生的回答真的是五花八门，有的学生说喜欢身穿盔甲的，因为显得很酷；有的学生说喜欢方巾长衫的，因为显得很帅。说喜欢潇洒的有，说喜欢英俊的也有……但内容几乎和文本没有关系，与文言文学习没有关系，甚至和项羽本人也没有关系。真不知这样的教学凭借设计要达到什么样的目的，有什么样的教学意图，有什么样的学习价值，与文本与人物理解与文言文阅读能力的培养有什么关系，希望学生如何回答，学生又根据什么去确定。如果说有什么意图，那就是要显示教者手段的求新，那就是要使课堂气氛更加热烈。

有时候，看起来和教学内容有一点联系，但真要从教学整体过程和学生学习的角度加以分析，就看出教者设计教学凭借的意图不明确不正确。一位老师教学《黄河颂》，一开始就是一段黄河视频，要求学生用词语描写黄河形象的特点（学生的概括有：一泻万里，气势磅礴，波浪滔天，奔流不息，汹涌澎湃，万马奔腾，惊涛拍岸等），接着就讨论“颂”是什么意思，为什么要“颂”黄河（母亲河，哺育中华儿女，民族摇篮），再接着读文章，解决生字词，分析诗的结构。在这样的教学过程中，开头一段视频有什么作用呢？对学生的诗歌理解和赏析有什么帮助呢？很显然没有，凭借的意图不清楚，价值不大。

二、内容合理

教学凭借设计，要实现为教学服务为学生学习服务的目的，就必须和教学内容有着内在的必然的联系，如果内容缺少必要的联系，就很难为教学服务。

一位老师教学《烛之武退秦师》，PPT出示一段话让学生填空：“秦晋征讨郑国，其理可谓（ ）矣；强敌压境，其势可谓（ ）矣；临危受命，其情可谓（ ）矣；一番说辞力挽狂澜，其言可谓（ ）矣；秦伯背盟结盟，其行可谓（ ）矣；晋文公果断撤军，其人可谓（ ）矣；翻云覆雨敌我互换，其因皆为（ ）矣。”参考答案是：谬、危、义、妙、滑、知、利。设计教学凭借，让学生概括全文内容，深入理解文章，从方法的角度看是可取的，但凭借的具体内容却很值得推敲，尽管教者说“意思对即可”，但从参考答案还是可以看出有许多悖逆情理和违背语文常识的地方。比如“秦伯背盟结盟，其行可谓（滑）矣”，是什么意思呢？很费解。既然连答案我们都看不懂，学生又如何下手，哪怕是“意思对即可”。如果大胆揣测，“滑”，似乎是“滑稽”，但“滑稽”在文言文中是否表达为“滑”呢？而且这里秦伯的行为说是“滑稽”就真有一点滑稽了，或者可以理解为“狡猾”，但“狡猾”更不能说成“滑”啊。再如“秦晋征讨郑国，其理可谓（ ）矣”一句，按照“参考答案”应该填“谬”，姑且不说文言文“征讨”一般不连用，就从词义来看，“征讨”都是攻打不义者，攻打义者一般用“伐”。就是说，既然是“征讨”，后面再说“其理可谓（谬）矣”，逻辑上就有矛盾，至于“临危受命，其情可谓（义）矣”，“情”和“义”之间如何构成主谓关系等，也都值得推敲。更重要的是，这些内容都是教师分析文本的主观结论性文字，而不是学生阅读文本就可以概括出的内容，因而这样的安排就显得很不合理。有很多初中老师教学现代散文和外国小说，动不动就引入大量老子、孔子、庄子的话作为教学凭借，看起来很有厚度很有高度很有深度，但凭借内容和教学内容却常常风马牛不相及，学生对这些资料也不得要领甚至基本不理解，就很难有理想的教学效果。

三、重心适当

有时候，有些教学凭借设计的内容基本是可取的，但常常重心把握不当，也会导致教学凭借设计的失败。

一位老师教学《核舟记》的第二节课（第一节教学语言，第二节教学文化），先用多媒体展示核舟的定义和说明：“核舟是微雕的一种，它专门选取核桃（现在也有用橄榄核的）雕刻成长舟或小船。微雕是我国传统工艺美术品中最为精细微小的一种工艺品。它是在米粒大的象牙片、竹片或数毫米的头发丝上进行雕刻的，其作品要用放大镜或显微镜方能观看到镂刻的内容，故被称之为绝技。”然后教师拿起一个橄榄核给学生看，说：“据考证，八分约为1.96厘米，二黍约为0.49厘米，老师手里拿的这个橄榄核，长约1.96厘米，高就是0.49厘米。”老师把橄榄核放在一张白纸上，用手托着，在教室里走一圈，展示给学生看，学生的表情都非常吃惊、意外。接下去，让学生拿出课前折好的纸船，把作者描述的内容都画在自己的船上，画完后，让学生谈感受（结论是“王叔远太厉害了”），再让学生带着问题“情态生动画出来了吗”看书，最后读出作者的赞叹。这位老师教学凭借的设计不可说不用心，既有文字凭借，又有实物凭借，但效果并不好。因为他把整个教学的重心放在了赞叹王叔远的技艺上，而作为阅读教学，我们的教学重心应该放在作者描述核舟的语言艺术上，作为文言文教学，重心应该放在文言文阅读能力的培养上。而教者的教学凭借设计，在这些方面都并没有什么价值。

一位高中老师教学《兰亭集序》由毛笔导入，以作者的书法作品拓本为教学凭借。这并非不可，但他把教学的重心放到欣赏王羲之的书法之美上，先是欣赏20个“之”的不同写法，分析“痛”字浓笔用墨的内涵，再思考作品中有几处为什么要修改。这也是犯了教学凭借重心不当的错误，把教学重点由文章的理解和赏析转移到书法作品的鉴赏和分析上了。

四、轻重适宜

教学凭借内容过多，必然会冲淡教学重点，分散学习注意力，也是教学凭借设计一个十分普遍的问题。

一位老师教学季羡林先生的《幽径悲剧》，为了理解反衬手法，先是引入了杜甫的《春望》：“国破山河在，城春草木深。感时花溅泪，恨别鸟惊心。烽火连三月，家书抵万金。白头搔更短，浑欲不胜簪。”接着又引入《红楼梦》“当时黛玉气绝身亡……好不凄凉冷淡”一段100多个字的片段，很显然没有这样的必要，只要引“蝉噪林愈静，鸟鸣山更幽”一联诗句足矣。

一位老师教学舒婷的《致橡树》，为了让学生理解木棉形象，先让学生诵读席慕蓉《一棵开花的树》16行近200字的一首诗：

如何让你遇见我
在我最美丽的时刻　为这
我已经在佛前　求了五百年
求它让我们结一段尘缘

佛于是把我化作一棵树
长在你必经的路旁
阳光下慎重地开满了花
朵朵都是我前世的盼望

当你走近　请你细听
那颤抖的叶是我等待的热情
而当你终于无视地走过

在你身后落了一地的
朋友呵　那不是花瓣
是我凋零的心

然后教师配乐诵读，再组织讨论这是什么样的树（学生回答：热情，伟大，绝望，坚强，痴情，坚定），交流对这种爱情观的看法，然后讨论应该追求什么样的爱情，再出示几条网友评论，引起讨论，最后是畅想爱情，老师亮出自己“平凡的浪漫”的爱情观。这样的教学凭借设计偏离了教学的重心，没有为诗歌欣赏服务，而是为爱情讨论服务，即使需要，也绝不应该引入这样多的文字资料，更不该以此为平台组织这么复杂的学习活动。

一位老师教学罗素的《我为什么而活着》，为了引导学生理解作者为人类的苦难活着，先是PPT一组苦难照片，有饿死的孩子，有战争中的难民，有乞讨的老人等，然后是PPT罗素为人类所做的贡献，尤其是一战二战中反战的活动，再是PPT罗素自传最后一页中长长的一段话：“我一直生活在对梦想的追求之中……”教者一口气用了三个教学凭借设计，可谓用心良苦。但我们以为只用第二个凭借就足够了。一组苦难照片，根本就没有必要，既没有针对性，也没有必要性。从文体看，议论文教学，应尽量少用图片一类的资料。

五、方式适当

教学凭借的设计，也是一种课堂学习活动，因此采用适当的方式让学生开展活动，即根据具体学习内容选择适当的方式也是教学凭借设计必须遵循的原则。

一节作文教学课内容是“让文章丰富起来”，指导学生用细节写人，为了让学生理解细节，教者让学生看自己从口袋里掏出100块钱的动作，讨论这个动作是不是细节。这个教学凭借方式也是不合适的，因为从口袋里拿钱的动作本身很难说是不是细节。细节是写作者的观察理解和根据主题表现的需要而采用的描写方式，同一个动作，可以用细节描写，也可以不采用细节描写。

有时候，不适当的教学凭借设计，会破坏教学的安排和学生的学习活动。一位老师教学《雨巷》，出示自己改写的《寻寻觅觅》帮助学生理解主旨，再让学生结合这首现代诗的诗句改写陆游等人的古诗。这个教学凭借的设计，就很不恰当。很可能教者的改写的确不错，但毕竟不再是戴望舒的《雨巷》，而是教者心中的雨巷，让学生根据已被教者改写的作品欣赏诗歌，肯定是不合适的。用古诗作为教学凭借理解现代诗的一些意境，不是不可以，但要去改写，就显得做作并且违背了语文学习的基本规律。

教学凭借的适当，最重要的是指切合教学规律，真正满足学习的需要，的确能为学生的学习服务。有一节作文课，老师带来一个蓝色布袋和一个工具箱走进教室。上课了，老师先让学生猜猜布袋里是什么，学生有的猜是馒头，有的猜是橘子。老师轻轻一摇口袋哗哗作响，再让学生猜，有的猜是石头，有的猜是麻将。老师又让学生摸一摸再猜，有学生猜是核桃。打开一看，果然是核桃，学生一阵欢呼。老师说，今天的任务就是吃核桃，教室里爆发出一阵掌声。老师要求每个同学必须用不同的方法打开核桃，才能享用。第一个同学用脚踩，第二个用牙咬；后面的同学，有的用门角压，有的用椅子轧。老师提醒要注意工具箱，同学们一拥而上，于是锤子、钳子、铁尺都用上了，前后用了三十多种方法打开了核桃。其他同学再也找不到新方法了。老师摇摇工具箱，从里面拈出一个小刀片："这个工具怎么没人用啊？"原来同学们认为这个工具没有用，于是老师示范如何用刀片弄开核桃，并抒情地描述一家人在冬天的夜晚围炉而坐，这样剥核桃的"美妙"情景；接着老师又收一个女生为徒，教授如何用刀片剥核桃，然后这个女生再把小秘密告诉同学们。最后让学生说说这节课精彩在哪里，由这些精彩你想到了什么。同学们想到的是：吃核桃也有学问，把难事变简单要动脑筋，要苦苦追求才能美美享受，任何东西都有弱点……教师这才布置写作任务：根据你的感想，写一篇作文。这个案例值得我们思考的问题很多，这里要讨论的是：作文教学需要这样的活动吗？这样的活动对学生的作文真的有用吗？恐怕都是否定的回答。

六、简约明白

可以说，教学设计的烦琐复杂是一个普遍的问题。

一位老师教学《紫藤萝瀑布》，作者介绍分为几个层次，先是让学生介绍，接着教师补充，出示一个很漂亮也很复杂的课件，课件的页面上有几个卡通形象，让学生选择一个自己喜欢的形象，教师点一下这个形象便链接出一段资料，资料还有些涂色的内容，便问学生“要不要了解一下这个故事”，如果学生说要，就再点一下链接出又一层资料。尽管形式活泼，但既不适合具体的教学内容，也脱离了教学的具体目的，更没有体现语文学科的学习特征，纯为游戏式的活动。

一位老师教学戴望舒的《雨巷》，让学生想象诗歌的意境，却提供了丰富的图片。很显然，教者提供图片是为了帮助学生展开想象，殊不知这个多余的教学凭借恰恰限制了学生的想象空间，而且图片意境和诗歌意境的差距会误导学生的理解和想象。另一位老师教学《雨巷》，一开始就让学生听《丁香花》这首歌，思考：歌中唱到了什么。屏幕演示少女形象，教师朗诵歌词，然后指名学生朗读课文。中间出示《你是我的玫瑰花》的歌词，让学生听歌，比较“玫瑰”和“丁香”意象的不同点（丁香忧愁，哀婉；玫瑰热烈，奔放）；接着，又出示丁香花的大段介绍，再出示李商隐《代赠》诗：“楼上黄昏欲望休，玉梯横绝月中钩。芭蕉不展丁香结，同向春风各自愁。”接着，又介绍背景，了解作者被通缉的苦闷；学生引用古诗再现雨巷的情感，教师展示自己加入雨巷意象的《声声慢》：“空巷破篱，更兼细雨……”学生交流根据古诗改写的表达感受的句子（“错错错”、“丁香花，独徘徊”等）。最后教师展示七绝《读〈雨巷〉后》：“伊人已随梦幻去，雨巷空余徘徊人。伊人一去不复返，细雨哀曲梦断魂。”整个教学过程，不断被教学凭借打断，几乎全被种种外在的资料占领。一堂课的教学空间是有限的，外来的东西多了，学习的空间就小了，繁复的教学凭借设计对语文教学是非常有害的。

一位老师教学《活版》，先让学生认真阅读原文，列出活字印刷术的每一道工序，然后按照要求进行复原试验，选择泥土，刻字，用火烧，制版，老师准备了铁板、铁框、松脂、蜡、灰纸、印泥等工具和材料。以活动作为教学凭借，很有创意，但这样做很显然失之于烦琐，有喧宾夺主之嫌。

课例4　《白雪歌送武判官归京》教学实录

师：今天我们一起学习《白雪歌送武判官归京》，课前请你们凌校长布置了预习作业，还记得吗？

生：记得，就是要看一下翻译嘛。

师：不是。是凌校长说错了，还是我说错了？

凌校长：我没说错，我说的是背诵。

师：你也不对。难道是我说错了？我的要求是默写。

凌校长：是的。

（生笑）

师：我和我们班的同学说，学习古诗，能不能背诵不要紧，只要能默写就行。（生笑）会背诵，考试写不出来有用吗？没用。——现在有没有同学愿意到前面来默写的？（没学生举手）有没有同学来尝试着默？把书拿在手里，争取不看，需要时再看，好不好？（还是没学生举手）这主要是一种精神哦。有没有？一个都没有？（一女生举手）好，非常好。还有哪两位？勇敢点。（一女生举手）我觉得最起码要有一位男同学。如果一个男生都没有，这节课我就不想上了。（一男生举手）好，非常好。不着急，我先给你们分分工，这首诗一共多少句？

生：不知道。

师：有没有人知道？

生：九句。

师：说九句是可以的，但是不准确。

生：啊？

师：对，古诗的句数不是按句号而是按逗号。好的，我们三位同学一人默六句。默不出来可以看书，争取不看。其他同学默写任意六句可以，看着他们默写也可以，他们默不出你上来帮一帮也行。

（生默写）

师：默好了就先回位。我们下面来评点一下他们三个人的默写。我们先把三位同学的默写看作三幅书法作品来评价一下，你们觉得哪幅最好？

生：第一幅。

师：第一幅，如果我们要评二甲（上课的学校是南通市二甲中学）的话，它算一甲对不对？这幅作品，字写得很有功力，布局也比较合理。这两位同学呢，布局就有点局促。下面空得太大，安排不够合理。我们再按默写的要求来看。首先我问大家，三位同学有一个共同错误，你们有没有看出来？

生：他们都没写标点符号。

师：这位同学语文素养很好。这就是语文，千万不要轻视标点。下面请这三位同学自己读，看看能不能读出错误来。第一个同学——

生读：“北风卷地白草折……”

师：有没有错的？

生：有。

师：哪一个？

生：“裘”和“衾”。

师：自己去改一改好不好？“裘”是个形声字，下面是个衣，上面是要求的求。“衾”这个字怎么读？前鼻音，也是一个形声字，下面也是一个衣，上面是今天的今，今天的今就是前鼻音。其他有没有错啊？

生：没有。

师：好的，你回位吧。其他同学有没有发现错误？这位同学发现了。

生：我还发现他有个错误，“北风卷地白草折”的“白”，不是“百”，多了一横。

师：嗯，多了一横，好的。这个字默错的同学特别多。白草，是白颜色的草，是北方特有的一种有韧性的草，到冬天它枯萎了就显出白色来，叫白草；而不是有很多的草。有没有发现其他错误？嗯，没有，看第二位同学的。

生："将军角弓不得控……"

师：有没有发现错的？

生：没有。

师：好，其他同学有没有发现有错误？也没有，我也没有。他们这两位同学读的字音都特别的讲究，我觉得普通话都比我好。大家注意"散"读sàn，不能读sǎn。"将军角弓不得控"的"控"读"kòng"。"控"是什么意思啊？

生：拉开。

师：非常好。请坐。他在默的过程中我注意到一个细节，他一开始有一个字是空着的。大家有没有发现呢？（学生：掣）对，是这个掣字。掣是什么意思啊？有一个成语叫——风驰电掣（部分同学）。掣，就是拉，上面是制度的制，下面是手。

好，三位同学的默写非常不简单，一位都没有看书，也几乎没错。下面我们一起来欣赏这首诗。有的人认为，这首诗的内容就是围绕两个字展开的。你们能不能说说是围绕哪两个字？

生：送别。

生：友情。

师：其他同学有没有不同的意见？我们一起来读一读，好吗？

（生读）

师：好的，读完以后大家一起看是写"送别"两个字呢，还是写"友情"两个字呢？

生：咏春。

师：咏春，咏颂春天？嗯，这首诗中哪句是写春天呢？

生：忽如一夜春风来。

师：忽如一夜春风来，这是咏颂春天的吗？请坐。我说你像个男孩子——你是个男孩子吗？（学生：不是）对，说"如春天"，就不是春天了。其他同学有没有不同意见？

生：是写边塞生活的。

师：是写边塞什么生活的？

生：军旅生活。

师：军旅生活，大范围是不错，但写军旅可以从不同的角度写。岑参他是从哪个方面写的呢？我们再读。

（生读）

师：我发现自己犯了一个错误，让学生读来读去，有一个关键的句子没让大家读。哪个句子呢？——是的，题目。把握诗的内容啊，抓住诗的题目挺关键的。对不对？大家能把题目背出来吗？

师生：白雪歌送武判官归京。

师：好的，现在来看看全诗主要围绕哪两个字呢？

生：边塞送别诗。

师：几个字？对，边塞送别诗。那全诗主要围绕哪两个字呢？

生：送别。

师：送别，那你是跟她一样的。全诗就写送别吗？

生：歌颂。

师："歌"在这里是诗歌的一种形式。歌谁呢？这首诗的关键还有哪个字啊？

生：雪。

师：还有一个呢？

生：送。

师：对。很多人都认为这首诗就是围绕"送"和"雪"展开的。如果这种说法有道理，你觉得前边部分主要是写"雪"还是写"送"？

生：雪。

师：从第一句到哪一句侧重写雪呢？

生：到"愁云惨淡"。

师：对。前面主要写雪，后面主要写送。前面的诗句让我们看到漫天的大雪，可写雪中有没有写到送别？

生：没有。

师：一句都没有？

生：愁云惨淡万里凝。

师：对。为什么"愁"呢？离别之愁。说这首诗紧扣两个字，前半写雪后半写送，但也不是绝对的。愁中看到离别，后半部分写送，能不能看到雪啊？

生：能。去时雪满天山路。

师：这首诗紧扣两个字，先写雪为主，后写送为主，同时又把雪和送融合在一起。这是我们对诗的内容的理解，下面我们再从更高层次来感受欣赏这首诗。苏轼说王维的诗“诗中有画”，我觉得大多数古诗中都有画。同学们欣赏古诗，就是要能从诗中读出画来。现在请同学们说说你从哪一句能读出画来？请你描述这幅画面。

生：忽如一夜春风来，千树万树梨花开。

师：你描述一下你看到的那个画面。

生：好像一夜春风吹来，千树万树梨花盛开。

师：嗯，挺好的，请坐。可基本是翻译，画面感还不强。你是哪一句啊？

生：将军角弓不得控，都护铁衣冷难着。

师：你看到的是什么样的画面？

生：边塞环境很冷，而且风雪很大，从这句话中我看到了边塞将士的艰苦生活。

师：看到了边塞将士的艰苦生活。挺好，可主要是分析，有点虚。什么是画面感呢？——大家看教室后面有一幅画，上面有山有红色的树有水还有船，这是画面感。能不能展开具体的想象和描述？能不能看到边塞的山上站着一位什么样的将军，他手里拿着什么？

生：弓。

师：身上穿的是什么？

生：铁甲。

师：这将军和都护是什么关系？

生：将军是一个军中的将领。

师：都护呢？

生：都护就是他的手下。

师：这样理解已经很不容易了。

师：再看下一句，将军角弓拉开了，都护怎样啊？

生：都护穿着铁甲。

师：将军穿不穿铁甲？都护有没有弓呢？

生：也穿，也有。

师：对，非常好。这就叫互文。什么是互文呢，两句话合在一起表达一个完整的内容。在这个地方，将军就是都护，都护就是将军。将军穿铁衣，都护也要穿铁衣，将军拉弓，都护也要拉弓，将军的弓拉不开，都护的弓也拉不开。其他同学从哪些诗句中读出了画面？

生：山回路转不见君，雪上空留马行处。

师：描述一下。

生：山回路转不见了友人，雪山下，站在帐篷门口，望着雪上留下的一串串马蹄印。

师：嗯，非常好，画面感很强。请坐。其他同学呢？好，前面的同学。

生：纷纷暮雪下辕门，风掣红旗冻不翻。友人离去的时候下着纷纷大雪，大雪纷纷之中，红旗冻在冰冷的寒风里。

师：嗯，理解得非常好。还可以补充一下，更丰富一些。我们眼前的情景是一个什么样的地方呢？

生：是边塞。

师：对，在寒冷的北方边塞，远远地看到一个军营的辕门，辕门上的红旗已经冻得——

生：在空中无法飘动。

师：对，无法飘动。好的，其他同学？

生：散入珠帘湿罗幕，狐裘不暖锦衾薄。雪花从珠帘里飘进来，沾湿了罗幕，穿着狐裘皮大衣也不觉得暖，盖着用锦缎做的被子也觉得薄。

师：哎，很好。散入珠帘湿罗幕，雪花到底是从哪里飘到哪里？从珠帘里飘进来——

生：从外面飘到珠帘里。

师：对，这样才准确。可是用“飘”还不够好。（学生：钻）对，大雪纷纷，雪花从外面钻进厚厚的帐篷里，更好。这珠帘和罗幕的关系也是互文关系。这珠帘啊是一种美化，那个帘子不一定是一条线穿很多珠珠的那种。用珠、锦，是对它的美化，起诗化作用，并不是写实。包括那个狐裘，是不是说每一个人都穿着狐裘啊，也不一定。还有哪位同学？

生：北风卷地白草折，胡天八月即飞雪。我看到了呼啸的北风吹过了大地，地上长满了白草，被风一吹就折断了，然后灰蒙蒙的天空飘着的大雪就堆积到了地上。

师：想象力够丰富的哦。想象越来越具体丰富。大家一起来补充一下。她说呼啸的北风吹过大地，你们修饰一下大地，什么样的大地？加个修饰语。

生：荒凉的。

生：广袤的。

师：还有没有其他的呢？

生：塞外荒漠的。

师：荒漠的，他用了一个荒，我觉得挺好的啊，边塞嘛，荒漠。广袤无垠强调广，除了广，我觉得还应突出这个荒。好的，其他同学还有没有哪一句读出画面感了？

生：中军置酒饮归客，胡琴琵琶与羌笛。中军置酒在军帐中送别武判官，弹着胡琴琵琶还有羌笛来助兴。

师：嗯，挺好。这幅画面有两个主要人物，一个是送人的人，一个是被送的人，还要弹琵琶，还要弹胡琴，吹羌笛。是这两个人弹奏还是身后的人弹奏？

生：身后的人。

师：这个胡琴琵琶可不可以换成二胡竹笛？

生：不行。

师：怎么不行？

生：因为他们在边塞，怎么会有中国的乐器？

师：前面一句回答得很好，因为在边塞。但后面一句回答得不好，胡琴琵琶也都是中国的乐器。——当然她说的也不错，当时的“中国”和现在的“中国”不是一个概念。胡琴琵琶和羌笛，都表现了边塞的特色，而且胡琴和羌笛的音调都比较苍凉，特别能渲染离别的愁绪。好的，大家描述了很多诗句。我们一起来想象这样两句诗：瀚海阑干百丈冰，愁云惨淡万里凝。大家想想这个画面是一个什么样的情景。瀚海是什么地方？

生：是沙漠，一片沙漠。

师：对，非常大的一片沙漠。沙漠上到处都是什么？

生：冰。

师：对。冰上还有纵横交错的冰痕。天上飘着什么样的云啊？

生：愁云。

师：愁云是主观的，你们想象一下天上的云应该是什么颜色？

生：白色。

生：灰色。

师：灰色好，有沉重感。对不对？我们回过头来看看啊，全诗中最具有画面感的是哪几句？

生：忽如一夜春风来，千树万树梨花开。

师：还有哪句？

生：山回路转不见君，雪上空留马行处。

师：非常好。有人说，白雪歌十八句诗，四句足矣，我觉得很有道理的。大家把这四句连起来再读一遍好不好？

（生读）

师：刚刚有同学想象过“忽如一夜春风来，千树万树梨花开”这个画面，但是不够丰富具体，因为是第一个描述很不容易。现在我们一起来完成。我们班同学有没有学过画画的？如果要用一幅画来表现这个意境这个情境，这个画面主要的形象应该是什么？

生：树。

师：对，树。还有什么？

生：雪。

师：雪。“千树万树”怎么画？没办法，我们可以以少见多，以虚写实。雪怎么画呢？

生：在树上画五瓣的像雪花一样的花。

师：她说要在树上画像雪花一样五瓣的花，这样画好不好？——如果用语言描述，说无数棵的树上是一片一片五瓣的雪花。这样的描述好不好？

生：不好！

师：那你们会怎么描述？

生：我觉得不应该画五瓣的雪花，因为雪落在树上会融化。

师：那应该怎么办呢？

生：可以画一些雪压着树的情景。

师：你能想象这个情景吗？

生：能，但是画的时候……

生：白色的雪就像粉末状一样压在树上。

师：他的意思是雪是粉末状的。请坐。大家想一想，树上的雪是一片一片五瓣的呢，还是粉末状的呢？或者还是其他什么样子的呢？

生：应该在树枝上画上白白的一片。

师：嗯，一片，一大片。有没有同学有更好的说法？

生：应该是一团一团的。

师：一团一团的，对。我也想过，一团一团的，一片一片的，一瓣一瓣的，还有一大片粉末状的。其他同学有没有想象到？

生：我想通过树枝来体现雪。

师：那是什么样的雪呢？你是从侧面画雪，把树枝画得弯弯的，可是树上的雪怎么画呢？

生：一层一层的。

师：一层一层的，像云一样。有没有更丰富、更切合诗意的想象？

生：一堆一堆的。

师：太棒了！粉末状的，一片一片的，一瓣一瓣的，一团一团的，一堆一堆的。哪个最好？对，一堆一堆的。因为雪太多了，雪一下就冻起来了，而且还要像梨花，所以应该是一堆一堆的。现在我们这幅作品已经完成了（学生笑），如果用两句诗作为这幅画的题目，应该是什么？

生：忽如一夜春风来，千树万树梨花开。

师：如果用三个字作为这幅画的题目应该叫什么？叫什么？对，叫"白雪歌"。（学生笑）这是我们二甲中学初三（2）班同学集体的作品。下面我们来看"山回路转"，如果我们要画表现"山回路转不见君，雪上空留马行处"的诗意画，你们觉得用上下的纵幅还是横幅好？

生：竖着的好。

师：为什么呢？

生：我觉得竖着更有画面感。

师：横着的就没有画面感吗？

生：竖着可以表现山路迂回。

生：就是能够画出那种意境来。

师：有道理。这幅画要不要画人？

生：不要，画马蹄。

师：倒是很含蓄，但是怎样表现诗的主题呢？我们前面的一幅画叫白雪歌，这幅画叫什么好呢？

生：送武判官归京。

师：真聪明。紧扣这个主题，你们觉得要不要有人啊？

生：要。

师：要画人，画在哪里？是边上，还是中间？

生：不能在中间。

师：为什么？

生：人物在中间，他面前的空白就小。

师：对，应该靠着边，这样容易表现“雪上空留马行处”，而且和诗歌的豪迈磅礴的意境更吻合。这幅画呢还应该有个背景。什么样的背景？

生：山。

师：为什么要有山？

生：诗中有山。

生：边塞的特点。

师：很好。山上有什么？

生：草。

师：有草就是边塞吗？

生：雪。

师：雪这里有了呀，有雪就是边塞吗？

生：沙漠。

师：沙漠就一定是边塞吗？

生：军营。

师：对。但军营要不要都画出来呢？不要。注意是在哪里送别的？在轮台东门，大概是城堡的东门。我觉得边塞的代表性东西不能缺，是什么呢？

生：辕门。

师：对。这个辕门不能少，而且辕门上或者辕门前还应该有一个东西，是什么？

生：旗子。

师：哎，“风掣红旗”的嘛，风掣红旗冻不翻。——“山回路转不见君”，这个君要不要出来？

生：要。

生：不要。

师：我觉得不能要。一出来就破坏了意境，因为是“不见君”，有马行处，就行了。对，马蹄的脚印。让将军面对着弯弯曲曲时隐时现的马蹄印，思念他的朋友。看着朋友远去的马蹄印他肯定是站了很长时间，又牵挂又怀念又不舍，对不对？如果你是岑参，你送别朋友，看着朋友远去留下的马蹄印，你会想到什么呢？——现在我们回到刚才的问题，四句诗就够了，岑参为什么除了这四句外还写了那么多呢？

生：衬托。

生：更具体。

生：更丰富。

生：更生动。

师：写诗和写文章一样，所有内容都是为主题服务的。这首诗的主题是什么？写雪，写送别，表现边塞生活。所以，有了其他内容，可以把主题表现得更丰富突出。

下面我们通过诵读来进一步深入体会作者的情感。有没有同学愿意来读一读，比一比，谁对作者送别之情理解得最到位？有没有？

没有？如果你们互相不愿意比，有没有哪位愿意和黄老师比一比？你们看，黄老师普通话不好，嗓子也不好，跟我比你们赢的可能性大。（一位同学举手）好，这位同学要和我比。（又一位同学举手）啊，两位要跟我比啊。你们俩先比一比好不好？

（一生读）

师：你先和她比一比。

（一生读）

师：好，请坐。大家觉得她们谁读得更好？

生：差不多，都好。

师：都好，好在哪里？你们挑出一个最好的然后跟我比。你认为哪个同学读得好？

生：第二个同学。

师：好在哪里？

生：她有节奏感。

师：嗯，有节奏感。读古诗要有节奏，我觉得第一个同学的音色特别好，字音特别准。我还是想跟男孩子比。有没有哪位男孩子愿意跟我比呢？好的，我先读。我读完了，你们哪个男生来跟我比一比，好不好？如果你们觉得我读得不好随时鼓掌，我就停下来不读了，好吧？

（师读。节奏低缓，感情悲凉）

（师读完，生鼓掌）

师：你们到最后才拍手我很伤心。——啊，我不知道你们拍手的内涵啊，为什么拍啊？读得好啊？

生：好。富有感情。

师：富有感情就一定好吗？不一定。关键是这感情对不对。黄老师刚刚读的感情对不对？

生：对。

师：有没有觉得不对的？

生：我。

师：为什么？

生：我觉得这首诗虽然是送别，但不伤感。

师：你的理解很准确。其实，伤感是有的，但并不悲凉。黄老师刚才不叫伤感，叫什么？

生：哭泣。

师：叫伤心（生笑），叫悲凉，叫凄凉。这位同学说得多好啊，送别的情绪很丰富，有的是伤感，有的是痛苦。白雪歌送武判官到底是什么样的情感呢？黄老师刚才读得太凄凉了，而这首诗的情感是伤感而不凄凉，严寒中又有暖色，离别中充满豪迈。回头来看看，从哪里能看出暖色调来啊？

在苏州全国语文本色教学研讨会上做讲座

生：风掣红旗冻不翻。

师：你真了不起。掣，很有力，有豪迈之情。还有，这面红旗，暖色调，点缀出这幅画面的活力。“忽如一夜春风来，千树万树梨花开”这两句就更典型。对不对？比喻雪花的诗很多，李白也有，他说“燕山雪花大如席”，写雪花像睡觉的席子，也用的比喻，够夸张吧，但就是突出雪花的大。但岑参用春天写冬天，用江南写塞北，用梨花写雪花，充满了暖意。更重要的，理解古诗除了从文本去分析，还要了解背景。岑参是哪个朝代的？

生：唐朝。

师：对，他是盛唐时代的诗人。唐代是我们中国历史上很强盛的一个朝代，盛唐又是最强盛的时期。读书人、知识分子很多不甘心读书，都想干什么？

生：当官。

师：官迷心窍不可爱。——很多知识分子都很想去边塞，去沙场，去建功立业。杨炯就说：“宁为百夫长，胜作一书生。”岑参也是主动要求到边塞去任职，寻找建功立业的机会，所以这首诗从整体上来讲是豪迈的。

有没有哪位男同学能把豪迈读出来的？有没有？没有，那我们就集体读一读。我们把刚刚几个同学读的情况回顾一下。第一位同学字音读得特别准，第二位同学注意了节奏，黄老师的情感虽然把握得不是太好，但是注意了古诗的韵味。希望同学们注意这几点，还要读出豪迈来。

（师生一起读）

师：同学们，让我们带着这份古典的送别友情和对白雪的赞美结束我们今天的这节课。谢谢同学们，谢谢。

第五章

让课堂成为一首交响曲

教与学的矛盾及处理

教与学，是课堂教学最主要的矛盾关系。由于语文学科教学内容取舍的空间更大，教学关系对教学效果的影响更加直接等特点，这对矛盾关系的处理显得尤为重要。

根据我的观察，语文课堂教学之中，教与学的关系错位或脱节的情况非常严重。常见的有这样几种情形：

1. 教师从自己的教学需要出发，把自己的结论强加为学生的学习结果。

一位老师教学《大自然的语言》，第一个活动是用PPT出示一组图片，让学生根据画面内容和文字提示说说图片的内容。一幅图片是一片油菜花，上面有“三月”、“江南”等文字。学生归纳说：三月份江南的油菜花开了。一幅图片是一片抽穗的小麦，上面的文字是“五月”和“河北”。学生说：五月份，河北的小麦抽穗了。一幅图片是一台收割机在收割麦子，上面的文字是“六月”、“北京”。学生说：六月份，北京开始收割麦子。一幅图片是打谷场上稻子堆得像小山，文字是“九月”、“河北”。学生说：九月份，河北的水稻大丰收。另外还有新疆收棉花、北京收玉米等内容。最后老师归纳道：大自然用它的语言告诉我们四季的变化。很显然，无论是同学们的发言还是那些图片都不能得出这个结论，这个结论只是老师教学需要的结论，是老师强加给学生的。因为学生只是归纳了图片上的内容，而这些内容的归纳又不仅仅是依靠画面的信息，而更多的是依靠图片中的文字信息和现场人的活动。类似的情形，在课堂中并不少见。有些老师听了学生的发言或者在学生的表达不是很清楚的情况下，便随意地把自己的结论强加给学生：“老师知道，你的意思就是……”而这省略号中的意思并不是学生的意思，而是老师所需要的结论。我甚至听说过一个很极端的例子。某位名师上课，将话筒伸到学生的嘴边，然后就按照自己的意思一句一句教学生怎么说，将自己的想法变成学生的发言。孩子回去将这位名师的做法告诉家长，引起家长强烈的不满。这样的例子或许是极个别，但教师把自己的想法强加给学生的情况并不少见。

2. 课堂教学活动的安排，不尊重学生的学习规律，造成学生的学习活动难以进行。

一位老师教学《大自然的语言》，让学生分析掌握课文第一段的说明思路。从教学内容看，这是必要的，既符合这篇文章的文体特征和这篇课文说明思路清晰的特点，也符合初二学生的实际。这段话一共9个句子，1~4句写大自然春天的语言，5~6句写大自然夏天的语言，7~8句写大自然秋天的语言，第9句是总结句，说“在地球上温带和亚热带区域里，年年如此，周而复始”。本来，让学生理清这一段的思路是很容易的，只要弄清最后一句和前面8句的关系，以及前面7句的说明顺序就行了。我相信这对于初二或初一的学生都是不难的。可是这位老师先提出了分析层次的三点要求（因为PPT速度太快，我只记下了第一条：把每一层内容分解成单句，理解每一句的内容），然后介绍分析层次的方法，即第一个层面的层次之间用单竖线“|”隔开，第二个层面的层次之间用双竖线“||”隔开。接着自己先分析了第一个层次和最后一个层次，在黑板上完成板书：①②③④||⑤⑥⑦⑧⑨|⑩，再让学生分析其他层次。把一个本来非常简单的问题高度复杂化，使很多学生无从下手，不少听课的语文教师也感到莫名其妙。单是要求第一条的“把每一层内容分解成单句”就能搞得学生头昏，现在有多少学生能将课文的句子一一分解为单句呢？不要说目前的初中生高中生都没有系统学过语法，即使我们语文教师，甚至语法专家，又有多少人能将一篇文章的所有句子都分解为单句呢？何况今天的初中生有不少根本就不知道什么是单句呢。即使知道，即使学过，单复句的区分也是一个很复杂也有很多争议的问题。最重要的是，分析这样一段话的层次，需要“把每一层内容分解成单句”吗？另外，老师将前后两层分开，或许是给学生示范，或许是为了减轻学生的负担和难度，但结果恰恰相反，老师这样一弄，使学生分析的难度更加大。

3. 完全从主观愿望出发设计教学活动、组织教学，使教与学无法对接。

不顾学生需要的大段引述，看起来是教学内容的拓展，但处理不当，危害很大。一位老师教学琦君的《春酒》，悟解思乡之情时，引入作者“像树木花草一样，谁能没有一个根呢？我若能忘掉故乡，忘掉亲人师友，忘掉童年，我宁愿搁下笔，此生永不再写”，“来到台湾，此心如浮萍”等三大段文字，还有于右任先生的《望大陆》全文，用PPT快速滚动，我只能记下以上几个关键词，学生能看到多少，学生能理解多少，我不知道，也不敢乐观。更重要的是，学生读这样的文章，理解其中的思乡情需要这么多的文本资料的引入吗？如果说是拓展，在这样看也看不过来的拓展中，学生到底能够得到什么呢？学生还能去悟解作者在文章中表达的思乡之情吗？我以为，这样的资料引入恰恰阻断了学生和文本的关系，阻断了学生和作者的情感联系。

同样是这一课的教学，有一个花时间很多的活动，是让学生和作者比童年。看到教案时，我就觉得这样的活动值得推敲。看起来，课文是写童年的，每个学生也都有童年，比一比或许能够加深对课文的理解，或者能让学生认识到自己童年的幸福。但这只能是个凭主观想象的、脱离学生实际的设计。首先从学生的年龄看，初一学生14岁的年龄就回忆童年，无论从写作的角度还是人的生活经验的角度，都显得不够自然，比较做作，因为真正认识童年生活理解童年生活，是需要时间需要积淀需要回味，甚至是需要一点理性的。其次是仅仅凭这篇课文或者说PPT的几行文字介绍就能够判断琦君的童年是什么样的童年吗？就文章而言，琦君的童年是幸福的还是不幸福的呢？我们学生的童年是幸福的还是不幸福的呢？这是对比还是比较？是对比，他们的鲜明不同在哪里？是比较，他们的比较点又在哪里？恐怕最后只能“想怎么说就怎么说”。就像学到课文里有古代的清官就和我们今天的腐败对比一样，形式上是简单化的，逻辑上是不合理的。而且琦君的这篇文章其主旨并不是回忆童年。从教与学的关系看，是教脱离了学的实际。从后来课堂活动的实际情况看，几乎没有达成任何教学目的。学生的童年回忆，有的是说自己犯了错误，被爸爸打了，开始恨爸爸，后来理解了爸爸是为了教育自己；有的是追赶邻居家的鸡到处乱飞，有的是捉癞蛤蟆的过程。很显然，同学们对童年的理解是多么肤浅，和琦君的文章根本无法形成对比。我甚至可以想象，琦君童年或许也干过这样的事。

这就不是什么对比或比较了。

4. 不顾学生学习现场的表现，机械执行既定的教学计划。

一位老师教学《记承天寺夜游》，其中一个环节是问学生“月色入户”的“户”是什么意思，学生回答是“门”。老师问你是怎么知道的，学生当然说不出。于是用PPT出示“户”和“门”的字形演变过程，介绍了根据甲骨文的字形，“户”像“门”字一半的知识。再让学生说文言文中含有“户”字的词句。当有的学生说出“胡屠户”时老师置若罔闻，置之不理，当有学生说到“木兰当户织”时老师激动地写到黑板上并说“对，‘木兰当户织’的‘户’就是‘门’的意思”。再让学生说含有“户”的成语，联系到“夜不闭户”、“足不出户”等成语，让学生推断“家喻户晓”的“户”是什么意思，并出示《古汉语字典》关于“户”的几个义项让学生选择。我觉得从教学安排的角度看，这个环节是典型的节外生枝，因为学生对“月色入户”的“户”的理解并没有问题，教师仍按照原计划（已经做好了PPT）牵出这么一大段关于“户”的教学内容，尽管能够拓展学生的知识，但从整个教学过程的安排看，是没有必要的。而从教与学关系的角度看，这是典型的“学”服务于“教”，而不是“教”服从于“学”。一位老师教学陶渊明的《饮酒》指名学生读课文，学生的朗读并没有错误，老师还要追问学生“飞鸟相与还”的“还”到底读“hái”还是“huán”呢？有没有同学认为读“hái”？虽然并没有学生举手，老师接着还是指名不同的同学来读。结果不少同学反而无所适从了。然后老师引经据典地和学生大讲了一通两个字音的区别。最后又范读一遍，强调一定要读“huán”。很显然，老师备课时以为学生会读错，结果学生并没有错。但老师还是要想办法把学生先引导到错误上去，然后再讲一下准备好的知识，再示范一下，以示教学圆满。实际上，这样的教学看起来显示了“教”，却伤害了“学”。

5. 人为制造学习困难，干扰学生对学习任务的顺利完成。

教学活动的设计一定要充分考虑教与学的实际需要，否则不但不能发挥教师的教学作用，而且对学生的学习活动造成干扰。一位老师教学苏轼的《江城子·密州出猎》，为了引导学生品读“西北望，射天狼”一句，老师问：“苏轼对着西北方向望，能望到天狼星吗？”接着便无须学生回答，用PPT出示有关资料，通过天文知识说明“苏轼写这首词的时候是在密州，北宋的密州是现在的山东诸城，其地理纬度是36度，那么天狼星在密州所见到的最高高度是37度”，“在密州来看天狼星，只能出现在东南和西南，是绝不会出现在西北方向的”。又引述《史记·天官书》“弧九星，在狼东南，天之弓也。以伐叛怀远，又主备贼盗之知奸邪者”和《晋书·天文志》中“弧九星，在狼东南，天弓也，主备盗贼，常向于狼”，“狼一星，在东井东南。狼为野将，主侵掠”等资料，说明“天狼星”并非实指天狼星而是指侵略者。其实，对这一点，课文注释说明得非常清楚：“【天狼】星名。传说天狼星‘主侵掠’（《晋书·天文志》）。这里借指西北来进扰的西夏军队。”我想，教师只要和学生一起看看注释，弄懂“主”的意思就行了。换个说法，苏轼对着西北方向望，能不能望到天狼星是一个无关紧要、没有实际意义的问题，因为这里的天狼星压根就不是实指那个能不能看到的星。看到，可以这样写；看不到，也可以这样写。很显然，在这个花时很多的活动中，只有教（其实就是讲知识）没有学，或者说教和学是隔离的，而且这样的活动与文本的品读也没有多大的实际关联。而同样在这一课中，品读“何日遣冯唐”一句时，引述了胡云翼“作者在这里以守卫边疆的魏尚自期许，希望得到朝廷信任”和徐永年“苏轼自比冯唐，一以老，二以筹边远略也”两种说法让学生根据文本内容和从作者“狂”的角度谈谈主张哪一种理解的做法比较适当。尽管这个问题，也是一个学术界争论不休的问题，但这个活动立足文本，更重要的是学生进入了学习的过程，教师激发了学生的学，引导了学生的学，这就是教与学的统一和融合。

6. 为了追求教学过程的顺利，使学生失去学习的机会和学习的空间。

一位老师教学陶渊明的《饮酒》，其中一个活动是让学生从诗中找到两个具有领起作用的词。老师说：“诗歌中有一组反义词，在结构上有很重要的作用，请同学们把它们找出来。这首诗一共就50个字，要找一组反义词，对于初中生来说，应该并不困难。”可是在学生刚刚开始找反义词的时候，老师又说：“温馨提示一下，这组反义词在诗歌的一头一尾啊。”提示的确是“温馨”的，可是学生却没有了学习的机会，也没有了学习的空间。一位高中老师教学《荷塘月色》让学生认真阅读找出文眼，整体感知课文。可是学生在读书的时候，老师不断启发：“同学们，文眼一般在文章的什么部位呢？”“文眼常常用什么样的表达方式呢？”于是有些同学不需要认真读全文，就找到了文眼。文眼是找到了，可是整体感知课文的目的却没有达到。从实际情况看，这里都是不需要提示的。从某种意义上说，学生出一点错才好，甚至错越多越好。我经常和老师们说，课堂上的教学活动并不是为了找到正确的答案，优秀的教师善于让学生暴露错误的答案。因为暴露了错误，发现了问题，学习活动才有价值，学生才有提高才有成长。学生在课堂上干什么呢？就是学习，所谓学习，就是做该会而不会的事情，而这样的事情应该具有一定的挑战性。可是很多老师上课，尤其是公开课，问题一提出，就催学生回答，就担心学生找不到那个他期望出现的答案，不断缩小范围，不断降低难度，不断启发（是启发答案在哪里，而不是启发怎样思考）。就像妈妈和孩子捉迷藏，看到女儿总是找不到自己，躲在窗帘后边的妈妈，就会牵动一下窗帘，说："你在哪里找妈妈啊？聪明的宝贝你为什么不到窗子前边看一看呢？"甚至会伸出头来说一句："妈妈都看到你了，可你怎么看不到妈妈呢？"然后再把头缩回去。当"聪明"的宝贝找到妈妈时，妈妈会非常惊喜地说："宝贝真聪明，妈妈躲到窗帘后边都能找到。"有些老师在课堂上自问自答，不给学生思考的时间和空间，也是这样的做法。看起来教学进程很畅达，但学生却没有了学习的机会，根本没有进入学习的活动。

7. 在学生需要"教"的情况下，教师不自觉地放弃了自己的教学责任。

教与学应该是一个高度融合的过程，教师的教学应该是该出手时就出手。新课改强调了学生的主体，一部分老师形成了片面的理解，以为一切顺从学生就好，有意无意中放弃了教的责任。最普遍的现象是学生的朗读和发言一概说"棒"。一位老师教学《巍巍中山陵》，有一个环节是让学生理解写钟山对于写中山陵的作用。老师先让学生画出课文中写钟山的句子，然后组织学生交流，老师边板书边画了一个图示，同时小结道这是"摹状貌"的写作手法，最后概括并板书：写钟山是为了衬托中山陵的雄伟高大。可是什么是"摹状貌"呢？学生面面相觑，不明所以。一位老师执教了一节作文课"描写要生动"。其中一个重要环节是学生互相修改习作。应该说，从教学理念的角度讲，这样的做法是非常可取的。以我的共生作文的教学理念看，这就是"生生共生"的作文教学。可是学生互相修改以后，先是小组展示后是全班展示，教师不置一词。这就失去了共生教学的本质特点。因为修改的未必就都是好的，原先的未必就都是不好的。到底该不该改，到底该怎样改，这必须有教师的参与和引导，否则就是没有教的教学。从教学价值看，真正有意义的就是这样的引导点拨和讨论的过程。再比如一个老师教学《沁园春·雪》，老师指导学生用“句断意连”的技巧朗读“长城内外，惟余莽莽”一句，可是学生就是读不出老师要求的效果，于是老师就让学生一遍一遍地读，一个接一个地指名朗读，可是最终也没有读出老师期望的效果。老师便不再理会，进入下一个教学环节。我相信，无论是学生还是教师都迫切希望教师让学生知道怎样才能读出“句断意连”的效果，至少教师应该示范朗读一下。该出手时教师不出手，教师放弃“教”的责任，这是教与学错位脱节的很重要的一个原因。

教与学的脱节或错位的情形还有很多种，这里不再一一列举。

那么如何做到教与学的和谐统一呢?

1. 教师必须要确立坚定的学生立场。

所谓学生立场，它和学生主体既是一致的，又是有区别的。学生主体，是强调学生应该是学习过程的决定者和主动者。而所谓学生立场，就是教师的一切教学决策和教学行为都必须从学生出发。教学内容的选择，教学目标的确定，教学活动的设计，教学要求的提出，教学过程的组织，学生学习行为的评价，如此等等，不是出于我需要你怎么样，或者课程标准要求怎么样，考试要求是什么，而是从学生的需要出发，从学生的可能性出发，从学生的学习心理和学习效果出发。我们曾专文论述这个问题，这里不再深入展开。教的内容应是学生需要的，学的内容应是对学生有用的，学习活动应是学生应该承担而且能够承担的。

2. 教师必须从认识上清楚，课堂的一切活动，都是教的活动和学的活动的统一。

教与学，之所以总是合在一起表达，就是因为它们的紧密关系。教与学是教学活动这枚硬币的两面。有不少人说，备课首先要备学生，就有这样的意思。备课时或者说设计教学安排时，不是单单考虑这节课我要完成什么样的任务，我要向学生传授哪些知识，讲解哪些内容，而是要立足于思考学生这节课应该得到什么会得到什么，学生应该进行什么样的语文学习活动，应该进行什么样的语言训练，他们会有什么样的问题，需要提供什么样的帮助和指导。

3. 在学生的学习过程和学习活动中，教师决不可放弃“教”的责任。

新课程改革之后，某种意义上，学生为主体的意识在不断加强，但教师教的意识和能力都有所削弱。一是很多教师有意识或者无意识地放弃了教的责任，对学生的需要视而不见，而且还要打出“学生主体”、“多元开放”等招牌以搪塞。二是心里清楚“教”的必需性，但心有余而力不足，爱莫能助，力不能及。或者顾左右而言他，或者好心办坏事，越帮越乱，不能有效解决学生的问题。

4. 教师要能将教学内容、教学资源，加工为适当的具体的学习活动。

从技术层面来看，这是最重要的一点。时至今日，仍有不少老师，平时的教学，不是读课文，就是搬参考，以贩卖参考书的内容为主；高三初三教学，不是读题目，就是读答案，以照搬试卷答案和评分说明为主。这样的教学不能说没有一点效果，但其意义真的不大。优秀的教师，或者说称职的教师，要能够将这些现成的静态的内容加工整合为具体的教学活动和学习活动，让学生在这些活动中获得必需的知识，培养必备的能力。

总之，处理好语文课堂教学中“教”与“学”的关系，是一个综合性的问题，需要我们从提高自己的综合素养入手，才有望从根本上解决问题。

言与意的矛盾及处理

在语文教学的种种矛盾关系之中，最基本的矛盾是言和意的矛盾。所谓“言”，是指言语的材料和言语的方式；所谓“意”，是指言语的内容和言语的目的。“言”与“意”，是语文教学这枚硬币的两面。语文教学的本质就是言语活动，没有言的语文教学，就失去了学科的价值；同样，没有了意的语文教学，也就不复存在，充其量是一堆零散的语言材料或所谓的语言知识，而绝不是语文教学。抓住了言意这对矛盾，就抓住了语文教学的根本；实现言与意的共生，是阅读教学的基本追求。

考查阅读教学的现状，在处理言意关系这对矛盾时，主要存在这样一些问题：

1.轻“言”重“意”。

我们看到的阅读教学，有不少就是为了弄明白文本和作者要表达的思想内容。花几节课时间就是为了理解文章先写什么后写什么再写什么，全文写什么。即使所谓的语言品味，也就是知道作者这样写是为了表达什么样的思想内容。时至今日，不少老师的阅读教学仍是以弄懂文章的内容作为教学的主要任务，甚至是全部任务。现代文阅读，常常是集中精力于所谓主题思想或微言大义的分析，而对于作者用什么样的语言和用什么样的言说方式来表达思想感情却关注不多，或者说对如何从具体的语言中读出作者的思想感情关注不多。对一些关键的词句，常常能够分析出一层又一层的深刻含义，而对于文本为什么有这样多的含义，即作者用什么样的言语方式表达出这样丰富的含义，或者说这样的言语方式何以有这样多的丰富的内涵，关注不多，至少不够到位。古诗欣赏中，这样的问题也比较普遍。大概因为课程标准和考试说明的相关表达都强调“鉴赏”能力，所以很多古诗欣赏课，精力都集中在“鉴赏”，而对语言普遍关注不够，高三的复习课更是如此。

2.“言”不及“意”。

与前一种做法相反的是“言”不及“意”。有些老师的阅读教学看起来都是在语言上花功夫，但遗憾的是对语言的关注却没有指向文章的意。所以某种意义上说，这里的“言”只是语言学上的“语言”，而不是语言运用中的“语言”或者说不是语文教学的“语言”。文言文教学中，这个问题尤其突出。很多老师的文言文教学，唯一的目的，就是让学生能够“字字落实”地进行翻译，其他则一概不管。而所谓翻译，充其量是“义”，而不是“意”。更有甚者，文言文教学的重点就是讲古汉语知识，什么名词动化，什么名词状语，什么使动用法，什么意动用法，什么宾语前置，什么主谓倒装。如果说前一种情况是只有“言”没有“文”，而这一种只有古汉语知识，连“言”本身都没有了。至于作者用这样的“言”表达什么样的思想感情，为什么会用这样的言，或者说这样的言何以能表达这样的思想感情，则丝毫不予关注。诗歌教学，这样的问题也很严重。看上去，似乎都是从语言入手去解读作者的思想感情和诗歌的内在蕴含，但所入手的“言”基本都是所谓表现手法，是语言知识的多，是技巧概念的多。

3. 得“意”忘“言”。

叶圣陶先生在《文艺作品的欣赏》中说：“文字是一道桥梁。这边的桥堍站着读者，那边的桥堍站着作者。通过了这一道桥梁，读者才和作者会面。不但会面，并且了解作者的心情，和作者的心情相契合。”叶老的“桥”就是用来比喻文字。这个比喻说明欣赏文艺作品必须从文字入手，即从语言入手。但我们不能不注意到欣赏文艺作品和中学语文课的区别，和中学生阅读的区别。欣赏文艺作品，通过文字“了解作者的心情，和作者的心情相契合”可能是最主要的目的，甚至是唯一的目的。但中学生学习语文则不一样。不仅要“了解作者的心情，和作者的心情相契合”，这个“桥”也不能放过，好好认识这座“桥”甚至是更主要的目的。而有些老师似乎并不知道这一点。语文课得意忘言、过河忘桥的情况比较严重。我到一些地方教学《孔乙已》，老师们告诉我，《孔乙已》我们已经教了。上课开始，我问同学们，《孔乙已》学了吗？学了。学了几节课？三节课。可是我让他们说说课文里的句子，说说体现孔乙已形象特征的句子，却是一句也说不出来。可是要说对人物的分析，什么自命清高，什么好吃懒做，什么热衷科举，什么社会冷漠，却头头是道。这大概是得意忘言的典型例子。老师们带着学生由语言出发认识了人物的特征，解读了小说的主题（有些当然不是由语言入手的，是由结论到结论），可是却得了意，忘了言。我承认，这样的教学比之于重意轻言，比之于“言”不及“意”，无疑是要好多了。但又不能不说，阅读教学绝不是因言得意的简单过程，“言”也不仅仅是获得意的“桥”，其本身也是甚至是更重要的学习内容。

4. 得“意”忘“形”。

所谓形，是指文章的呈现形式，最主要的是指文章的内部联系，即段与段之间，各个部分之间，乃至句与句之间的相互关系，也包括表现方法等多方面的内容。从某种意义上说，“形”是言的一个方面，但又不完全是一回事。因为在很多老师看来，“言”就是遣词造句，就是相对狭义的语言。事实上，很多老师的阅读教学对遣词造句的言还是重视的，课堂中并不缺少语言品味这样的活动，说说喜欢哪个句子已经成为流行的教学环节，但对呈现形式方面的内容却关注很少。学生的作文缺少结构能力，缺少整体布局的能力，学生的阅读缺少对文章整体把握的能力，不能很好地理解各部分之间的关系，与我们的阅读教学常常得“意”忘“形”是有紧密联系的。

总之，阅读教学在处理言语关系时，突出的问题是单向重视，顾此失彼，互相隔离，而不能实现言意之间的共生。

语文共生教学是我们立足母语教学的基本规律和根本特点，依据本色语文教学的基本主张，基于几十年的教学实践，运用共生理论从丰富的教学实践中总结出的教学方法。该成果获得江苏省首届教学成果奖一等奖。共生理论，是生物学科的重要理论。该理论认为，共生是自然界、人类社会的普遍现象。随着共生概念的不断发展，学者们不断将共生理念应用到人类学、社会学、经济学、管理学、建筑学甚至政治学等领域来解决实际社会问题，于是形成了内涵丰富的共生理论。我们将共生理论引入语文教学，用来解释语文教学中的种种关系，协调语文教学中的种种矛盾，指导我们的教学行为，改善课堂教学的状态，促进学生语文素养的提高，总结形成了语文共生教学法。语文共生教学认为，在语文教学中，尤其是在语文课堂教学中，教师与学生，学生与学生，主体与内容，语言与文意，内容与形式，阅读与写作，乃至素质与应试，创新与继承等矛盾之间，也都是一种共生关系。

共生教学的关键是共长。在共生阅读教学中，言意共生是最基本的课型。很显然，言意共生的阅读教学，也必须实现言意两者的共长，即意因言而得到更加充分的彰显，言因意而得到更加充分的感悟。在学习活动中，学生在言和意两个方面得到更加充分的体验，都有更加丰富的经历和更加充实的收获。

那么如何实现言意两者的共生呢？简单说，就是在言和意之间来来回回，达成言和意的真正而充分的共生。张志公先生认为，阅读教学就是教师带着学生在文本之间进进出出几个来回。我想，这里的“进出”，就是在言和意之间“来回”，就是实现言和意之间的共生状态。具体说，主要有这样两种方式：

1. 因言得意和因意悟言的多次往复。

因言得意就是通过语言这座“桥”而领悟作者要表达的意，但我们不能过河忘桥，不仅仅要借助桥过河，还要借助意来感悟这座桥的美妙之处，而且这并不是一个简单的单向的过程，而是需要在桥上来来回回地走几趟，才能充分领悟作者的意，充分感悟到语言的妙处。我教学《阿房宫赋》就是这样一个过程。在检查学生预习情况和讨论学生预习中的问题之后，主要有这样几个环节：（1）我将课文压缩为一段短文，留空让学生填空。（2）根据填空的词语在原文中找出表现规模大、宫女多、耗费巨大和极其奢侈的句子，并明确“赋”的特点。（3）听教师配乐朗读课文，感受“赋”的表现效果。（4）抓住最后一段的关键词句解读作者“体物写志”的主旨所在。（5）用三个字概括文章的思路和主旨。这个教学过程就是因言得意和因意悟言多次往复的过程。第一个环节将课文压缩为一段短文，留空让学生填空，很显然是因言得意的活动。学生在空白处填进了适当的词语，就是对作者所写内容的理解和概括，就是对阿房宫中奢侈生活的直接认识。第二个环节根据填空的词语在原文中找出表现规模大、宫女多、耗费巨大和极其奢侈的句子，并明确“赋”的特点，和第三个环节听教师配乐朗读课文，感受“赋”的表现效果，很显然是因意悟言的过程。明白了作者从哪些方面写阿房宫中的奢侈生活，再阅读课文看看作者如何写出规模之大、宫女之多、耗费巨大和极其奢侈的生活，并听课文的配乐朗读感受赋这种表现手法这种语言形式的独特表现效果和语言魅力。这便是由意悟言。没有对作者意的理解，就不能充分感受到这种语言形式的效果。第四个环节，抓住最后一段中反复出现的关键词句解读作者“体物写志”的主旨所在，这又是由言的品味而深入进行意的解读。当然这个意不是前面意的简单重复，而是进一步深化的解读。第五个环节用三个字概括文章的思路和主旨，又是因意悟言的活动。同样这个悟言的活动，也不是前面活动的简单重复，而是着眼于全文的结构和思路来感悟文章的语言形式和结构的精妙。就这样在言和意之间的几个进出，几个来回，对一篇经典的“千古一赋”有了比较深入的解读和欣赏，不仅多层次地理解了意，也多层次地感悟了言。或许也正因为如此，这节课才得到许多老师的肯定和鼓励。在我的教学案例中，这样的做法是比较常见的。

2. 悟言会意和得意品言的互相融合。

有许多文本的语言具有鲜明的个性特点，阅读教学中，我们首先要带领学生好好感悟文本的语言，并在感悟语言特点和风格的过程中领会作者要表达的意，在领会了作者意之后进一步品味文本的语言，而且是悟言会意和得意品言的高度融合。我教学《葡萄月令》可以说是一个比较典型的例子。这篇文章可以说是汪曾祺散文风格的代表，淡而有味的语言，简单而富有变化的结构，说明文的内容，诗一样的意境。但大多数中学生并不喜欢这篇散文，因为他们不喜欢这样的语言风格，因为他们难以感受到这种语言的魅力，只见其“淡”，难感其“味”，只看到简单，而看不到变化。针对这个情况，我的教学是这样安排的：（1）指名同学诵读课文中的段落，要求读出“汪氏语体”平淡、朴实、自然的特点，其他同学评点。（2）同学们仔细阅读文本，说说平淡、朴实、自然又淡而有味的语言特点表现在哪些方面（助词多、短句多、拟人多、比喻多等）。（3）学生在忠实原文内容的基础上把文章缩写成一段短文，力求最短（葡萄一月在窖，二月出窖，三月上架，四月五月六月浇水喷药打梢掐须，五月中下旬开花，七月膨大，八月着色，九月十月自然生长，十一月下架，十一月十二月葡萄入窖）。（4）讨论什么样的人才能写出《葡萄月令》这样的文章（熟悉葡萄，有文学才华，有丰富的精神世界，热爱生活，恬淡豁达等）。（5）根据课文，用一个比喻来形容汪曾祺与葡萄的关系，并从文中找出具体依据。看上去，前面三个环节都在感悟文本语言的特点，但并不是单纯的语言感悟，而是在感悟语言中感悟作者这个人，即感悟语言背后的意。后面两个环节似乎都在品读作者，解读文本中的这个人，但又都没有离开对文本语言的感悟和品读。讨论什么样的人才能写出《葡萄月令》这样的文章，其用意在从不同层次读作者，而其落脚点却在语言上。最后一个环节则完全是把语言和作者融合到一起，既是读人（意），也是读文（言）。

毫无疑问，言意之间的多向共生绝不止这样两种形式，我们这里列举最基本的形式为例而已。

衷心希望有更多的老师关注和参与语文共生教学的研究，一起探索共生教学的理论和实践。

形式与内容的矛盾及处理

形式与内容，是所有学科课堂教学最基本的矛盾之一。形式为内容服务，内容决定形式，本来是大家都知道的道理。可是在这对基本矛盾的处理上，总是存在这样那样的问题。新课程改革之后，形式主义曾经风行一时。最近几年，那种表面化的形式主义虽有所收敛，但如果深入分析，很多课堂对形式和内容两者关系的处理，仍然有许多值得我们关注的问题。

其表现有：

1. 形式大于内容。

一位老师教学《夸父追日》，虚拟了一个网络上正在进行"感动中国十大神话人物"评选的情境，让上课的同学担任评委。候选的人物有盘古、女娲、夸父、共工、孙悟空等。这节课的任务就是担任评委的全体同学探讨排名第五的夸父能否成为"感动中国十大神话人物"，最后在"评委"投票的基础上为夸父写一段颁奖词。这位老师的创意真可谓别出心裁，这样的活动似乎也很切合初中生的特点。但这个活动却缺少具体的教学内容。孙悟空和另外几位候选人不是同一个类型不说，既然要评选，就要提供所有候选人的材料，这样评委才能比较；更重要的是还必须要有评审标准，否则无法定夺。所以除了有这样一个虚拟的情境之外，主要过程仍是读课文、解词句、讨论人物特点等通常的教学内容，而没有实实在在的评选活动。就是说，"感动中国十大神话人物评选活动"这个形式，并没有具体实在的教学内容，而且和有些教学内容矛盾。比如教学过程中有一个环节是讨论夸父的行动是愚蠢还是壮举。既然是"感动中国十大神话人物"的候选人，就不应该存在这样的问题。如果讨论夸父和女娲哪一个更应该当选，才切合这个形式。还有一个环节是老师引出一些资料说明，有一种说法认为夸父不是一个人，而是一个部族。既然如此，一个部族怎么可以参加“感动中国十大神话人物”的评选呢？显然是这一看似非常新颖的形式伤害了教学内容。一位老师教学《春酒》，开头第一个活动是让学生回忆自己的童年，然后用“童年是初生的绿叶，是含苞的花蕾，是一片蓝蓝的天，是充满美丽的梦幻”等一组排比、比喻描述童年。接着，播放罗大佑的歌曲《童年》，PPT呈现长长的歌词，让学生在歌词中寻找“童年”：池塘边的榕树，叫个不停的知了，操场边的秋千，停在秋千上的蝴蝶，黑板上老师的粉笔，等待游戏的童年，隔壁班的那个女孩，嘴里的零食，手里的漫画，心里的初恋，阳光下飞过来的蜻蜓，一片一片绿油油的稻田，水彩蜡笔和万花筒……我始终无法明白这两个环节的教学内容和教学价值是什么。罗大佑歌声中的童年，和学生的童年，和课文中的童年，有什么内在联系呢？我总以为这样的教学环节，让学生的心远离了课文，影响了学生对文本的感知和阅读，对教学几乎是有害无益的，所以说是典型的有形式没有内容。

2. 好形式没有好内容。

一位老师教学《巍巍中山陵》，其中一个教学环节是让学生根据教材课后练习的第二题，标出课文第7~11段各部分的说明对象。充分利用教材的课后练习开展教学活动，我是比较赞同的。应该说，各家教材的绝大多数课后练习设计比较好，但这并不意味着把课后练习照搬进课堂。遗憾的是这位老师几乎没有对练习进行适当的加工，更没有充分利用这个练习让学生研读课文，进行表达训练。她先让学生根据图示填写相关内容。由于图示中每一个部分都标好了课文段落的序号，学生只要按图索骥找出说明对象就行；老师的目的就是要归纳出“由南到北、由外到内”的顺序，而不是为了借此让学生阅读课文。因为所教班级学生的素质比较好，学生基本不需要动脑筋，就一一写出来了。如果教者打乱填写顺序或者不要标示段落序号，学生对文本的解读就会深刻得多，思维的张力就大得多；假如再引导学生思考为什么按照这样的顺序组织内容，对文本就有了更深的理解，无论对将来的阅读还是写作都很有意义。第二个环节是学生分组讲解。

这本来也是教材设计的活动，但教师却没有能够实现活动的意图。先是分组活动，可是小组基本没有展开活动。然后是指名台前解说，由于学生对文本并不熟悉，对解说也不是很了解，很多学生并不是解说，或者就是读课文，没有语言的转化，或者没有对象意识，一开口就说“同学们”，既然是导游，面对的就应该是参观游客，未必都是同学。老师为了让学生便于解说，用PPT出示了几个关键词。我想，假如让同学们自己读课文准备关键词，效果就会大大不同。因为语文阅读课中的语言活动主要就是为了解读课文，开展语言活动。所以这样的好的活动，却没有好内容，也没有好的效果。不能不说非常可惜。同样是这一节课，最后的一个活动是读标题，要求第一遍读出高大，第二遍读出高大庄严，第三遍读出无限庄严。初一看，这个活动很有创意，但学生却无法读出三个不同，教师也没有进行示范。如何读出高大而不庄严呢？如何读出无限庄严呢？无限庄严和高大而不庄严如何区别呢？我试了试，真的读不出来。

3. 形式不适合内容。

这应该是最普遍最常见的问题。我在谈到课堂朗读时经常说到这类问题。有的老师教学文言文，对学生说：“学习文言文，要读准字音，正确句读。请同学们集体朗读课文。我看看大家的字音是不是正确，句读是否恰当。”请问：几十个人一起读书，你怎么听得出字音是不是正确，句读是否恰当？很多老师要求学生快速默读课文，然后又提出一大串要求。现在还流行让学生一起回答问题，一起说出答案。有一个老师教学张岱的一篇小品文，说：“课文的最后一句话，不同的人有不同的理解，请大家一起说说你们不同的理解。好吗？”让人啼笑皆非。很多老师以为这是我编的笑话，其实这是真实的教学案例。一位老师教学《春酒》，师生配合朗读课文：老师读第1、8、9节，一个学生读第2、3节，一个学生读第4、5节，一个学生读第6、7节。我估摸老师这样的分工，是根据课文的层次来安排的，不能说没有道理，但我以为这篇文章这样的分工朗读是值得推敲的。更重要的是老师对学生的朗读缺少了解，组合过于随意，没有达到预期的效果（说真的，我弄不懂教者的预期效果是什么），而且严重影响了学生对文本的感知和理解。我的现场感觉是：读第2、3节的学生读得有气无力，读第4、5节的学生读得又快又响亮，读第6、7节的学生读得非常平淡随意，而老师的朗读则非常“专业”，效果很好，师生的对比十分鲜明。很难设想，这样的朗读到底能达到什么目的，这样的形式能为什么样的教学内容服务呢？

4. 毫无道理的形式和毫无道理的内容。

一位老师教学李白的《将进酒》，朗读课文之后，出示了自己书写李白《将进酒》的两幅书法作品，让学生讨论哪一幅作品最能表现诗歌的意境。应该说，这样的形式实在很有创意，教师的书法也的确很有基础。但从课堂教学形式与内容的关系角度讨论，我以为没有什么道理。首先，这样的形式要求学生有很高的书法修养，能够读出不同书法风格所蕴含的诗歌意境。恐怕这真不是一般的学生，也不是一般的老师所能做到的。从书法作品看，这两幅作品是不同的风格呢，还是相近的风格而品质有高下之分呢？若是前者，这是一个复杂的美学问题。因为不同风格对《将进酒》的意境有自己的不同的表现手段，换句话说，不同的书法风格都可以很好地表现这首诗的意境（包括不同的字体），我们绝不能说《将进酒》只能用狂草，而不能用行楷；我们也绝不能说《将进酒》只适宜沙孟海先生写，而不适宜沈鹏先生写。如果是后者，教师要故意写一幅不能体现作品内容意境的书法作品，其价值就是自我对比吗？书法虽然和语文关系紧密，虽然和诗歌有相通的美学思想，但在语文课上要互相为用，融通得恰到好处，真的不容易。这么一想，看似很新很亮的教学形式，其实无论从形式看还是从内容看都是没有多少道理的。有位老师教学《项羽逼死乌江》，让学生从八张不同的项羽头像中找一张自己最喜欢的，让学生用一种植物来比喻项羽的性格特点，都属于这一类。可以说，语文课堂教学中绚丽夺目的教学形式大多如此：看看很好玩，看看很热闹，想想真没有道理。

既然大家都知道形式和内容的关系应该怎么理解，为什么会“明知故犯”呢？我们分析，其根源主要在于：

1. 对新课程理念理解的片面和肤浅。

新课程改革，提出了一系列新的课程理念。由于对这些理念缺少全面、深入的理解，导致了许多形式主义现象的产生。比如，强调了学生是学习的主体，不少老师就千方百计让学生能够活跃一些，就搞一些学生不用动脑筋的活动，就千方百计让课堂时时充满掌声；比如，强调了情感态度价值观，有些老师就搞一些表演性强的高度艺术化的教学活动，就脱离教学内容，甚至脱离语文搞一些“教育”活动；比如，强调了教学资源的开发和利用，有些老师就引入大量与教学内容关系不大的教学资源；比如，强调了合作探究，课堂上动不动就组织不管具体的教学任务，没有有效组织和管理的分组讨论。

2. 各种课改活动和相关媒体的误导。

新课程改革之后，语文教学研究活动异常活跃。毫无疑问，这些活动推进了课程改革，提高了教师的专业素养和教学改革积极性。但由于种种原因，这些活动也产生了一定的副作用。课程改革初期，有不少认识和观点非常激进甚至极左。很多行政领导和业务领导将课程改革简单化、运动化，以为一年半载就能彻底解决问题，以为多搞几个大活动就能实现课改目标，以为轰轰烈烈就是搞改革。有些专家的理念，或者照搬西方的东西，或者闭门造车，或者自以为是，严重脱离课改的社会背景和教师实际，使得一线教师不知所云，无所适从。各个方面组织的展示课、比赛课、研究课、示范课及其评课活动，过分追求“活动效应”。一些语文报刊和其他媒体，在导向上也或多或少地存在误导的问题。即使目前投入巨大的培训活动，培训者有内行有外行，有真专家有伪专家，各说一套，互相矛盾，虽然开阔了教师的视野，也难免带来种种负面的影响。

3. 热衷课堂教学的现场效果。

听课、赛课、说课，是课堂教学改革最主要的形式之一。它们对促进课堂教学改革的意义是不能怀疑的。但这种大型的听课活动，常常具有一种“艺术化”的需求和追求。执教教师很难将这种大型课堂活动中的课堂教学和日常课堂教学同样对待，加之评课取向方面的问题，于是教学形式的东西常常被夸大。更重要的是，很多教师由于自身专业素养的原因，看不到成功的课堂教学中的内在原因和根本原因，只看到表面的形式和热闹的气氛，于是只能买椟还珠，学到的只是皮毛，甚至是不足。而当这类老师自己执教公开课时，由于缺乏追求内涵创新的内在功力，不能从本质上体现新课程改革的理念，只能依靠一些形式上的表面化的东西来点缀。

4. 缺少应有的学生立场。

应该说，形式主义、形式至上的一切原因之中，缺少学生立场是最根本的原因。所谓学生立场，就是教师的一切教学行为和教学活动的组织都必须从学生出发，而不仅仅是把学生当作学生的主体，或者说真正的学生主体就应该一切从学生出发。我曾专文论述过学生立场的内涵和意义。教学中形式至上的教师往往都是从自己的教学设计出发，从自己的教学形象出发，从自己的功利效果出发，而无视学生的实际和需要。

总之，对于教学形式和教学内容的关系，我的观点是：不是从形式出发，也不是从教学内容出发，更不能从教师的需要出发，而是从学生学习效果出发。只要是学生学习需要的，只要利于学生学习的，就是好形式；而在这个基础之上，越简单越是好形式。

课例5 《老王》教学实录

师：今天，我们一起学习《老王》。这是一篇现代散文，也是一篇写人的散文。大家注意，读现代散文，读写人的散文，不仅仅要关注文章所写的那个人，还要或者说更要关注文章中的“我”，也就是作者。

现在我们先来看看老王是个什么样的人。请大家阅读全文，找出文中概括老王特点的词。

生：老实。

师：请告诉同学们在哪一段。

生：在第五段。

师：请大家标画出来。还有吗？

生：不幸。在第三段。

师：很好。不幸，在第三段，而且不止一个。课文最后一段也有。

生：第二段，脑袋慢。

师：哦，“脑袋慢”。这个词加了引号，表示特定内涵。大家说说这个“脑袋慢”是什么意思？

生：滞笨。

师：“滞笨”？课文里有吗？这两个词能互相解释吗？不太好，“滞笨”一般是写动作，“脑袋笨”是写思想。第二段有一个词可以用来解释——

生：失群落伍。

师：对，失群落伍，是指思想上落伍。其他骑三轮车的都已经加入组织了，他还没有加入组织。这就是落伍，这就是“脑袋慢”。

有一个问题，大家有没有注意？作者“我”认为老王“老实”，但也有人认为他“不老实”。“不老实”有许多不同的内涵，比如，有人有小偷小摸的行为，我们会说这个人不老实；有人爱撒谎，我们也会说这个人不老实。你们说说，老王的“不老实”，可能指哪方面的问题？

（学生没有反应）

师：大家到第三段看看整个句子：“有人说这老光棍估计年轻时不老实。”有两个词需要注意。一个是“光棍”，你说光棍不老实会干什么坏事呢？还有一个是“年轻”。年轻时候不老实，年轻的光棍不老实，会干什么坏事呢？尽管同学们还不是成年人，但从阅读的角度还是应该能理解的。这个“不老实”的说法是否可靠，我们不敢断定，但我们可以由此看出老王在他那个群体中，是被人嘲笑的对象，是被人当作笑料的，而这恰恰使我们看到他的“老实”。而且，我以为，一个年轻光棍有些不老实的事，也不一定是什么坏事，应该是正常的精神需求和情感需求。对不对？

（学生笑）

师：我们刚才是从“不老实”中看出他的老实。他还有哪些老实的表现？

生：“落伍”也说明他老实。

师：对。你想想看，形势变了，他反应不过来，等他反应过来的时候人家不要他了。这就是老实。“老实”这个词内涵也很丰富。可以是肯定，也可以是否定，可以说是不灵活，也可以说是不能干。鲁迅就说“老实是无用的别名”。大家想一想，老王的“老实”是指什么？

生：我觉得是一种诚实，也是一种善良。

师：诚实，善良。

生：还可以是正直。

师：都不错。我们再看看作者用哪些事情表现他的老实。文章表现老王老实，写了哪几件事？

生：送冰。

师：对，送冰。大家能从“老王给我们家楼下送冰愿意给我们家带送”这句话读出什么言外之意？

生：别人不愿意。

师：其他人不愿意而老王愿意，这表现了老王的老实。老王的老实更表现在他不但愿意带送，而且——

生：减半收费。

师：老王为什么要减半收费啊？

生：因为是顺带送的啊。

师：你看多老实的一个人。不欺负外来户，不欺负好欺负的人；顺带的，就收一半钱。这是够老实的。其他还有表现他老实的事吗？

生：还有。

师：对，还有。哪一件事？

生：送钱先生。

师：送钱先生看病不要钱，是吧？那么，送钱先生看病不要钱，我们从中能看出老王什么样的老实呢？我们请同学们来读一读，看这句话该怎么读。

生（读）：我送钱先生看病不要钱。

师：大家注意他的重音在哪里啊？对，不太清楚。大家体会一下，重音应该在哪里。

生：在“钱”。

师：在“钱”？“我送钱先生看病不要钱”。那要什么呢？

生：在“钱先生”。

师：对，在“钱先生”。可是老王为什么“送钱先生看病不要钱”呢？当然，我们现在都知道钱钟书先生是一个学术传奇，是一个学术大师，可那个时候知道这一点的人并不多。黄老师不知道，老王更不知道。那时候，钱先生就是一个被下放的知识分子，一个失时的文化人。正因为如此，愈加见出老王的可贵和善良。他“送钱先生看病不要钱”是因为什么？

生：因为钱先生夫妇对他好，钱先生一家都对他好。

师：对。这是知恩图报。

生：因为钱先生夫妇是好人。

师：尊重好人的人也一定是好人。

生：钱先生生病了，他是对钱先生同情，就是对他不幸的一种同情。

师：是一种同情。一个不幸人对一对不幸人的同情。一个拉车的对两个文化人的同情。

生：还有一个原因是，钱先生是个老主顾。

师：分析得很好。老王不要钱肯定不是因为钱钟书先生在中国学术界的地位，但我想他一定知道钱先生是一个文化人。所以，如果说这不要钱的原因，可能隐含着一个普通拉车人对文化人乃至对文化的发自内心的一种尊重，我想也并不牵强。倘若这一点成立，这在那样的年代该是多么可贵！

好的，我们就不拔那么高了。简单说，不要钱，是因为同情，是因为感激，是因为老主顾。因此，我们可见，老王的“老实”，不是无能，不是不灵活，也不是不能干，而是一种善良的品性。记得一个名人说过，一个人最美好的品德就是善良。好了，刚才我们解读了老王的老实善良，那么作者除了写老王的老实善良，另外还花了很多笔墨写了什么？

生：写他的不幸。

师：大家觉得老王有几大不幸？

生：他是有病的。

师：有病。对，第一个不幸可以说是残疾，眼残。第二个不幸呢？

生：没主顾。

师：对，给“组织”抛弃了，拉车的没车拉了。第三个不幸呢？

生：我觉得是经济方面的。

师：经济贫困。还有吗？

生：年迈。

师：年迈？年迈也是不幸吗？黄老师也快年迈了，就不幸吗？

生：孤苦伶仃。

师：这一点很重要，孤苦伶仃，没有亲人。归纳一下，有四大不幸：身体残疾，失去组织，没有亲人，经济贫困。其实还有其他的不幸，比如说，遭人嘲笑，被人戏弄……大家想一想：你觉得老王自己认为他最大的不幸是什么？

生：孤苦伶仃。

生：失群落伍。

生：遭人嘲笑。

师：都有道理。其他同学有没有不同意见？如果在三个不幸中选一个，你们觉得哪一个不幸对老王来讲是最大的？（学生没反应）我们换一个角度思考，老王他最大的渴望是什么？他心中最渴求的是什么呢？（学生还是没反应）

好的，我们来看课文第四节，（读）“有一天傍晚，我们夫妇散步……问起那里是不是他的家”。这个问题老王怎么回答的？

生：“住那儿多年了。”

师：这个问题，一般情况应该怎么回答？

生：是或者不是。

师：对。可老王为什么这样回答呢？这个回答说明是还是不是呢？

生：是，也不是。

师：非常好。是他家，因为他住这里，但又不是家，因为这不是他心中的家，因为在他心中这不像家。是啊，老王多想有个家啊！他心中的家应该有什么呢？他想要一个什么样的家呢？——有亲人，有妻子，有孩子，他渴望亲人的关爱，他渴望亲情的温暖。

好的。我们刚才先通过文中的一些关键词理解老王，然后又通过作者所写的具体的事件理解老王，我们还通过别人的态度理解了老王，我们还试图走进老王的心中理解老王。我们知道了老王的善良，知道了老王的不幸。下面我们再深入一层，从作者与老王的关系入手进一步理解老王，同时也深入理解作者。

下面，老师读一下文章的第八段，看同学们听我读完之后会不会产生一些疑问。

（教师读课文第八段）

师：同学们有什么疑问？

生：最后一句话问“老王，你好些了吗”，但是实际上“我”前面已经看出来老王的身体不好了。

师：你的问题是，已经知道老王身体不好为什么还要问这句话，对吗？很好。大家说一说为什么问这句话。

（学生议论）

生：关心。

生：客套。

师：对，大家说得很好，看起来是关心，更多的是客套。这个客套，值得注意，也耐人寻味。有没有其他疑问呢？

生：老王为什么突然来到作者的家？

师：对，老王病那么重，为什么还要到作者家呢？来干什么？这也是个很值得关注的问题。如果从写作方法的角度去看，大家还有没有疑问？看来大家没有想到。黄老师读到这里，产生两个疑问：一般说描写一个人，总会在字里行间渗透着作者的情感，作者为什么要用这样的笔调描写老王呢？这是一。第二个疑问是，这一段的笔调为什么和上下文很不一致？

（学生没有反应）

师：如果黄老师病了，来上课，也这样站在门口，你们会这样描写吗？

生：不会。

师：如果作者描写钱先生病了，会这样写吗？对，也不会。但为什么写老王要这样写呢？好的，我们再看下面一段。

（学生看第九段）

师：这一段有很多问题值得我们关注。先来看一个句子：“我强笑说：‘老王，这么新鲜的大鸡蛋，都给我们吃？’”“强笑”是什么意思？

生：勉强。

师：似乎也对。为什么要“勉强”笑呢？笑不出来硬挤着笑，这就叫强笑。作者为什么不想笑又必须笑啊？我们读书要反复揣摩。其他同学有没有不同理解？

生：老王自己身体不好为什么不自己吃？

师：因为不明白老王为什么这样做，所以“我”就强笑了？似乎还没有找到最好的理解。大家想想，这个“强”字可以换一个什么词？

生：苦。

师：哦，苦笑。其他同学呢？

生：应该是一种心酸愧疚的笑。

师：心酸愧疚，心酸什么呢？愧疚什么呢？又为什么要笑呢？

生：因为他不想让老王知道自己内心的悲观伤心。

师：不想让对方知道自己伤心，所以就强笑。

生：我感觉这里的作者和老王的关系不是非常亲密。遇到老王就像我们遇到一个乞丐一样，我们非常同情乞丐，但是不知道该怎么办，自己又非常窘迫，有点愧怍，强笑就是不想让对方知道自己内心的这种复杂情绪。

师：哦，大家揣摩得不错，分析得也都有道理。但是我觉得你们对具体语境考虑得还是不够。刚才那位同学揣摩得非常好，但说“我”有点愧怍，值得讨论。作者在那个时候就愧怍了吗？送鸡蛋给“我”吃就愧怍了吗？我给了钱又愧怍什么呢？

大家还是要注意前后的具体内容。我们先看前一个句子：“我也记不起他是怎么说的，反正意思很明白，那是他送我们的。”再看后面说的话：“老王，这么新鲜的大鸡蛋，都给我们吃？”前一句的重音应该在哪里？在“送”。后一句的重音在哪里？在“给我们”。这就清楚了。“强笑”的原因就是因为老王将“这么新鲜的大鸡蛋”都送给“我们”吃。大家要特别注意是“送”是“给”，而不是买，也不是换。所以作者很意外，很尴尬，很为难，所以只能“强笑”。作者为什么为难为什么尴尬啊？不收似乎不好，收了如果不给你钱更不妥当。潜台词是什么？是“我”和你的关系，绝不能白吃你的东西。作者为难之后怎么办？

生：给钱。

师：对，就是给你钱，这样就不欠老王人情了。老王也懂得了“我”的意思，赶忙止住“我”说：“我不是要钱。”然后“我”也赶忙地说：“我知道，我知道——不过你既然来了就免得托人捎了。”大家再揣摩一下这句话的言外之意，有哪些信息？

生：以前老王拿鸡蛋来换过钱。

生：有时候“我”没有当时给钱，托人捎过。

生：以前“我”给老王钱的时候，老王也客气过，不要钱，不要钱，然后把钱塞给他，他最后还是要了。

师：揣摩得很好。“我”一再强调说“我知道，我知道”。大家想一想，“我”真的知道吗？“我”又知道什么呢？

生：“我”知道老王拿鸡蛋来是换钱的。

生：“我”知道老王不要钱是客套。

师：揣摩得很好。在“我”坚决的态度面前，老王就无话可说了，钱也收下去了。大家看，老王真是个老实人啊！但我想，收下钱之后，老王的内心一定很复杂。

现在我们做一件事：请你站在老王的角度，想象一下老王这时的心理，用简短的话描述老王此时此刻的心情。

（学生思考）

师：哪位同学说说？

生：我觉得这些钱对老王来说是一种伤害——

师：请用老王的口吻来描述。

生：一方面，感谢杨先生一家对我的关心和帮助。

师：感激，关心。

生：对，另一方面觉得他们是社会上可以理解我的人。

师：可以理解可以信赖的人。

生：但是，到最后发现他们从心里还是没有接受自己。

师：具体说，老王的心理有三个要点：一是老王对杨先生和钱先生的感激；二是内心里一直把他们当作最信赖的人；最后发现，其实他们之间还是有很大的隔阂，有距离。对吗？但你还是分析，而不是描述。哪位同学是描述的？交流一下。

生：杨先生他们平时待我不错，他们常常照顾我的生意。买些鸡蛋给他们，我的日子也好过多了。我现在要死了，想把一点鸡蛋和香油送给他们，但杨先生却没有明白我的心思。不过，这样也好，让杨先生心安理得地吃那些鸡蛋和香油吧。希望他们能够好好过下去，珍惜现在有家有温暖的日子。

师：嗯，是描写。而且写出了更深一层的内容——虽然杨先生对老王的心思不理解，但老王想这样也好，可以让他们更安心地吃鸡蛋和香油。还有没有同学要说的？没有？好的。

老师读到这个地方，想到老王这时的心理，也写了这么几句：

杨先生啊，我的鸡蛋和香油真的不是来换钱的啊。你看，我这样子，还能活几天呢？我这样的一个人要钱还有什么用呢？我就是想把自己一点最值钱的东西留给我最亲的人啊。可我知道，我不配有这样的心思。你们都是有大学问的人，都是有身份的人，都是有文化的人。可我呢，一个一字不识的粗人，一个名声不好的拉车的人。你们两位不嫌弃我，钱先生肯坐我的车，就是看得起我，是同情我，是高看我，是照顾我啊。可是，杨先生，钱先生，我还是要在心里叫你们一声：亲人啊！

这是黄老师对老王心理的描述。和刚才的那位同学比，要浅一些，但有一点是共同的：这个时候在老王的眼里，杨绛夫妇是他的亲人。他孤老无依，没有亲人，最后一点东西，就送给他的亲人了。值得我们深思的是：在老王心中，杨绛夫妇是他的亲人；而在作者的眼里，老王是一个什么样的人呢？大家能不能找到一个确切的词来表达在作者的心中老王是什么人？

生：一个可怜的人。

生：一个不幸的人。

生：一个需要同情的人。

生：一个熟人。

生：一个陌生人。

师：对。在作者心中，老王只是一个不幸的陌生人，或者说是一个一般的熟人，一个熟悉的陌生人。

这样，我们对第八段的描写就可以理解了。这段描写让我们感受到作者的冷静和客观，因为她眼中看到的只是一个熟悉的陌生人，一个不幸的值得同情的人。请同学们回过头去，从上文“我”和老王相处的片段中，寻找这种“距离感”和“熟悉的陌生感”。

生：第一句就是，“他蹬，我坐，一路上我们说着闲话”。“他蹬，我坐”，让我感到一种距离。

师：对！你的语感非常好。为什么用这样两个短句子呢？“他蹬，我坐”，你看距离显得很远，他是拉车的，我是坐车的。如果揣摩一下就更有意思了。“一路上我们说着闲话”，为什么要说话？大家都有说话的欲望。对老王来说，除了“我”，又有多少人愿意和他说话呢？为什么说闲话？那年代，不说闲话还能说什么话？“我”和老王，不说闲话还能说什么话？——这就是距离，就是熟悉的陌生。其他还有没有表现老王和作者之间距离的内容？

生：第四节。

师：第四节。具体说是什么内容？

生：就是那次“我”问他家的时候，老王说住那儿几年了。如果是关系非常好的话，“我”应该会问他什么原因，可作者没问，说明作者不想多关心。

师：对，有没有关心啊？关心了，但是，这个关心的分寸把握得非常好，不往深处关心。这或许就是知识分子的特点啊。表现得很关心，却不往深处关心。其他还有没有？我们一起看第五小节，我读一下，“有一年夏天……我们当然不要他减半收费”。你们觉得这段话哪个词表现了距离？

生：“当然”。

师：对，“当然”。为什么要有个“当然”呢？你能感觉到作者一种什么样的心态？

生：是一种陌生感。意思是我当然不能占你便宜，好像没有任何感情色彩。

师：除了陌生感、距离感之外还有什么感觉呢？

生：居高临下的感觉。

师：对，是一种居高临下的感觉。因为我经济比你好，因为我地位比你高，因为我是文化人……所以我当然不能占你的便宜了。很好。我们再看第七节，哪个词也表现了这种距离？

生：“幸亏”。

师：除了“幸亏”，还有哪个词？

生：“降格”。

师：对。“降格”这个词，就像第八小节里的“镶嵌”一样，用了比拟的手法。这个修辞手法的运用，表现了两个人之间的距离，或者说表现了作者和老王之间的距离。从这个距离中，我们看到一个什么样的作者呢？我们刚才从作者的角度读老王；现在换一个角度，从老王的角度读作者。作者是一个什么样的人呢？

生：虽然说她对老王很同情，也帮助过不少，但又保持了一种距离。

师：为什么要保持距离？是什么原因呢？

生：她并不把自己看作老王的同类。

师：她不把自己看作是老王的同类。说得很深刻。保持距离，肯定与那样的时代有关。但主要原因，还是心理上的不认同。想一想，为什么作者不把老王看作和自己同样的人呢？

生：有文化人的优越感。

师：非常好。这种心理，的确是文化人的一种优越感。通俗说，是文人的清高；说得重一点，是文化人的狭隘和自私。可以说，她对老王的同情是不彻底的，她的善良我们觉得也是有保留的。所以，当时的作者，杨绛，完全是以一种居高临下的眼光来看老王的。读现代散文，就是要读出文章中的"我"来。这里，我们就读出了杨绛文化上的优越感、清高甚至矫情。但这并不是杨绛先生的个人缺点，而是文化人是知识分子共有的一种缺陷，是他们这个群体和老王们这个群体之间的天然距离。而杨绛先生本文敢于这样解剖自己，表达自我的反思——尽管这个反思迟到了几年——则显得非常可贵，尤为值得我们尊敬。了解了这些，理解文章最后一句话，就变得水到渠成。大家想想，如果说当年的杨绛是以一种居高临下的眼光看老王，是保持着一种距离和老王交往，那么当她写这篇文章的时候，当她愧怍于老王的时候，她是用什么样的眼光来看老王的呢？

生：仰视。

师：对，是一种仰视。她发现与老王相比，自己是自私的，自己的善良是不如老王那么纯净的。于是她说"那是一个幸运的人对不幸者的愧怍"。可据有关资料显示，这句话在初稿上是："那是一个多吃多占的人对不幸者的愧怍。"大家想一想，这两者有什么区别？作者为什么要把这个"多吃多占"改为"幸运"呢？

生："多吃多占"有点贬义，改成"幸运"就没有贬义了。

师：这是一个区别。（一学生举手）好，你说说——

生："多吃多占"的意思比较狭隘，它只是指物质上的。改成"幸运"，内涵更广了，不仅指物质上的还有精神上的，强调老王的不幸，不仅是物质上的不幸更是精神上的不幸。

师：非常好，理解得很透彻。其他同学有没有不同理解？

生：有。我觉得还要广一点，其实整个社会的人可以分为幸运的和不幸的。但作者认为自己与老王相比就是幸运的人。

师：很有哲学意味。刚才第一位同学想到的是感情色彩的差异，这两位同学强调的是内涵不同。"多吃多占"，的确是局限于物质上的愧疚。主要是着眼于两个人之间鸡蛋换钱一类的交往。起初，或者说当时，"我"认为拿钱买老王的鸡蛋是同情老王、帮助老王，后来发现，其实占便宜的不是老王，而是"我"。改成"幸运"的人，首先是概念上更对应了，表达更严谨；同时，内涵也更丰富了，更重要的是，这种愧疚感主要是着眼于精神，而不是物质。它表现了作者写作的思维过程，也表现了作者精神的反思过程。她对老王的高大，对老王善良品性的理解，都在不断地提升。

最后，我们再讨论一个问题，作者是不是真的是幸运的人？

生：不是。她也是不幸的。

师：那么，她为什么又说自己是幸运的呢？

生：是和老王相比。

师：是的。她是不幸的，但和老王相比，她太幸运了。她经济还过得去，她还有钱先生。当写下这篇文章的时候，作者认识到，在我们这个社会中，最不幸的是老王这样一类人。可是要认识到这一点不容易。很多文化人，很多知识分子，往往喜欢夸大自己的不幸，以为自己是天下最不幸的人。而老王这样最不幸的人，却在那样的社会的最底层坚韧地生活着，并能坚守着做人的良知，是多么令人尊敬！大家知道那是什么样的社会吗？

生："文化大革命"。

师：大家对"文化大革命"，可能不太了解。人们一般都以为，"文化大革命"主要的罪过是对文化的践踏，这固然不错。但黄老师觉得，还有更可怕的一点，就是对人与人关系的伤害，是对善良人性的摧残。可以说，那是一个人人自危的年代，夫妻互相出卖，师生互相攻击，早上是朋友，晚上是敌人，卖友求荣，落井下石……这样的事，随时都会发生。人与人的关系，几乎到了最冷漠最冷酷的地步。课文中对这样的社会背景和社会环境，也有所表现。大家有没有注意到文中这样的内容？

生："过了十多天……"

师：对，就是这一段。大家读一读，体会一下老李的答话，看能体会出什么样的感情。

（学生读句子）

师：什么样的感情？

生：冷漠。

师：而老王这样不幸的人，却能在这样的环境中坚守着善良，坚守着真诚，甚至坚守着对文化人的尊重，是多么难得和可贵。我想，我们站在这样的立场，置身于那样的背景，来读老王，来读杨绛，来读《老王》这篇散文，或许更容易有准确的把握，也会有更丰富的收获。

今天这节课，黄老师和大家学习这篇文章，就是要大家知道，该怎样去读现代散文，怎样去读写人的散文，怎样去读懂散文中的"我"。好，下课！

指向生成的预设和指向预设的生成

在某师范大学为一国培班上课，在和学员们互动交流时一位老师问：课堂教学能不能有预设？是不是每节课一定要有生成？生成就好预设就不好吗？

预设和生成是课堂教学的基本矛盾之一。我本以为随着课程改革的深入，特别是各类培训如此普及，这样的基本问题，大家应该不再会有模糊认识。可是在和老师们交流的过程中发现，对于预设和生成这个问题，无论是在认识上还是操作上都还有再做深入讨论的必要。

一、预设和生成的误读：生成就好，预设就不好

1. 简单化地理解预设和生成的不同特征。

什么是课堂教学的预设？简单说就是有计划有准备的教学。什么是课堂教学的生成？就是课堂教学中出现的计划之外的教学情景。就本体而言，它们应该无所谓好和不好。作为不同的教学理念和教学形态，它们有着各自的存在价值和现实意义。

可是，很多老师对生成教学和预设教学的特征及其关系有着种种误读：

有些老师认为“生成教学”就是气氛热烈，就是学生发言踊跃，就是师生不停地问答。这样的理解是非常表面化的。其实，生成的课堂未必就气氛热烈，气氛热烈的课堂未必就是生成教学。有些课堂看起来实现了师生互动，看起来是师生在进行“对话”，实际上是教师在用提问的方式诱导学生回答既定的答案，直至学生的回答和教师的设想吻合为止。本质上，仍是教师牵着学生鼻子走，至多是手段高明一点，造成一点学生主体的假象而已。学生的主体是虚假的，是表面的，常常是为讨论而讨论，为活动而活动，甚至是脱离语文的讨论，是脱离了语文的活动，是脱离了语文的生成。有的只是表面的生成或是徒有生成的形式，却无生成的实质和内涵。

学生的主动参与和积极思考，的确是生成教学的特征之一，但我们不可反过来推论，即只要学生主动参与和积极思考就是生成教学。一位老师教学《从百草园到三味书屋》，针对第二自然段提问：百草园里写了哪些景物和动物？作者是怎样描写的？描写时又是按什么顺序写的？作者为什么按这样的顺序写？学生根据老师的要求阅读课文后完成了所有问题，并找到了和老师PPT上基本一致的答案。有老师便认为，因为没有需要老师的讲解和老师的引导，这就是生成教学。对此我并不认同。这里的问题不是学生发现的，得到的答案也都是意料之中和计划之中的。对照生成教学的基本特征，这显然算不得生成教学。

有的老师认为预设就是传统的教学，生成就是创新的教学。不错，传统的教学的确以预设教学为主，而生成理论是从国外引入的一种教学理论。但并不是说预设教学就没有创新。预设教学也有多种不同的境界，高境界的预设教学也是一种创新。而且并不能说在生成理论引入之前，我们传统

的语文教学就没有“生成”。我觉得孔子的教学就有很鲜明的生成特点，《侍坐章》可以说是典型的例子。按照我的说法，还不仅是生成，而且常常是共生。于漪、钱梦龙、宁鸿彬等老一辈著名语文老师，或许他们并没有学习过所谓的生成理论，或者说并没有有意识地进行生成教学，但他们的课堂是预设教学的精品，也是生成教学的典范。于漪老师教学《晋祠》，钱梦龙老师教学《死海不死》，宁鸿彬老师教学《皇帝的新装》，陈钟梁老师教学《中国石拱桥》，无不是如此。从另一个角度说，生成理论的确是一种比较新的教学理论，运用生成理论进行教学的确可以体现新的课程理念，呈现新的教学情景，但不可因此认为凡是运用生成理论进行教学就是创新，更不能说只有生成教学才是创新。

也有的老师认为预设就是找答案的教学，生成就是没有答案的教学。我们必须承认，目前的预设性教学问题是很严重的；我们也必须承认，现在有很多课堂教学就是在找答案，而且这些答案都是预设的。而生成教学追求的是教学过程，并不以找到答案为教学的目的。但绝不能因此就说预设就必然是找答案的教学，生成就是没有答案的教学。成功的预设并不是为了寻找答案，成功的生成也并不排斥答案的出现。

那么，和预设教学相比，生成教学有哪些不同的特征呢？我以为，生成教学的本质特征主要表现在四个方面：

（1）发现。生成教学都是对教学资源、教学形式、学习活动以及学习结论的新的发现。这个发现可能来自教师，但更多的是来自学生。这是生成教学最有价值的地方，也是生成教学最具有魅力的地方。

（2）现场。即生成教学的教学内容、教学形式和学习活动，常常是在教学现场形成的，而不是按照预设的计划进行的，至少主要不是按照计划进行的。有时候，其学习资源也是现场产生的。

（3）意外。尽管预设教学也会出现教学创造，也会有学生的自主活动，但教学的内容、教学的形式和学习活动的结果，总体都是计划之中的。而生成教学则主要是预设之外和计划之外的。

（4）开放。即生成教学必然对学习过程和学习结果有所突破。有时是对预设过程的突破，有时候是对活动空间和活动方式的突破，有时是对预设结论的突破。有生成必有突破，有突破才有生成。

2. 将生成教学和预设教学简单对立。

两极对立，是我们思维中经常出现的错误。提倡一个就必须打倒一个，主张一个就必须否定一个。生成是新理念，是好的；预设就是旧的，就是不好的。于是有人公开打出生成教学的旗号，给人的感觉是他的教学是不需要预设的，甚至有人更直接地提出无预设的教学。

事实上，课堂教学不可能只有生成而没有预设，甚至不可能出现无预设的生成。不管开得多么艳丽的花，都是开在树上的，必定是生长在土地上的，但我们还是遗憾地看到很多老师在这个问题上的态度是极“左”的是极端的。他们夸大了生成的地位和价值，否定了预设的意义。其原因是他们常常把那些非常态的畸形教学当作是正常的预设。我们发现，这些老师在论证生成的价值时，常常是将所谓生成教学和那些畸形的僵化的非正常的预设进行对比。目前的教学预设或者说预设性教学的确问题很严重，但它们绝不代表预设教学的常态，就像我们也不能用那些胡乱的生成来代替所有生成一样。

毫无疑问，成功的教学必须要追求课堂教学的生成。按部就班，拘泥既定教案的教学，是毫无生机的课堂；寻找唯一答案的教学，照搬参考书的教学，更是僵死的课堂。要追求课堂教学的生成，就要能够发现课堂中的有价值的意外情景，更要能够充分发挥它们的教学价值。而更为重要的是，要能创造激发生成的教学情景，要能够激活学生的思维，激发学生参与的热情，要能够充分尊重学生的学习成果，发现学生学习成果的价值，把学生不断引入新的学习空间和知识空间。

但科学的预设是课堂成功的基本保证。就实际情况而言，我们上课都要备课。所谓备课，其实就是预设，预设教学目标，预设教学内容，预设教学过程，预设教学活动，甚至预设教学效果。即使有些老师，由于教学经验的丰富，教学功底的扎实，学识的丰厚，学情的稔熟，教材理解的透彻，不需要备课就可以上课，而且可以上得很好。这似乎没有预设，其实也是有预设的，只是他不需要每次教学前预设，也不需要用文字写出来预设的计划和方案，更不需要用PPT呈现出来，而是在他心中早就有了预设储存在他的大脑之中，进入课堂就可以随时调出来加以呈现。这是预设的高级形式，而不是没有预设。完全不需要预设就能上出好课的神人或许有，但肯定不多。

用马克思主义对立统一的观点来看这组矛盾，很显然预设和生成两者之间是互相对立互相依存的关系。事实上，成功的课堂都是预设和生成的统一。只有预设没有生成不是好课；只有生成没有预设也不是好课（极个别达到随心所欲而不逾矩的人另当别论）。没有生成，课堂就像不会开花也没有绿叶的树，必然毫无生机；没有预设，课堂就会成为没有主干的花朵和绿叶，纵然艳丽也是无本之木，就像没有导航的导弹，谁也不知道它会在哪里爆炸。

3. 简单化地评价预设教学和生成教学的效果。

在有些老师看来，只要是成功的课堂就是生成教学，只要不成功的就是没有生成；反之，只要有了生成就一定是成功的课堂。这样的认识显然也是不正确的。

一位老师为了说明生成教学的运用，列举了余映潮老师教学《记承天寺夜游》的例子。这位老师认为，余老师为了精彩生成，先对原文进行分解，将原文分成叙事与抒情两个层次：第一层“元丰六年十月十二日夜，解衣欲睡，月色入户，欣然起行。念无与为乐者，遂至承天寺寻张怀民。怀民亦未寝，相与步于中庭。庭下如积水空明，水中藻荇交横，盖竹柏影也”是叙事；第二层“何夜无月？何处无竹柏？但少闲人如吾两人者耳”是抒情。这位老师认为：“叙事就是对故事的描述，这样学生就能理解文本是在描述苏轼在承天寺夜游的故事。抒情是指表达情思，抒发情感，让情感释放，让心灵自由。这样才能让学生理解苏轼被贬后当时‘畏祸及身’的微妙心境。”这位老师的引述和我所知道的余老师教学《记承天寺夜游》的案例有所出入姑且不说，我们实在无法从这里看到教学的“生成”。余老师结束教学时和学生归纳了这节课所做的事是：理解、朗读、背诵、赏析。要说这节课的精彩，实在是教学预设的成功。即使从这位老师自己的引述和评述中，也可以清楚看出这一点。

精彩不是只属于生成，生成了也未必精彩。一位老师教学韩愈的《师说》，当教师讲解到“古之学者必有师。人非生而知之者，孰能无惑？惑而不从师，其为惑也，终不解矣”时，一位学生站起来指出：“我们在讨论韩愈的观点，我认为他的这个观点不正确。”有些同学也马上跟着附和。可贵的是这位教师并没有打断和阻止学生的思路，而是问道："为什么不正确呢?""因为古代的学者未必都要有老师，有了疑惑以后也未必都要'从师'，其中也不乏有自学成才的，比如王冕、孙康、苏秦等。""那你的观点和看法呢?"老师问。"我认为韩愈的观点过于强调了教师对学生学习的主导性作用，忽视了学生在学习中的主体性地位和作用，这是一种不鼓励学生自主性学习的极端表现。"这个学生的发言引来一片赞叹，教师也对该同学的思想进行了肯定："很好，看来你是进行了认真的大胆的思考，你认为韩愈的观点与现行的新课程下教学新理念是背道而驰的吧！那么，哪位同学还有其他不同的观点呢?"一学生立即阐述道："我认为韩愈的观点是正确的，要想成为一个'学者'，是必须要有教师指导的，这样可以少走弯路，况且在那个时代个人自学成才的环境因素是受到严格制约的。"该观点也马上得到了一部分同学的支持。课堂上立即形成了针锋相对的局面。这位教师随即调整了预定的教学策略："很好，下面我建议同学们现在分成两个小组进行辩论，怎么样?"同学们迅即分成了正方（赞同韩愈的观点）、反方（否定韩愈的观点）两个阵营，双方围绕着教学中师生之间的关系和地位以及社会背景、教育环境，人才培养的目标、模式，评价的标准对教学中师生关系的影响等方面进行了激烈的讨论。最后，教师对讨论进行了总结，他首先肯定了同学们能够主动提出问题、分析问题的勇气、智慧和能力，同时要求同学们课后查阅资料再进行思考，分析韩愈为什么会形成这样的观点，并结合现实中的教育教学改革，就当前教学改革中师生之间的关系问题写一篇小论文阐述自己的看法和建议。一堂课就这样在同学们的激烈争论中结束。这个案例因为执教者先进的教学理念、灵活的教学调整和及时的生成教学而受到听课老师的充分肯定。应该说，这的确是一个典型的课堂生成，但恕我直言这是一个并不成功的生成。因为辩论双方都没有好好读课文，都误读了韩愈的观点，都没有吃透韩愈的"师"是什么样的内涵，也没有弄懂课文中的"学者"的意思。人家韩愈说得非常清楚："彼童子之师，授之书而习其句读者，非吾所谓传其道解其惑者也。"韩愈的"师"是"三人行，则必有我师"的"师"。王冕、孙康、苏秦等人或许没有拜过"童子之师"，他们怎么可能没有遇到过"三人行，则必有我师"的"师"呢？可以说，这场辩论和韩愈无关，也与《师说》无关。应该说，这个案例的确是一个典型的生成教学，具备了生成教学“发现、现场、意外、突破”等主要特征，但又确确实实不是一个成功的生成。

二、预设和生成的辩证：指向预设的生成和指向生成的预设

预设和生成的关系是对立的，又是辩证的。那么，我们应该怎样理解和处理预设教学和生成教学之间的关系呢？我的看法和做法是：预设要指向生成，生成要指向预设。

那么，什么是指向生成的预设呢？如何做到预设要指向生成呢？

1. 预设目标但不要追求达成。

语文课堂教学到底要不要有一个明确的目标呢？我的态度非常明确：语文课堂教学不能没有目标。没有目标的课堂教学，“像雾像雨又像风”，只能是“跟着感觉走”。事实上我们也经常听到这样的语文课：一是让人看不出是什么课，二是不知道教师到底要干什么，三是不知道学生能够得到什么。

有老师说，听某名师上课，如行云流水，行所当行，止所当止，学生喜欢，给人享受，但他并没有什么明确的目标。没有列出目标，并不是没有目标。学生喜欢，给人享受，这就是目标；行所当行，止所当止，这也是有目标的教学行为。只是到了一定境界，不显山，不露水，一切皆在其中。甚至不用去认真考虑什么是目标，一出手，该有的就都有了。这就是所谓大道无形。但这不是人人都能做到的，尤其是青年教师。

有老师会说：那是不是提倡“目标教学”的模式呢？我说也不是。我一向不主张语文教学有模式。但所谓目标教学的模式我是知道的。其基本的思路是：出示目标（简称“示标”）—达成目标（简称“达标”）—检测目标（简称“检标”）—强化目标（简称“补标”）。即教学开始就由教师明确提出本节课教学要达到的几个目标，或者和同学一起讨论确定学习的目标，然后针对教学目标逐条开展教学活动，再通过口头问答或书面试卷等方式检测目标的达成情况，最后针对薄弱的环节进行强化。现在还有人或全部或部分地运用这种模式。看上去这是一个十分科学的语文课堂教学结构，几乎可以说完美无缺，其实无论从学理上还是实践上都是站不住脚的。语文的素养和语文的能力都不可能分为一个个目标点，即使分为一个

点，组装起来也不再是我们要培养的语文素养和语文能力；更重要的是，语文的任意一个目标点也不是一节课或几节课就能“达标”的，比如整体感知文本内容，比如抓住关键句理解文义，比如抓住特点写景。这样的道理很容易明白，不再赘述。

我们不主张目标教学模式，但我们主张语文课堂教学还是要有目标。我们主张语文课堂教学要有目标，但又不主张课堂教学目标的当堂达成。我们不主张语文课堂教学目标的达成，因为语文的教学目标一般都不可能在一节课或几节课达成。教学朱自清的《背影》，教学苏轼的《记承天寺夜游》，作者的思想感情绝不是一两节课所能理解的，即使教学王安石的《泊船瓜洲》“京口瓜洲一水间，钟山只隔数重山。春风又绿江南岸，明月何时照我还”这样一首非常简单的诗，也不是哪一个目标能在一节课达成的。

而从生成和预设的关系看，强调了预设目标的达成，就必然会丧失生成的教学空间。很多老师的课堂之所以没有生成，之所以不敢生成，之所以不能及时发现生成的资源，很重要的一个原因是紧紧盯着目标的达成，不敢越计划一步，也不敢放松片刻。高度的计划性和高度紧张感，纵然有很好的生成契机就在面前，他们也熟视无睹。而且必须强调的是，他们紧紧盯着的都是那些“死目标”的达成，一般都是结论性的目标，都是知识性的目标。为了这些目标的达成，放弃了能力性的目标，放弃了过程性的目标，放弃了素养性的目标，于是生成就从这些课堂中消失了。最典型的是文言文的教学，很多老师教学文言文，其目标就是努力做到所谓“字字落实的翻译”（其实是做不到的），于是鲜活丰富的生成资源视而不见了，只剩下老师报译文学生抄译文。

2. 预设内容要拓展生成的空间。

从某种意义上说，课堂教学的生成主要是教学内容的生成。为什么有些老师的课堂教学没有生成的空间呢？因为他们对教学内容的理解是逼仄的。而能否从文本中发现和拓展教学内容的空间是教学生成的关键之一。

《我们家的男子汉》是苏教版初中语文教科书新课程改革以后选入的一篇课文。不少老师认为它不是经典，课文比较简单，缺少有价值的教学内容，就采取了淡化处理的方法，甚至有的老师根本不教。一次教材培训时，有老师提出这样的文章没有“教头”，我说：从某种意义上说，没有哪一篇文本会没有教学资源，只是我们还没有发现它的教学价值。老师们便要求我教一教这篇课文，我便答应大家的要求做一次开拓文本教学资源的尝试。

我这样做还有一个原因是，新课程改革倡导课堂教学的开放，主张教师要积极开发阅读教学的教学资源。可是对这样的教学理念的理解，出现了一种极为不正常而又比较普遍的偏差，即简单化地进行文本堆积。往往是以教学文本为话题或为出发点，抓住表面的联系，引入大量与教学文本有关或无关的文本和其他教学资源。这种一味向外拓展的教学资源开发，造成了很坏的影响，使阅读教学形成一种严重的浮夸风。而真正的教学文本却并没有好好解读，阅读能力也没有扎扎实实地培养。表面的教学资源丰富掩盖了对文本资源的开发。而一味向外拓展的教学资源开发所带来的教学，并不是我们所说的生成教学。我想通过这篇课文的教学告诉大家，一篇看似平常的“没有东西可教的”课文可以开发出丰富的教学资源，或者说更利于我们开展生成教学。

教学中，我抓住“男子汉精神”的理解、小标题的结构特点以及语言的品味语句的揣摩三方面内容上了一节内容饱满、多处生成的课。对男子汉精神的解读，我不是只告诉学生作者赞赏的是什么样的“男子汉精神”，而是通过归纳“我们家的男子汉”身上的主要品质，讨论作者最肯定的是什么样的男子汉精神，再用文中的话或用自己的话（最好是一个比喻）描述心目中的男子汉精神，最后全班根据课文内容合作完成小诗《小小男子汉宣言》。通过多层次的、多种形式的学习活动，从形式到内容都体现了生成的特点。对小标题的处理，也不是单单分析了它在文章中的作用；而是先讨论小标题的一般作用，然后找一找本文是否有小标题和有关部分内容是否相符合，再引导学生用文中人物语言置换原来的小标题，最后比较两种小标题的不同效果。充分开发了文本的教学资源和学习空间，也体现生成教学的价值。这样的教学过程，既是线性的，又是多维的；既是平面的，又是立体的；既是精心预设的，又是动态生成的。

3. 预设活动要能够激活生成主体。

课堂教学的过程，是由一个个教学活动组成的。能否设计成功的教学活动，是形成教学生成的关键。而成功的教学设计首先是要能激活学生的生成欲望。很多预设教学之所以显得沉闷呆板，没有活力，就是以寻找某个结论或证明某个结论为目的，而不是以激活学生的学习参与为目的。比如教学鲁迅先生的《孔乙己》，毫无疑问，孔乙己形象的认识和形象意义的理解是很重要的教学内容。但我们往往就是将大家所熟知的诸如“自命清高”、“好吃懒做”等标签贴到他的身上去，然后再概括出科举制度害人、社会冷漠等主题。这样的教学是容易的，但这样的教学是“死”的。我教学《孔乙己》的主要活动是：一是让同学交流阅读之后印象深刻的“人物碎片”，可以将孔乙己和“我”比较，感知“再现”孔乙己的基本形象；二是结合具体片段回顾作者主要从哪些方面描写孔乙己；三是聚焦手的描写，看课文写了多少次手，从哪几方面写手；四是学生说说自己认为哪一处手的描写最能表现出人物性格，哪些描写联系起来看更能看出人物命运，大家一起从多角度品读用手“走”的描写，从中读出人物性格、人物命运和人物的内心世界；五是每人选一处可以写手的地方写一次孔乙己的手，再全班合作写孔乙己死的场景，并且突出手的细节描写；六是为孔乙己写碑文，猜想孔乙己自己如果要留下碑文会写什么内容。尽管我的教学内容主要也是理解孔乙己这个人物，但一连串的丰富活动，将学生引入学习情景，激活了他们参与的热情和生成的欲望。从多次的课堂实践看，无论是“品手”，还是“写手”，无论是学生们为孔乙己写碑文，还是孔乙己自己为自己留碑文，生成的特征是非常显著的。

可以说，只有当预设指向生成，课堂才会有生成；同样，当我们强调预设要指向生成的同时，也必须让生成指向预设。

首先，生成要指向语文课程目标，即指向学生语文素养的培养，体现语文学科的课程价值。我们有不少课，看起来生成的特征非常鲜明，但因为没有指向课程目标，那就不是语文教学的生成，而只能是“跑偏”。比如有的老师教学杰克·伦敦的《热爱生命》，就让他们大谈生命的意义，大谈应该如何热爱生命。这就成了“跑偏”的生成。

其次，生成要指向课堂教学的目标，体现活动组织的教学价值。我们前面说过，课堂教学必须有明确的目标，一节课的教学活动就应该围绕这个目标。如果课堂活动成了随意性的拼凑，教学目标就会形同虚设，而各个具体的教学活动，也就没有了具体的教学指向。所以教学生成，也必须指向教学目标。一位老师教学琦君的《春酒》，开头的两个活动：一是让学生听罗大佑的《童年》，一是组织同学们和作者比童年。姑且不说琦君的《春酒》是不是 写童年，即使是，这两个教学活动有什么教学价值呢？罗大佑的童年，学生的童年，和作者的童年有什么可比之处呢？教者的意图或许是让学生认识到作者童年生活的艰苦，而自己的童年多么幸福。但结果恐怕适得其反，学生会认为自己的童年很不幸，而作者的童年很有趣。不要主观认为，物质丰富的童年就是幸福的，物质贫乏的童年就是不幸的。这样的联系和对比是牵强的，对课文学习整体目标不会有什么实际作用。

最后，生成要指向学习目标，体现教学活动的学习价值。

课堂教学中的每一个学习活动，都应该有学习价值，即让学生都能够有所得，或者是学习知识，或者是形成积累，或者是培养能力和素养。比如阅读教学，课堂中的每一个学习活动，都要为文本的阅读服务，都要为学生研读文本服务，都要让学生在这个活动中有所收获。而我们有些课堂教学活动，虽然呈现出生成教学的特征，但却常常远离文本，也远离学生阅读能力的培养，更没有让学生在活动中获得语文的积累。比如一位老师教学《愚公移山》，让学生以智叟的身份和愚公对话，对愚公的行为提出质疑，课堂的生成是丰富的，但却没有加深对文本的阅读，没有培养文言文的阅读能力，到底让学生能够得到什么，是很多人质疑的。

三、预设和生成的追求：问题在于预设的混乱，不在于生成的缺失

就目前的教学实际而言，我们以为主要的问题不在于生成的缺失，而在于预设的混乱。

从预设和生成的关系看，成功的预设是成功生成的基础。没有成功的预设，就没有精彩的生成。只有具有空间的预设才能给生成提供土壤。看起来似乎生成总是意外而至，实际上又总有其必然性。人们常说：机会总是垂青有准备的人；追求卓越，成功才会意外来临。课堂的精彩生成也是如此。一棵树的开花，需要适宜的土壤，需要适宜的气候。课堂教学中，这适宜的土壤和气候，就是适宜的教学情景。它是由教师和学生一起形成

的，更重要的是教师创设的。这个创设必然包含了预设的成分，可能还是很重要的因素。当然，这个预设有的是近期的显性预设，有的是长期的潜在预设。近期的显性预设就是教师在设计这次教学时的准备，长期的潜在预设就是一个教师为了这一刻日积月累的由专业素养到课程理念，由教学设计到现场组织的准备。但我们必须承认，无论是近期的显性预设，还是长期的潜在预设，都是一种教学预设。正是这样的预设造就了精彩的生成。因此，有些人空洞地大谈生成的理论，大谈生成的重要，甚至大谈生成的技巧，而最终并没有在他们的课堂上看到真正的生成。

从目前课堂教学设计的实际情况看，教学设计存在着比较普遍而且比较严重的问题，从目标预设到过程预设，从活动形式预设到活动效果预设，从单个环节的预设到整体过程的预设，都存在着比较突出的问题，甚至有些课堂里还存在较多的错误性预设。记得听一位老师的作文评讲课，题目要求是写说明文。在老师指出了这次作文的几个主要问题之后，肯定了这次说明文写作的可取之处；接着就是典型优秀习作的评点，在让作者读了文章之后，老师引导大家从说明内容到说明方法，从说明顺序到说明语言进行分析欣赏。一堂课看起来像模像样，但那篇题目为“作业”的优秀习作压根就不是说明文。生成有预设性生成和随机性生成，不用说前者完全依赖于教师具备生成设计的能力，而后者对教师教学理念、专业素养和教学组织能力的要求则更高。

在这样的背景下，奢谈教学生成很可能适得其反。而从教师素质的角度看，如果预设的基本问题都不能解决，怎么可能出现比较理想的教学生成呢？缺少预设教学的良好素质，其课堂就很难有生成的土壤，即使出现了生成教学的契机和资源，也未必能够及时发现和把握，更难促使其发挥良好的教学效益。

也许我这样的观点失之于悲观和保守，但却是基于现实的比较冷静的思考。我们的意图就是要强调，提倡生成教学的理念，追求课堂教学的生成，首先要注重预设能力的培养，先解决科学预设的问题。当然，这也不是一个绝对的观点。既是因人而异的，也是因课而异的，不善预设并不绝对地不能追求生成，而是说，如果要协调好两者关系，要真正发挥生成教学的优势，是必须要培养教学预设的扎实功底的。

文本的尊重与文本的超越

文本解读是阅读教学最基本的问题。我以为，解读文本的正确态度是既尊重文本，又超越文本。可目前的文本解读存在着比较突出的两个问题：一是解读不够到位，既不够全面，也不够深入，对文本解读缺少应有的广度和深度；二是解读过度，即缺少对文本应有尊重的随意解读和过度的“细读”。

文本解读不到位有多种情况，常见的有这样一些表现：

1. 缺少全篇意识，关注文本局部的“盲人摸象”式解读。

应该说，任何文本的解读都不能不顾及全篇。一叶障目，不见森林的阅读，盲人摸象式的阅读，都是很容易出现曲解和误读的。而阅读教学中的文本阅读，就更不能不着眼于文本整体进行教学，否则无论是对文本的理解还是对学生阅读习惯和阅读能力的培养都极为不利。现在有些老师的阅读课就是从文本中选择一些精彩的片段进行品读欣赏，这固然有它的教学价值和教学效果，但无视全篇、只有局部的阅读教学对学生语文素养造成的负面影响是值得警惕的。

一位老师教学龙应台的《目送》，其教学环节是：（1）指名朗读自己喜欢的段落。（2）讨论：写了几种目送？哪一种让你共鸣？哪一种让你感动？（3）品读引起共鸣的目送：自由读感动的句子，体会感情。（4）学生以文章中机场那个少年的身份，以“我无意间回首看母亲的方向……”做开头写一段话。（5）研读“我慢慢地慢慢地了解到……不必追”，说说对“不必追”的理解。（6）穿越不同的生命场景，利用课文的句子或片段组合进行“创新朗读”。（7）小结朗读方法。

也许我的笔记会有遗误，但应该没有大的误差。从这个教学过程看，教者对这篇文章缺少应有的整体关注。这篇文章的结构并不复杂，是一个典型的并列结构：前半写“我”目送儿子，后半写“我”目送父亲。这是比较特别的结构。这篇文章还有一个值得关注的地方是文章的第9段和第16段完全一样。从语言到标点，没有一点变化。我觉得这样的形式特点和她要表达的思想是紧密相关的。它让我们感受到，在作者心目中，人的生命就是这样一个不断目送的过程，目送新生和成长，也目送衰老和死亡。不必惊诧，也不必放弃，这就是生命的本质。我们每一个人就这样走过来，而真正属于我们自己的路，又只能我们自己一个人走过。作者的题记“有些路啊，只能一个人走”似乎也暗示了这一点（不知为什么教材编者将它删了）。可我们看到的这节课的教学，所有活动关注的只是语句和片段。前后两个片段是什么关系？两个段落的反复有什么意味？作者写这种目送，除了表达亲情，还要告诉我们什么？教者几乎丝毫没有关注。学生读到的只是一连串的片段，思考的是一连串关于片段的问题。

2. 缺少背景意识，关注表面内容的“就事论事”式文本解读。

马及时的《王几何》是人教版初中语文教材七年级上册的一篇课文。文章描写了一个个性非常鲜明、深受学生喜爱的几何老师。从某种意义上说，这篇文章的确没有深刻的思想内容，但这绝不意味着这是一篇立意肤浅的文章。而很多老师教学这篇文章，只是关注作者如何抓住人物的语言、动作和同学们的反应写出了人物的幽默和有趣。这自然不错。但我以为解读这篇文章仅仅抓住这些内容就显得肤浅了（除非你只是把它作为学生写作的范文而不是阅读教学的课文）。作者在文章中写道：“老师在黑板上公布自己的绰号，并且希望大家以绰号相称，在那些做什么事都严肃认真、呆板教条的年代，这样的稀奇事，不是太离谱了么？但少年时代总是充满了叛逆，越离谱的事大家越喜欢，于是全班同学兴趣高涨。”我以为解读本文，这句话不能不加以关注。这个老师之所以受到同学们的喜爱，这个人物之所以让他的学生和作者难忘，一定与那个“做什么事都严肃认真、呆板教条的年代”有关。我的意思是，我们应该立足这样的时代理解这个人物，理解文本的思想内容。王几何受到学生追捧，与他的有趣，与他对几何的热爱，与他精湛的教艺有关，与那个特定的年代也有着必然的联系。不关注这一点，就不能真正读懂这篇文章。再比如，纪伯伦的《浪之歌》，很多老师只是把它作为一首一般的爱国主义的散文诗来教学。其实，只要我们了解诗人的身世经历和这首诗的写作背景，就很容易发现诗人表达了一个被祖国遗弃的人对祖国忠贞不渝的爱，就不难理解这篇散文诗思想内容的深刻性：即使祖国抛弃了我们，我们也必须忠贞不渝地用全部身心热爱它。这样的理解更加深刻，也更加切题。也唯有这样的理解，才能对诗歌中的种种形象和表现手法，对诗歌中的许多具体的语句才有真正的理解。

3. 缺少文体意识，不顾文体特征的“模式化”文本解读。

阅读教学必须体现文体的特征，按照文体的特点和阅读规律组织教学，是阅读教学的基本要求。可近些年流行“整体感知—局部探究—文本拓展”等模式，文体被严重淡化，对学生阅读能力的培养造成严重伤害。

一位老师教学《好嘴杨巴》就是三大环节：（1）梳理文本。（2）重点研读。（3）拓展延伸。第一个环节主要是了解小说的人物和故事的几个要素；第二个环节是抓住人物的一段话品读“好嘴”好在哪里，“奇人”奇在何处；第三个环节提供历史故事，设置情景让学生仿写。我们说这节课的教学基本没有体现小说的文体特点，或许有些老师不一定认同。因为看上去一节课都在解读人物。可是，教师关注的都是人物的外在特征和表现。杨巴除了嘴巴灵巧，到底是一个什么样的人物呢？作者为什么要塑造这个形象呢？作者对这个形象的态度是褒还是贬呢？杨巴和杨七两个人物是什么关系？教者一开始由作者的另一篇小说《刷子李》导入，可两篇小说的主要人物杨巴和刷子李有什么异同？教者对这些问题并没有关注，更没有深入解读，整个教学都只停留在人物特征的表层。

与不到位的肤浅、片面的阅读相反的是文本的过度解读。其常见的表现有：

1. 望文生义式的主观分析和微言大义式的牵强挖掘。

一位老师教学苏轼的《记承天寺夜游》，引导学生品读“庭下如积水空明，水中藻荇交横，盖竹柏影也”一句，先齐读想象情景，再闭目听老师配乐范读，写内心体验，说说面对这样的情景有何感受。在老师引导下，学生读出了作者内心悠然的喜悦。老师问：“你从哪里读到了这恍然大悟的喜悦？”学生回答：“从‘盖竹柏影也’一句。”老师再问：“作者为什么只写‘竹柏影’呢?”一开始学生摸不着头脑，老师便启发大家思考中国古代文化中竹子、松柏的象征意义，学生终于明白作者写“竹柏影”是为了表现自己像竹子一样的气节，像松柏一样的坚定志向，因此看到了“竹柏影”便欣然喜悦。或许这位老师“竹柏影”象征气节和志向的说法是有所依凭的。但我以为在这样的记游写景的文字中，对所写的景物进行象征意义的分析，总不免有些牵强，尤其是对初中生可能很不适宜。既然“竹柏影”象征气节和志向，那么月色象征什么呢?在承天寺夜游，如果不写竹子和松柏的倒影又能写什么样的倒影如同“藻荇”呢?既然要以“竹柏影”象征气节和志向，何必要写它们的倒影呢?从写作的背景看，这时候的苏轼，思想的主要倾向更多的恐怕不是儒家的有为，而是道家的自然和释家的超然了。总之，我以为说“竹柏影”象征气节和志向的说法显得勉强，是微言大义式的过度解读，尤其是对于初中生来说。

文本解读，从细处入手，从语言入手，无疑是对的，但过分细抠，不仅不合学生的实际，而且很可能造成对文本的误读。经常听到一些作者谈到自己的文章作为考试材料命题后自己说不出答案的事，其原因可能与此很有关系。

2. 高度自我的个性解读或简单化的多元解读。

一位老师教学鲁迅的小说《祝福》，教学的主要内容就是寻找害死祥林嫂的凶手。在排除鲁四老爷、四婶、柳妈、“我”等人物并一一论证后，最后论定祥林嫂自己才是真正的“凶手”，是她自己一手害死了自己。这样的解读的确非常“个性”，也非常有新意，但我想恐怕很多人是难以接受的。在我们看来，活在那样的年代，处在那样的环境中，又遇到那样的遭遇，祥林嫂能够那样做，已经非常不容易了。我们还能要求她怎样做呢?除非她任人摆布，随遇而安。但那已经不是祥林嫂了。更重要的是解读文本不能不从文本出发。在小说中，祥林嫂始终是一个被迫害者，始终是一个挣扎者。如果认为这样的挣扎加剧了她的苦痛，加剧了她命运的悲剧性，不能说没有一点道理，但我们不能不顾及作者的意图和我们教学的意图。鲁迅是告诉我们挣扎会加剧苦痛而不要挣扎吗?我们要告诉学生为了减少痛苦就不要挣扎吗?显然都不是，也都不能。人的一辈子就是在不停地挣扎，虽然我们不知道这样的挣扎会是什么结果。祥林嫂的挣扎的确没有改变自己的命运，但我们不能因此就否定她挣扎的意义，更不能说她的挣扎是她悲剧命运的根源。一位老师教学澳大利亚作家泰格特的《窗》，其中一个环节是讨论这个故事中谁是受害者。在绝大多数学生认为近窗人是受害者时，老师问：是的，绝大多数人认为近窗人是受害者，但有人认为远窗人也是受害者，有人同意吗？当然，很多同学是不同意的。但也有同学同意，其理由是靠窗的人将窗外的景象描写得太美好，引起了远窗人的嫉妒之心。这一想法居然得到了老师的肯定。老师从“人文的高度”，从“理解的角度”认为这些同学的观点很有道理，远窗人的行为近窗人是有责任的。如果祥林嫂的案例多少还有“公说婆说”的可能，那么这个案例恐怕就实在看不出一点道理了。如果别人的善举和对自己无私的帮助，也会成为自己加害对方的理由，我们真不敢想象，还有什么是非可言。从文本解读的角度看，这样的逻辑成立，还会有什么样的解读不能成立呢?

3. 不顾教材编写意图和学生实际，不适当地“知人论世”和生拉硬扯地“联系实际”。

苏教版小学语文教材四年级下有一篇课文叫《黄河主人》，由作家袁鹰的散文《筏子》改写而成。文章的内容是写在黄河的惊涛骇浪之中，老艄公沉着地划着羊皮筏子为人们摆渡。一位老师教学这篇课文，向学生介绍了“文化大革命”那个年代的特定背景，介绍了作者那代人的文风和思想取向，最后引导学生认识到：这个老艄公就是毛主席，这个羊皮筏子就是那时我们的国家，惊涛骇浪的黄河，就是那时的国际环境，船上的六个人就是工、农、商、学、兵等六类人。从“论世”的角度看，这样的解读不是没有道理，但中小学阅读教学的文本解读，不同于文学批评的作品赏析，也不同于大学的文本解读，我们不能没有必要的学生意识。文章的改写是否成功，我们姑且不说。从教材编者的角度看，很显然是让学生在学语言、学语文的同时，有意识地培养学生“黄河主人”的意识和“黄河主人”的精神。如果完全立足于“文化大革命”这样的“世”（时代背景）引导四年级的学生一一对应它们的象征意义，这样的解读，恐怕不是很合理的选择。

同样，简单化地立足我们今天的时代，或者说简单化地立足学生的实际，进行生硬的思想教育，也是不可取的。《华南虎》是诗人牛汉写于

“文革”期间的一首诗，具有浓厚的象征色彩。被囚在牢笼中的华南虎，代表着不屈的生命、执着的灵魂，与之相对的是禁锢自由、代表邪恶的铁笼。通过两者之间的激烈冲突，表现了诗人对精神自由、人格独立的极度渴望。可是一位老师教学这篇课文，最后联系实际对学生进行思想教育，却落实到要学生拒绝诱惑，拒绝“被……”，让人不能不为牛汉感到委屈。应该说，文本解读中“知人论世”是基本的方法，也是符合文本解读规律的，阅读教学中联系学生的实际进行思想教育，也是语文教师应尽的责任，但关键是要适当和适度。不适当不适度的联系就会造成文本的过度解读。

那么，如何在尊重文本的基础上对文本进行适当适度的超越呢？

1. 凸显阅读主体和尊重作者的统一。

接受美学早就揭示了阅读主体在阅读过程中的主体作用，读者和作者共同创造了作品，已经成为一个公认的阅读理念。“我即语文”、“如是我读”等说法，都强调了阅读教学中教师和学生对文本阅读的主体地位。但我们不能又走到另一个极端。我的课堂我做主，文本怎么解读我说了算的做法，既可能误读了文本，也不符合新课程的教学理念，更不符合阅读的规律和阅读教学的规律。所谓阅读主体和尊重作者的统一，就是阅读主体的个性解读必须先站在作者的立场理解文本，必须以作者的表达指向作为解读的基础，而不是以颠覆作者为特征。

2. 倡导多元解读和尊重文本客体的统一。

几乎可以说所有文本的解读都不是唯一的，都具有很大的解读空间，阅读的个性化必然带来阅读的多元化，所以“一千个读者一千个哈姆雷特”、“一千个读者一千个林黛玉”才成为普遍的阅读现象。阅读的魅力很大程度上就来自这样的特点和规律。阅读的多元化，使文本解读具有不同寻常的开放空间，但同时也给阅读教学带来巨大挑战。不负责任的阅读教学因此不再承担任何教学的责任。但我们又不得不承认，所有文本都是一个客观存在，我们无法无视它的存在，甚至某种意义上说无法超越。一切多元都应该扎根于这个文本的土壤之中。所以，人们又强调：“一千个读者一千个哈姆雷特，但只能是哈姆雷特”，“一千个读者一千个林黛玉，但只能是林黛玉”。我们每个人眼中的哈姆雷特或林黛玉都是不同的，但都来自文本客体，都必须符合文本解读的规律。

3. 文本解读的教学需要和尊重学生实际的统一。

文本解读的教学需要，就是教师根据教学方案选择的文本解读取向，这个取向可能是某些早已形成的定论，可能是某位读者的个性解读，也可能是教者自己的解读。无疑，这些解读都可以作为教学资源和教学内容。但作为阅读教学的基本内容，我们的选择不能不考虑学生的阅读实际和阅读需要。有些解读，从学术的角度，从文学批评的角度，或许非常有新意，非常有价值，但却未必适合作为阅读教学的内容选择。有的适合高年级的学生，却未必适合低年级的学生。这是我们阅读教学解读文本时不能不考虑的一个因素。我们提出文本解读的读者立场、教师立场和学生立场三者的结合，就包含了这样的意思。

总之，阅读教学的文本解读，既要对文本有充分的尊重，又要不拘泥于文本本身；既要适当适度地超越作者超越文本，又要遵循文本阅读的基本规律，还要立足学生的实际和需求。当然，确定文本解读的适度空间，是阅读教学的一个重要课题，也是阅读教学的一个难题。绝不是这样几条原则就能解决问题的，需要我们根据特定的文本、特定的教学对象做出适当适度的选择。

问题的提出与问题的解决

课堂的提问，是课堂教学的一个基本问题，早就得到了人们的广泛关注，研究者和讨论者已经很多。但我们这里的“问题提出和解决”和课堂教学中的提问是一个相关却并不完全相同的问题。

问题的提出和解决，主要是指教者在教学中力图集中解决的问题，或者说力图在某个教学环节要解决的问题。而提问，更多的是为了引发学生思考的具体问题。提问具有较大的灵活性和随机性，要解决同样的问题，不同的人可能会采用不同的提问方式，而一节课和一个教学环节要解决的问题一般不会随意改变。比如要教学刘鸿伏的《父亲》，理解文章中“人生的偶然就是命运，但命运绝不仅仅只是偶然，崇拜泥土或崇拜书本，在某种意义上是一样的，但泥土与书本所涵括的内容却往往若我与父亲命运的内容，迥然不同又有许多相同，这也是偶然么?”和“十年前，我还没有读过朱自清的《背影》，后来读了，我感到一阵震撼，但并不如何感动。朱先生虽然把父亲的背影写得沉重、深情，但他的父亲毕竟不如我父亲苦难，活得比我那与泥土、风雨结缘的父亲轻松快乐。我的父亲的背影，我永远像山一样挺立的父亲，是我生命的路碑”这两段话，是一个很重要的问题，也是一个难点。理解了这两段话，才能理解作者的父亲，才能理解文章的主旨。而理解这两段话，可以有很多提问方式，当然，也可以直接提问“人生的偶然就是命运……这也是偶然么?”和“十年前，我还没有读过朱自清的《背影》……是我生命的路碑”这两段话怎么理解呢?但很显然，这是没有问题解决意识的提问，是最简单的也是很难有好的效果的提问。事实上，理解这段话很不容易，我们必须着眼全篇地阅读，设计学习活动和提问，才能有比较好的效果。同样，阅读朱自清的《父亲》，理解作者对父亲的感情变化，理解父子关系，都是很有意思也很有教学价值的问题。但如何解决这个问题呢?直接的提问，直接的讨论，都很难有好的效果，必须精心设计具体的问题解决的途径和方法。

问题的提出和解决，和通常说的教学内容，也不完全一样。因为教学内容是指一篇课文或者一节课要教学的全部内容，甚至包括教学的方式和教学的手段。换一个角度说，一节课的教学内容就是“一个”，而一节课要解决的问题可能是一个，也可能是几个。比如阅读朱自清的《父亲》，理解作者对父亲的感情，理解父亲对作者的感情，这是一般老师都要考虑的教学内容，但教学这些内容，要通过一系列问题的解决来达到目的。教学刘鸿伏的《父亲》，理解作者的父亲，理解文章的主旨，都是基本的教学内容。而完成这些教学内容，则是通过一系列问题的解决实现的。教学《孔乙己》，孔乙己这个人物的理解，是一个最为重要的教学内容。怎么理解这个人物呢?我主要是通过抓住“手”的分析来达到这个目的。怎么抓住“手”

来认识人物呢？又需要通过更为具体的一系列学习活动来解决这个问题。

如果一定要对三者加以比较和区别，我们以为“问题的提出和解决”的范畴比“教学内容”要小，而比课堂提问要大。当然，我们知道这样的比较是拙劣而蹩脚的，只是意在说明它和课堂提问，和教学内容并非完全一回事而已。

首先我们不能不承认，有些课堂缺乏问题提出和问题解决的意识。除了有所谓目标，有所谓教学内容，或者是一连串的课堂提问之外，并不清楚一节课要解决什么样的问题，要解决哪些问题。本文对这类情况暂且不予讨论，而主要是讨论提出的问题并不适宜，或者解决问题的方式并不适宜。

一位老师某节课的教学内容是“走近文学大师”。其教学过程分为三个大的板块：1. 什么是大师？2. 怎么阅读经典？3. 我们为什么要阅读经典？从三个板块的核心问题看，这节课要解决的问题，或者说教者提出的问题到底是什么，并不清楚。从标题看是要“走近文学大师”，而从三个问题看，除了第一板块，多少还能说是“看见”了大师，其他两个环节基本都没有“走近大师”，至多说是走近经典。更何况，一节45分钟的课，能够解决“走近文学大师”这样的问题吗？“文学大师”是一个范畴非常广泛的概念，有小说的文学大师，有散文的文学大师，有诗歌的文学大师，有中国的文学大师，有外国的文学大师，有古代的文学大师，还有现代的文学大师……这节课到底要走近什么样的大师呢？又如何“走近”呢？估计教者也不清楚（具体教学内容非常充分地说明了这一点，后面会论及）。这显然是提出的问题过大，或者说是提出的问题并不明确。

还有一位老师教学《在马克思墓前的讲话》，在明确了马克思是科学家、思想家和革命家之后，就是讨论两个问题：1. 马克思的三重身份是彼此割裂还是融为一体的？2. 文章先写马克思是科学家再说马克思是革命家，这样的顺序安排是失误还是有意安排？与前一个案例提出的问题过大过于空泛、不明确不集中恰恰相反，这一次提出的问题几乎没有任何学习空间，甚至说没有任何学习价值和讨论价值。马克思的三重身份彼此融为一体，课文内容讲得清清楚楚，前一个教学环节也已经做了比较清楚的分析，怎么可能会理解为互相割裂的呢？即使从常识看，恩格斯写的《在马克思墓前的讲话》，而且作为教材的课文，会犯这样极端低级的错误吗？可以说，学生既不用认真研读文本，也不用深入思考讨论，就会做出答案。如果将这个问题改为“恩格斯是如何将马克思的三重身份融为一体加以介绍的”或许还有一点讨论的价值。第二个问题同样如此。文章先写马克思是科学家再说马克思是革命家，这样的顺序安排毫无疑问是有意安排的。有谁写文章对文章的结构是失误中安排的呢？即使安排得并不是非常好，也是认真思考以后的安排，绝不可能是“失误”。同样，即使从常识看，恩格斯写的讲话，而且作为教材的课文，也绝不会犯这样低级的错误。可以说，学生同样既不用认真研读文本，也不用思考讨论，就能做出答案。如果将这个问题改为“作者为什么先介绍马克思是科学家，然后再介绍他是革命家?”，则可能具有较大的学习价值。

对于阅读教学来说，提出明确而适宜的问题重要，而用适当的方式解决问题则更加重要。因为，解决问题的方式和途径不合理，即使提出了有价值的问题，也没有真正的教学意义。我们还以前面的两个案例来说明这一点。教学“走近文学大师”的老师，在“怎样阅读经典”这个板块的教学中，就是以班级一个同学的三句话“曹禺说话太啰唆”、“窦娥比我有文化”、“这个故事好像在哪儿见过”为由头，用PPT引出曹禺《雷雨》中的一个短短的片段，贾岛的《寻隐者不遇》和课文中节选的关汉卿的《窦娥冤》中的【耍孩儿】【二煞】【一煞】三段曲词，分别归纳出“经典心旅”、“看出缝隙”、“寻找原典”等解读方法。即使认同了教者将“走近文学大师”转换为“走近文学经典”，这样几个作品的短小片段，这样单薄的内容和简单方法，就“走近”经典了吗？而且整个教学过程，几乎都是教者讲述知识，归纳方法，学生只是象征性地进行作品阅读。即使比较认真地阅读，100字左右的片段阅读，就能走近《雷雨》？一首贾岛的《寻隐者不遇》，就能走近诗歌？【耍孩儿】【二煞】【一煞】三段曲词就能走近关汉卿的《窦娥冤》？这样三个样本的阅读，“经典心旅”、“看出缝隙”、“寻找原典”这样三个解读方法就能走近文学经典？很显然是不能的。更重要的是，通过讲知识讲方法的途径是不能解决真正的教学问题的；所谓教学问题的提出，是必须通过学生的学习才能解决的。

教学《在马克思墓前的讲话》的老师，在解决第一个问题“马克思的三重身份是彼此割裂还是融为一体的”时，就是领着学生从文章中找出

“这个人的逝世，对于欧美战斗的无产阶级，对于历史科学，都是不可估量的损失。这位巨人逝世以后所形成的空白，不久就会使人感觉到”，“在马克思看来，科学是一种在历史上起推动作用的、革命的力量”，“因为马克思首先是一个革命家”等三个过渡句，经过一番讨论最后小结道：从表达意图的角度看，是为了突出马克思的贡献；从听众意识的角度看，是为了评价全面和深入。在讨论第二个问题“文章先写马克思是科学家再说马克思是革命家这样的顺序安排是失误还是有意安排”时，在领着学生围绕“由浅入深”讨论了一番，并且得出了“科学家可以通过报刊了解，革命家则了解不多”，“科学家是前提是原因”的结论后，最后也小结道：从表达意图的角度看是为了强调马克思的贡献，从听众意识的角度看是为了思路清晰严谨。到此我们不难发现，教者提出以上两个问题就是为了从表达意图和听众意识两个方面得出以上的结论，而不是为了引领学生阅读和思考。让人更为难以接受的，是其结论自身的疏漏。为什么说“评价全面和深入”和“思路清晰严谨”是“听众意识”而不是“表达需要”呢？我和几个语文老师反复讨论也弄不明白。在我们看来，“评价全面和深入”和“思路清晰严谨”就是表达的需要，而根本看不出什么“听众意识”。很显然，先有一个结论，或者说先预设一个结论，然后再提出问题让学生去找，或者说再自己一步步地揭示出来，这样的解决问题的方法，是毫无意义的。即使那个结论是正确的，也是如此。更何况，教者的结论和教者提出的问题之间有什么样的逻辑关系。我们只要把问题和结论放到一起，它们之间的逻辑问题就非常清楚。1. 马克思的三重身份是彼此割裂还是融为一体的？答：从表达意图的角度看，是为了突出马克思的贡献；从听众意识的角度看，是为了评价全面和深入。2. 文章先写马克思是科学家再说马克思是革命家，这样的顺序安排是失误还是有意安排？答：从表达意图的角度看是为了强调马克思的贡献，从听众意识的角度看是为了思路清晰严谨。

问题的提出解决，是一个很值得研究的教学问题。在此，我们并没有全面展开讨论，只是列举一两个案例说明：问题的提出要切合文本，要集中明确，要大小适宜；问题的解决要在教师引领之下尽可能让学生自己解决，要符合语文的学习规律，要让问题解决的过程成为学生学会阅读，学会思考，学会表达，甚至不断发现问题的过程。

矛盾的设置与矛盾的释放

一般说，大家都追求课堂教学一切都能够按计划顺利进行，以圆满地完成教学任务。其实，如果我们在课堂教学中能够主动设置矛盾，通过矛盾激发学生参与学习活动，促进学生的课堂学习，让学生在矛盾的激化和释放中深化对问题的认识，学会阅读学会写作，对于提高教学的效果和课堂品质，提高学生的语文素养都是很有意义的。

1. 阅读教学的矛盾设置，首先是要能够发现和利用文本中的矛盾。

一般说，每篇文本中都包含着丰富的矛盾因素。如果我们善于发现这些因素设置矛盾组织阅读，对促进学生的文本阅读，提高学生的阅读能力是非常有意义的。鲁迅先生的《为了忘却的记念》是最典型的例子。题目就蕴含了一个矛盾，既然“记念”，为什么又“为了忘却”?《为了忘却的记念》一文中也有着多重矛盾，比如作者反复说道：“可是我实在无话可说。”“我们还在这样的世上活着；我也早觉得有写一点东西的必要了。”“但是，我还有要说的话。”“呜呼，我说不出话，但以此记念刘和珍君!”说还是不说，是先生内心的矛盾，也是我们解读的一个矛盾，当然也是教学活动的一个重要矛盾。抓住这个矛盾，可以更深更透彻地解读文本，也可以组织非常有意义的教学活动。

当然更多的矛盾是隐含的。比如《孔乙己》中，鲁迅写孔乙己最后离开人们的视线，是用手走出了鲁镇的咸亨酒店。既然用手，为什么不是“爬”呢？这就是一个矛盾。顺着这个矛盾去思考探寻，就会走进人物内心世界，就会深入理解和欣赏鲁迅的小说艺术。龙应台的《目送》是一篇很多老师喜欢教的文章，可是文本中一个有意义的矛盾因素很多人没有给予应有的关注，于是对文本的解读就很容易失之于肤浅和平板化。这个矛盾因素就是文章的第九段和最后一段是两段一字不易、完全相同的话："我慢慢地、慢慢地了解到，所谓父女母子一场，只不过意味着，你和他的缘分就是今生今世不断地在目送他的背影渐行渐远。你站立在小路的这一端，看着他逐渐消失在小路转弯的地方，而且，他用背影默默告诉你：不必追。"作者为什么要这样重复安排呢？实在是一个有意思的问题，抓住这个问题完全可以牵动全文的阅读，而且更能把握作者写作的深刻主旨。

刘鸿伏的《父亲》是近来大家关注比较多的一篇文章，可绝大多数老师都只是解读为父爱，这自然不会有大错。但作者最后特别强调他的父亲和朱自清的父亲是不一样的。那么刘鸿伏的父亲和朱自清的父亲有什么不同？或者说，刘鸿伏父亲的父爱和朱自清父亲的父爱有什么不同呢？这样的矛盾都是非常好的教学资源和教学入口。抓住了这些矛盾，并且能够用适当的方式释放消解它们，一定能够激活课堂，激活学生的学习，创造教学的理解境界。

杨绛先生的《老王》，有一个矛盾我至今仍在苦苦的思索之中。即文中有一段话是这样写老王的："有一天，我在家听到打门，开门看见老王直僵僵地镶嵌在门框里。往常他坐在蹬三轮的座上，或抱着冰伛着身子进我家来，不显得那么高。也许他平时不那么瘦，也不那么直僵僵的。他面如死灰，两只眼上都结着一层翳，分不清哪一只瞎，哪一只不瞎。说得可笑些，他简直像棺材里倒出来的，就像我想像里的僵尸，骷髅上绷着一层枯黄的干皮，打上一棍就会散成一堆白骨。"作者是同情老王的，后来是很敬重老王的，可为什么用这样冷冷的笔触去描摹老王的形象呢？尽管我很多次教过这篇文章，但坦率地说我至今没有找到让自己踏实的解读。倘若真把这个矛盾解开了，一定能为课堂教学带来很有意思的活动。

2. 除了在阅读教学中抓住文本的矛盾因素设置教学矛盾，更多的是借助教学因素在教学过程中设置矛盾。

一是借助难点。

难点的处理，是课堂教学的一个重点问题，也是考量一个教师教学素养的重要标志。很多老师虽然在备课笔记上写出了教学难点是什么，可在教学过程中并没有能够真正解决难点。如果我们善于借助难点设置矛盾，就可以化难为巧，不但可以顺利解决难点问题，而且可以非常有效地培养学生的思辨能力和解决问题的能力。

教学丰子恺先生的《给我的孩子们》，如何理解文章的主旨，即如何理解作者对现实的失望和悲哀是一个绕不过去的难点问题。我们当然可以通过“讲”的方式来解决，但这样的说教一方面不符合语文学科的特征，而且很可能起到适得其反的作用。对这个难点问题我是这样处理的：先让同学们阅读三个父亲阅读这篇文章的三段感想，比较概括三个父亲的不同态度，再让同学们说说自己的父亲会是什么样的态度，接着说说哪一种态度更接近作者的态度，最后谈谈自己对童心的认识，并用规定的句式“不是……而是……”造句。这个教学过程中多次设置矛盾：三位父亲的不同，自己的父亲和三位父亲态度的比较，几位父亲的态度和作者态度的比较，自己对童心的认识，“不是……而是……”矛盾式的造句，比较好地解决了一个棘手的难题。

二是借助教材。

用教材教，而不是教教材，已经是一个大家熟知的理念，但怎么具体体现还值得好好研究。就矛盾设置看，教材实在是一个非常好的资源。教学《阿房宫赋》时，我就多次借助教材设置矛盾。比如文中有个句子“鼎铛玉石”，教材上一般的注释是“把宝鼎当作铁锅，把宝玉当作石块”，有的教材还要注释：“鼎，玉，是意动用法。”很多资料也是这么说的。那么到底是不是意动用法呢？很多人是不同意的，我也是不赞同的。如果是意动则翻译应该是“把铁锅当作宝鼎，把石块当作宝玉”。于是我就抛出这个矛盾让学生讨论，虽然这是一个枝节问题，但能深化学生对这个知识的掌握，很好地培养学生的分析能力。不同的教材，在注释、增删、分段上都会有所不同。很多老师为此苦恼，而我以为这样的烦恼正是很好的教学资源，正是我们设置矛盾的好地方。比如苏轼的《念奴娇·赤壁怀古》，“人生如梦”又作“人间如梦”，“樯橹”又作“强虏”。我便让学生展开讨论，借此解决了这首词学习的许多问题，也培养了鉴赏古诗词的能力。苏教版《谏太宗十思疏》和其他教材的注释、正文都有很多不同。我的教学就以此为基础展开，组织了一个又一个矛盾，比较注释，比较增删，比较结构，比较主旨，比较朗读，教学富有张力，无论是对于文言文阅读能力的培养，还是语文综合素养的培养，都很有意义。

三是借助分歧。

很多问题，有不同的说法，这是语文教学的常见现象。借助这些分歧，也可以设置很好的教学矛盾。前面说到的借助教材设置矛盾，有的就是借助分歧。比如李白的《蜀道难》就存在着很多分歧，姑且不说词句的理解和分析，诗歌的句读，诗歌的分段，诗歌的主旨都有不同分歧，每一点都是设置教学矛盾很好的条件。比如“又闻子规啼夜月，愁空山”，有人就主张断为“又闻子规啼，夜月愁空山”。这个问题的讨论，不仅可以深入理解诗意，感受作者的内在感情，而且可以欣赏李白的语言风格。诗歌的主旨则有很多不同说法：有人说是送友人，有人说是怀友人，有人说隐喻人生艰难，有人说是隐喻仕途艰险，有人说是劝皇帝不要入蜀，有人说是讽刺藩镇割据的时局。我便先让同学们选出自己认可的见解，再从诗歌中找到依据，最后讨论哪些见解是可以相容的。这首诗的分段不同，也是一个矛盾设置的很好的资源。有的版本不分段，有的四句一段，有的两句一段，有的分段则长短不齐。在同学们发表意见后，我请同学们朗读诗歌，我在黑板上用线条符号表示了我主张的分段形式，并让同学们说说这个图谱和诗歌的关系，借助这个活动理解了蜀道之险，诗人内在情感的起伏，以及诗歌语言的杂句特点，既很有趣也很有意义。

3. 矛盾设置，还要善于抓住各种契机，激化种种矛盾关系。

（1）要善于激化同学之间的矛盾关系。

有些老师，为了追求教学的顺利和圆满，最希望第一个学生就能找到他所需要的答案，这样的教学看上去非常顺利，其实是虚假的繁荣，学生并没有学到该学的东西，教学过程也没有真正激活。比如课文中写了两件事，让学生分别用一句话简要概括两个事件。有些老师就会分别找两个最好的概括，夸赞一句“很棒”就完成了教学。作文课交流学生习作时，也是每个小组挑最好的交流，老师说说好在哪里了事。这里面隐藏着很多问题。首先不应该挑最好的交流，至少是有好一点的也有差一点的，最好是有不同层次的。这样才有教学的空间。其次是，即使这两位同学概括得确实非常棒，几位同学的习作的确不错，教师也不应该急于下结论，而是要让同学们发表意见。有人认为好，有人认为不够好，这样就有了矛盾。如果能够分层次不断追问，矛盾就会不断涌现，效果就更好：这两位概括得已经很好了？有没有人觉得自己也很好？有没有人觉得自己比他们好？除了这样概括，还可以怎样概括也很好？这几位的习作很优秀，有没有同学发现了他们的不足？有没有同学觉得自己也不错？有没有同学觉得自己比他们更好？有没有同学对自己的习作没有把握，希望大家一起来评点一下？有没有同一篇习作，大家的看法不一致？矛盾越丰富，课堂越具有张力，学生得到的就越多。

（2）要善于激化师生之间的矛盾关系。

现在很多课堂上，教师成了学生的跟屁虫，老师不敢批评，甚至不敢有不同意见。这实在让人啼笑皆非。我是经常和学生对着干的，甚至故意为难他们，故意刁难他们。教学《黔之驴》，在理解了寓言的寓意之后，我常常要问："我们班有同学喜欢驴吗？"一般情况，一个也没有。我说："大家的表现让我很失望，也很痛心。黄老师就很喜欢驴，很同情驴。大家想一想，驴有这样的悲惨下场，它自己有什么责任？"同学们就会说："驴没有什么本领。"我说："驴真的没有本领吗？"我列举事实说明驴有很多本领，驴能拉车，能拉磨。驴默默无闻，老老实实，吃苦耐劳，怎么能说驴没有本领呢？有同学说，驴没有特殊本领。我问："有多少人有特殊本领呢？你们爸爸妈妈有吗？你们有吗？大多数人没有特殊本领，黄老师也没有。没有特殊本领就该被吃吗？"我知道学生的回答和理解是"不错"的，我是故意制造矛盾，激化矛盾，让学生从中深化阅读，感悟阅读，学会阅读，提高阅读能力，提高思维品质。

其实有时候教师和学生主动叫板是很有意思的。

（3）要激化师生和第三者之间的矛盾。

这个第三者主要是指作者，也指教材编者等。我教学鲍吉尔·原野的《雪地贺卡》，采用的是读写结合的教学策略。隐藏了全文后，让同学们和作者一起写作全文。最后一个环节是为文章加标题。同学们的题目五花八门，最后比较集中的是"雪人贺卡"。可作者的标题是"雪地贺卡"，那么到底谁的更好呢？开始我也是赞同"雪人贺卡"好，可是我又要求同学们再站在作者的立场想一想：他这样写有什么道理呢？换位一想，后来发现还是"雪地贺卡"好，不仅意境更美，而且更切合内容，因为文章写的不仅仅是雪人的贺卡。我教钱钟书先生的《谈中国诗》一直是在和作者的矛盾之中完成教学的。起先是认为，文章有很多内容不扣题可以删去，后来是觉得作者的题目不严谨，应该补写很多内容，最后再来反思我们的学习行为，看看哪些真的能删，看看题目哪些是的确需要补写的。最后发现，所有内容都紧扣题目，文章题目也不需要增加一个字。从形成矛盾，到解决矛盾，完成了阅读，也学会了阅读。

当然不仅仅是激化师生和作者的矛盾关系。教学《谏太宗十思疏》我让学生先听录音朗读，再听我朗读，绝不是张狂到认为自己的朗读有多好，而是让学生在比较中感受文本，理解作者的感情，同时也是设置矛盾，激发学生的思考和学习参与。事实证明，效果还是不错的。

4. 教学矛盾的设置，更多的是直接设置矛盾，让学生面对矛盾，置身于矛盾之中。

这方面我有很多例子。教学《阿房宫赋》，抓住最后一段理解文章的主旨，辨析几个“后人”内涵的同与不同，然后我说：作者的写作目的就是为国君们提供一面镜子，但我们有多少人会做国君呢？为了大多数人，我把本文的结尾改了。大家看，是杜牧原文的结尾好还是黄老师改写的结尾好呢？同学们的意见也分歧很大，有的说我的好，因为我的更加贴近普通人的实际；有的说作者的好，因为文章就是人家写的。于是我引导大家思考：评价结尾好不好的依据应该是什么？是要着眼于全文的内容、思路、主旨和语言的一致。矛盾解决了，文章的主旨就读懂了，而且梳理了文章思路，理解了“体物”和“写志”之间的关系。

教学岑参的《白雪歌送武判官归京》我多次用了故意出错的方法制造矛盾。一是在描述诗句意境的时候，有些诗句可能比较难，没有同学主动描述，我就自己描述让同学们评点。比如“瀚海阑干百丈冰，愁云惨淡万里凝”，我描述道：一片无边的大海上，到处漂浮着一块块巨大的冰块，天上飘着一堆一堆厚厚的云，让人心里生出许多愁绪。有同学说好，也有同学说不好。我便让他们展开讨论，好在哪儿，不好在哪儿，依据是什么。最后为了让同学们感受感情基调，我找一个同学和我比读课文，看谁读得好。我故意把诗歌的感情读得很凄凉。可是有同学认为我读得好，因为我是老师，因为我读得有感情。这样的矛盾设置和矛盾的释放，其教学效果是非常理想的。

在作文教学中，我也常常如此。《雪地贺卡》写了两次贺卡之后，我问："要不要继续写贺卡？"有的说不要，有同学说要。如果不再接着写贺卡，那么写什么呢？有同学说，写两个人相见。我问：见好还是不见好呢？如果要见，怎么见呢？谁去见谁呢？我不断把一个个矛盾推到学生面前，让他们选择让他们思考，再让他们写作。教学高中作文课"故事情节的展开"，每一个阶段都有多种矛盾，最后一个环节是结尾，我先提供两个结尾让他们比较，再让他们每人尝试补写一个结尾，最后我提出了四个方案，再让他们讨论比较。矛盾的不断出现，就是教学过程的不断推进，也是教学内容的不断深入。

课例6　《我的叔叔于勒》教学实录

师：同学们，知道今天学什么课文吧？

生（齐）：知道。

师：有没有看呀？

生（齐）：看完了。

师：看了五遍的举手！

（只有两个同学举手）

师：看没看，不是说声音响亮不响亮。看小说，就看能记住多少，记得越多说明看得越认真。看得遍数最多的是后面的两位女同学，哪一位先说说，看了这篇小说，你现在不看书，还能记住些什么内容、哪些情节。中间那位女同学先来，你现在能记住哪些情节？

生：于勒叔叔以前糟蹋钱，后来写了一封信给菲利普家。菲利普全家认为于勒很富有，都很期盼他回来，再后来看到他又穷了之后，就不想见他。

师：好的！她记住的是"我"的叔叔于勒整个的经历。一开始糟蹋钱，被赶走。后来据说在外面赚了钱，大家就盼他回来。后来又发现他没有钱，是个穷光蛋，就不认他。(边复述，边板书：于勒、被赶、盼回、不认。)

好的！旁边那位女同学——除了这些，你还记得哪些内容？

生：我记得菲利普夫妇生活十分拮据。

师：他们家里比较拮据，比较穷。(板书：拮据)

生：所以他们对物质生活的追求是比较……(出现窘态)

师：你是说他们非常渴盼富足的生活。

生：是的。所以他们在接到于勒的信之后，知道以后可以得到于勒的资助，对于勒的回来充满了期待。

师：好的，家里生活很拮据，知道于勒发了财，所以特别期盼他回来。(板书：期盼)

其他同学，看看你们还有哪些要交流一下，就这篇小说中你们最难忘的一个情节、故事，哪怕一个细节的，都可以。哪位同学愿意？

(部分同学举手)

生：我最难忘的情节是当“我”去付于勒叔叔钱的时候，我多给了10个铜子。

师：你记得的是“我”，“我的叔叔”中的那个“我”。(在“于勒”前面板书：我)

这个“我”叫什么名字？

生(齐)：若瑟夫。

师：(在黑板右上板书：若瑟夫)读小说时，记住基本情节和基本人物，很关键。(在“若瑟夫”上方，板书：人物)

若瑟夫给叔叔付钱的时候多付了10个铜子。(板书：多付10个铜子)

(一位同学举手)好的，这位男同学。

生：我印象最深的是于勒赚到钱之后，给“我们”写了一封信。(教师边说边板书：一封信)

师：还有吗？没有？

(一位同学举手)好的，那位男同学。

生：我记住的是菲利普夫妇在见到于勒之后的对话和动作神态的变化。

师：你把那一段给大家读一读，哪一段是写了菲利普夫妇的动作神态的变化？

生：第25节开始的七节。

（学生朗读第25~31段，老师倾听。）

师：很多人读了这一段，都感到难忘。你觉得这一段写出了父亲怎样的心理？

生：有一种忐忑。

师：忐忑，大家觉得“忐忑”概括得好不好？

生（杂然）：可以！

师：可以呀！好的，父亲的忐忑。“忐忑”怎么写呀？

生（齐）：上心，下心。

师：（板书：忐忑）意味着父亲心理上的惊恐。还有哪位同学？（一位同学举手）好的，这旁边的同学。

生：我记住的是一句话——“我心里默念道：‘这是我的叔叔，父亲的弟弟，我的亲叔叔。’”

师：你记住的是小说的后面，“我”给叔叔付了钱之后的一段心理，对不对？你能不能说一说，这是怎样的一种心理？

生：“我”对叔叔的一种愧疚。

师：愧疚，同情，不舍。应该是“愧疚”理解得最深。

生：他父亲和于勒是亲兄弟，他父亲见到于勒之后，就避而远之。

师：居然不认亲弟弟。

生：为了钱，就六亲不认。

师：是的，“我”的这份愧疚，其实是代表他的父亲、母亲的，对不对？“我”没有什么可以感到愧疚的。应该愧疚的是他的爸爸妈妈。（板书：愧疚）

这句话确实是令人难忘的，也是发人深思的语言描写。

其他同学有没有啦？（一位同学举手）好，前面这位同学。

生：我难忘的是最后一节，得知“我”给了于勒10个铜子小费之后，妈妈对“我”说的话。

师：你把妈妈对“我”说的那句话给大家读一读。

生：“我母亲吓了一跳，直望着我说：‘你简直是疯了！拿10个铜子给这个人，给这个流氓！’”

我从这句话中看到了当时……

师：首先，我们紧紧抓住这个母亲来说。这个母亲叫什么名字？

生（齐）：克拉丽丝。

师：克拉丽丝的丈夫叫什么名字？

生（齐）：菲利普。

师：（在“若瑟夫”下方，板书：克、菲，再走回到刚才发言同学的身边）刚才这段话，表现了克拉丽丝怎样的心理？

生：趋炎附势。

师：趋炎附势？看到当官的，就拍马屁；看到不当官的，就瞧不起。你是不是这个意思？

生：是的。

师：他从中看出的是趋炎附势。还有没有其他同学发言？（一位同学举手）那位女同学。

生：我印象最深的是关于“我”父亲确认了于勒叔叔身份之后的表现，是在第34节。

师：他是怎么确认的？

生：是通过船长确认的。

师：他确认后有怎样的表现，你能不能给大家读一读？

生：好的。“我父亲脸色早已煞白，两眼呆直，哑着嗓子说：‘啊！啊！原来如此……如此……我早就看出来了！……谢谢您，船长。’”

我感觉父亲确认完于勒叔叔的身份之后，心理发生了很大的变化。一开始，于勒叔叔还在美洲的时候，他天天散步，像看到于勒叔叔在朝他挥手一样。

师：你是借助其他情景，感受到父亲心理的变化。

这位同学前后连起来读小说的情节，非常好。小说前面写到他的父亲仿佛看到弟弟回来的情景。在小说的第几小节？

生：第4小节。

师：“唉！如果于勒竟在这只船上，那会叫人多么惊喜呀！”

（学生也跟着一起读）

师：是这一段吧？这前后一对照，就能看出人物的内心世界来。非常好，请坐。

哦，还有同学要交流。我们就不再一个一个交流了。从这里可以看出我们班的同学读小说有非常好的习惯。读小说，首先是读进小说去，读进人物的内心去。最起码的一个要求就是能够记住小说中那些让我们难忘的情节和情景。这个对读小说和写小说太重要了。（指着板书）

当然，我们记下来的同学们读出来的都是情节的碎片。（在左上角板书：碎片）

小说里的情节是故事发展的过程。（在“碎片”下板书：发展）从欣赏小说的角度看，我们还要善于把握情节发展的过程。现在我们回过头来看一看，小说里最先写的是一件事是什么？是先写于勒被赶走，还是家庭的拮据？

生（齐）：家庭的拮据。

师：（在板书“拮据”旁标上①）课文里的具体内容我们暂且不一一考虑，只看写在黑板上的内容，接下来写的哪一个？

生（齐）：期盼。

师：期盼，盼他回来。（在“盼回”、“期盼”旁标上②）是这样的吧？接下来什么内容？大家对照课文，第三件写什么？

生（齐）：被赶。

师：被赶。（在“被赶”旁标上③）第四个写什么？

生（齐）：一封信。

师：根据课文的写作顺序，我们一起把黑板上的内容编一个序。“一封信”是“被赶”之前，还是“被赶”之后？

生（齐）：被赶之后。

师：（在“一封信”旁标上④）接下来写什么内容？

生（齐）：写“不认”。

师：是写“不认”，（教师在“不认”旁标上⑤）接下来写“多给10个铜子”吗？

生（杂然）：是先写“愧疚”。

师：哦？“愧疚”是在“多给10个铜子”之前，还是之后？

生（齐）：之前。

师：那么，“愧疚”是第六，“多给10个铜子”是最后。（在“愧疚”旁标上⑥，在“多付10个铜子”旁标上⑦）

师：（对着板书解说）什么叫作情节呢？情节就是把零散的故事组合成一个完整的故事链条。准确地说，情节就是故事发展的过程。（在“发展”旁，板书：过程）我们刚才给这些短语编写顺序，就是在梳理这个过程。

先写家庭经济拮据，再写盼望于勒回来，然后再回过去写于勒叔叔被赶走，再写他给家里写信。“一封信”写过之后，写遇到于勒，却不认他。最后写“我”去付钱时给他小费。（边简述，边用短线将各短语连接起来，形成一个弯曲的链条）这是我们课文安排的小说的故事情节的一个过程。

如果按照故事本身的先后顺序来看，应该先写什么？

生（齐）：“被赶”。

师：现在大家来考虑一个问题：作者为什么不先写于勒“被赶”，而要先写“我们家里很穷”，然后一家人都盼着于勒回来呢？假如顺着故事本身先后顺序去写，跟现在这样的写法有什么不同效果呢？

读小说，就要善于这样比较着思考。有没有同学愿意就这个问题，谈谈自己的思考？

（部分同学举手）好的，这位同学。

生：这样写，可以有悬念。

师：什么样的悬念呢？先写了家里很穷，就产生了悬念，家里为什么这么穷呢？是这样吗？

生：家里就期盼于勒。

师：家里为什么会期盼于勒呢？

生：然后再写于勒叔叔被赶和那封信。

师：这个同学认为现在这种写法主要是可以构成悬念。

读完小说写他们家里拮据之后，我们是不是就在想：他们家里为什么拮据呢？然后后面的故事就是写他们家是怎么拮据，是这样吗？写他们家拮据是不是小说的主要内容啊？

师：现在这样的安排——先写家里的拮据，然后写期盼于勒叔叔回来，这个时候才开始写于勒叔叔被赶。

刚才那位同学所说的，对不对呢？黄老师只是希望大家好好思考一下这个问题。

（有一位同学站起来）

生：我觉得开始先写“我们”家没有钱，是为了后面写赶走于勒是因为他糟蹋了钱。

师：你的观点是写“我们”家拮据是和于勒糟蹋钱有关系？“我们”家拮据是不是因为有一位会糟蹋钱的叔叔？是不是这个原因呢？“我们”家的钱都是这个叔叔糟蹋掉的，是不是？请坐！

（又一位同学站起来）

生：我觉得，小说不先写于勒叔叔被赶，是因为于勒叔叔并不是小说的主要人物，只是一个线索，并不要先写。

师：各有道理，请坐。如果一开始就先写“我们”家有个叔叔，这个叔叔的名字叫于勒，于勒是个不学好的人，混日子，糟蹋钱，后来家里就把他赶走了。这样写，就会让大家觉得这个人物会是个主要人物。是这个意思吧！好的。

（一位同学举手）后面那位女同学，你来。

生：我感觉先写他们家拮据，先交代一下背景，然后再写于勒叔叔糟蹋钱，能把他们家的钱财观念放大，便于后面理解。

师：把什么放大？

生：钱财观念。

师：钱财观念放大。这位同学，理解比较深刻。

师：下面我们把几位同学的思路梳理一下。有的是谈文章这样写的好处，有的是谈如果先写于勒有关内容的不好。归纳一下几个同学的说法：如果先写于勒叔叔，就会突出于勒这个人物的重要性，事实上于勒这个人物只是一个线索。现在小说先写家庭的拮据，是后面整个人物行为性格的一个基础。

但是有两点还值得我们再思考：第一，“我们”家里经济不太好，是不是跟这样一个叔叔有关系呢？有一点关系。但，是不是由于这样一位叔叔“我们”家就拮据了呢？恐怕还要再想一下，对不对？因为于勒叔叔被赶走，“我们”家的经济也没有变好呀！

第二，我觉得还可以从文章结构的角度来看这个问题。如果顺着时间先后来写，这样的结构就会是平——铺——直——叙。现在这样的安排，结构就更加紧凑。

师：刚才我们探讨的是作者怎么叙述故事。

从情节故事理解的角度看，我们去欣赏小说情节，不仅要记住那些经典的情节片段，不仅要理清它们的发展过程，看作者怎么叙述故事，要深刻地理解小说的主题和人物，还要注意情节之间的因果关系。（板书：因果关系）如果能看到情节之间有因果关联，甚至能看到背后的关联，我们就说你的理解就更加深刻。

有哪位同学能从黑板上的这些情节片段之间，看到哪个情节和哪个情节有因果关系？

（一位同学举手）好的，这位同学，你看到哪个因果关系？

生：就是于勒叔叔来了那封信和后来十年都没有音信有因果关系。

师：一封信和没有音信可有关系？声音大一点。

生：于勒他寄来一封信后，他就……（学生语止）

师：于勒叔叔寄来一封信后，“我们”家引起了怎样的变化？

生：“我们”家期盼着于勒叔叔回来。

师：这样理解就非常好，准确、深刻。在小说里安排一封信太重要。你还有要说的吗？

生：于勒叔叔寄来这封信，十年之久都没有写信。

师：“没有再来信”这个情节，又让你联想到了什么有关联的故事？

生：“没有再来信”就和后面于勒破产，于勒在船上出现有关系。

师：对的。没有再来信和后面写于勒的潦倒和最后的出现之间有铺垫关系。没有来信是因为潦倒。（板书：潦倒）很好！读得很细。

我刚才已经说了，这篇小说里安排这封信太重要了，大家要好好地去体会。情节安排是否合理，这封信太重要了。但是我们今天不能抓住这一点进行充分欣赏。我们还是顺着刚才的思路，来看黑板上这些情节片段之间的关系。

这一封信，和一家人的期盼之间，是不是有一个明显的因果关系？是的。（用横线将“一封信”和“期盼”连接起来）这封信不仅让他们家人期盼他回来，还对他们家带来重大影响，引起了一个怎样的情节？

生（杂然）：求婚。

师：让嫁不出去的一个姐姐终于有人求婚了。（在“一封信”旁板书“求婚”，并用横线连接）看来姐夫求婚和一封信有因果关联。

其他同学还有没有发现很多因果关联的？

（一位同学站起来）

生：我发现“被赶走”和“一封信”之间有因果关联。因为如果于勒被赶走后，他感觉对不起这个家庭，要回报他们，他才会写这封信。如果他当时没被赶走，也就不会写那封信了。

师：是的，有道理，而且看得很深刻。还有哪位同学？

（又一位同学站起来）

生：我觉得这封信和“不认”之间有因果关系。

师：这封信和“不认”之间有什么关系？

生：因为这封信给了全家人特别大的希望，希望越大失望越大，所以当他们发现于勒穷困潦倒的时候，心里的感觉顿时……

师：呵呵，他想得挺深的。但是我们跳出小说来想一想，能不能说人家给了我们很大的希望，后来人家没有满足我们的希望，我们就不认人家？

生（杂然）：不可以。

师：所以，这种因果在小说里，也许是有道理的，但是在生活中确实值得我们好好思考。

好的，我们还是读小说。还有哪位同学读出了因果关系？

生：我觉得“拮据”与“被赶走”有关系。因为“我们”家生活拮据，于勒叔叔糟蹋钱，所以于勒叔叔就被赶走。

师：（在“拮据”与“被赶走”之间进行连线）你的意思是如果家里钱多，就算于勒叔叔糟蹋钱，也不一定被赶走。我觉得有道理。人的经济状况会影响人的心理和行为。一般说，特别吝啬的人，可能与经济，尤其是与从小生活的经济状况有关联。

（有一位同学举手）好的，这位同学，你又在哪里找到了情节之间的因果关联？

生：我觉得“拮据”与“不认”之间也有因果关系。因为他们家如果有钱，毕竟于勒是他们的亲弟弟，他们也许就认了。

师：（在“拮据”与“不认”之间连线）这位女同学，你来！

生：我觉得“潦倒”与“不认”之间也有因果关系。

师：哪个人的“潦倒”？

生：于勒的潦倒。

师：于勒的“潦倒”跟家里人“不认”有关系？

生：因为于勒的潦倒，可能导致姐姐再次嫁不出去。

师：担心。担心他的穷会给家庭带来负担，担心姐姐好不容易嫁出去了，一回来，就又嫁不出去了。（在“潦倒”和“不认”之间连线）好的！

（一位同学举手）那位女同学，你来！

生：我觉得“拮据”和“期盼”有关系。

师：（在“拮据”和“期盼”之间连线）有什么关系？

生：因为拮据，就期盼有钱的于勒叔叔回来，因为于勒叔叔回来，他们家的经济状况就会有改变。

师：（看着黑板上横线交织的情节网图）同学们已经跳出了小说的主线来找因果关系了，再这样找下去，还能找出很多，课堂上我们就不再找了，回家再慢慢找去。

对小说的因果分析，越深入，越具体，理解就越透彻，这几乎是小说阅读的真理。现在大家一起思考几个问题：从这样丰富的因果关系中，我们要去看人物，我们还要善于把这些因果关系聚焦到一个核心问题上去。

下面我们就来思考：小说中很多情节都有因果，而这些丰富的因果关系都和某一个东西有紧密的联系。这个东西是——

生（齐）：钱。

（教师在网状图中，板书：钱）

师：这些都和钱有关系。于勒被赶走，是因为他糟蹋钱；于勒写这封信，是因为他有了钱；家里人不认他，是因为发现他没有钱；姐姐嫁不出去，什么原因，因为家里没有钱，后来怎么嫁出去的，是知道“我”家有一个有钱的叔叔。你们看，这就是一个钱的世界，钱的网，所有人都几乎钻在了钱网之中。抓住这一点，我们去看这些人物，就非常清楚。这是一群怎样的人？

生（齐）：金钱至上的人。

师：见钱眼开，金钱至上，唯钱是图。

刚才有同学说，菲利普、克拉丽丝夫妇是趋炎附势的人。大家现在再想一想，说得再准确一点，是什么？

生（齐）：嫌贫爱富，爱慕虚荣。

师：爱慕虚荣，势利小人。当然，趋炎附势的人也是势利小人。但是，具体所指不一样，趋炎附势的人，更多的是追求权势。菲利普、克拉丽丝他们更多追求的是金钱。

师：但是小说中有一个人是跳出了这个金钱网络的。

生（齐）："我"，若瑟夫。

师：如果让你概括一下你对若瑟夫这个人的印象，一个词——

生（齐）：善良。

师：他和钱之间有没有因果关系？

生（杂然）：没有。

师：没有吗？

生（齐）：有。

师：他给了他叔叔10个铜子的小费。从他妈妈的角度来看，这10个铜子的数额是非常大的。他妈妈在听说送10个铜子小费后，说了句什么话？

师生（齐）："你简直是疯了！"

师：但是和其他人不同的是，他用钱来表达什么？

师生：对叔叔的爱，对亲情的珍惜。

师：他的善良表现在他用金钱来表达对亲叔叔的爱，对亲情的珍惜。但是这里有一个疑问，什么疑问呢？作者通过菲利普和克拉丽丝这两个人物形象，为我们描画了金钱的网络世界。在这个金钱的网络世界中，大多数人都变成了庸俗、势利、金钱至上、唯钱是图的人，小小的若瑟夫，将来在这个世界中慢慢地长大，会不会也变成像他爸爸妈妈那样的人呢？认为不会的举手。都认为会？

（一位同学举手）这个男同学认为不会，请说说。

生：我认为若瑟夫他很善良，在这样的金钱网里他能够抵制，能够为亲情感到愧疚，所以他以后也还会继续这么做。

师：这个同学抓住了“愧疚”，若瑟夫现在认为爸爸妈妈心里应该感到愧疚，今后在社会中也一定能抵制金钱世界的腐蚀，不会变成金钱至上的人。

（又一位同学举手）这位同学还有什么要补充的？

生：我觉得虽然若瑟夫小时候的生活非常穷困，但是这样困难的环境下还能保持纯真，今后也会抵制住社会上不良的诱惑。

师：你的意思是他在这样穷的家庭中长大，他就能抵制。

生：他尽管是在这样的环境下，他还是能保持。

师：哦，我明白了。在这样的家庭环境中，他还能对金钱看得这么淡，不把金钱看得那么重要。这个人长大就不会变坏。

两个同学都谈了自己的看法。其他同学都认为社会的力量很强大，一个大染缸，也会把一个这么纯洁的心灵给染黑。

那么，到底会不会，我们看看作者是怎么写的。

教材在选这篇小说的时候，删掉了首尾内容。也就是说原来小说有一个尾巴，原来小说有一个开头。有没有同学读过小说原来的开头和结尾呀？（板书：首、尾）

生（齐）：没有。

师：我记得小说的结尾大致是这样的——这就是我看到穷困潦倒的流浪汉，总要施舍10个铜子的缘由。（边说边板书这句话）根据小说结尾这么一句话，现在你们想一想它应该有一个怎样的开头。请你们试着补出一个大致的开头。

（不久，有同学举手）

师：好的，最后一排的中间那位同学。

生：我觉得开头是描写他给流浪汉10个铜子的环境。

师：你认为开头要写一个情境，就写一个人，给流浪汉施舍。

生：是的。

师：好的。这位男同学，你想出来的开头跟她是不是一样的？

生：不一样。

师：那请你说说。

生：开头应该是这样一句话：每当我看到有流浪汉，我都会给他施舍。

师：好的。这位同学说开头是一句话；刚才那位同学说开头是一个情境。其他同学呢？读小说，就是要和作者一起写小说，这对提高我们的写作水平很有帮助。现在我们一起看看，刚才两个开头，哪一个更好？是写情境好，还是不写情境好？

生（齐）：写情境好。

师：写小说要写情境，对不对？大家再想一想，当“我”说这句话的时候（在板书“这就是我”几个字下面画线），你们有没有想过，开头所写的情境中，当“我”施舍的时候，是“我”一个人，有没有其他人在场？

（学生沉寂）

师：想不出来，是吧？我们再改一下结尾，把这句话加上引号（板书加引号），再添上一句：“我的朋友若瑟夫对我说。”（板书这句话）加上这句话后，开头要不要变化？

生（齐）：要。

师：要怎么变化？要有怎样的情境呢？根据我这个补充，开头应该是怎样的情境呀？

生：要有“我”，还有朋友若瑟夫。

师：对！要写若瑟夫施舍，还要写“我”问：“你为什么要给这个流浪汉施舍10个铜子呢？”于是若瑟夫给“我”讲了下面这个故事，也就是我们的课文。

好了。我们大致把小说的原貌还原了。大家看看，加上这个头尾以后，小说的主题和人物有没有不同？有没有变化？

我们先讨论前面的一个问题：加上这个开头和结尾，“我”，若瑟夫，会不会变成他爸爸妈妈那样的人？

生（齐）：不会。

师：肯定不会？为什么？

生（杂然）：因为他每当看到流浪汉就要施舍10个铜子。

师：说这个话的时候，他是不是孩子？

生（齐）：不是。

师：不是孩子。这告诉我们若瑟夫在这个大染缸里，从你们这么大长到黄老师这么大，仍然施舍流浪汉，说明“我”仍然是一个善良的人，仍然是一个重感情的人。

有没有同学不同意我上面的结论，尽管有了这么一个开头，仍然认为这并不表明若瑟夫不会变坏？有没有？

（学生沉寂）

师：没有呀！那我说一个观点，你们看有没有人能否定——

虽然说“我”看到流浪汉总要施舍，因为“我”把流浪汉在心目中当作“我”的叔叔，所以“我”这个钱不是乱施舍的，其实是施舍给“我”那个叔叔的，这只能说明“我”喜欢“我”叔叔，怀念“我”叔叔，并不表明“我”还是一个善良的人。

有没有同学能把我的这个观点否定掉？（一位同学举手）好的，那位同学，你说。

生：这么多年，他还能记住叔叔，就表明他够善良的。

师：见到跟叔叔差不多境况的人就施舍，就是善良，而且更能表现善良。

如果没有这个首尾，若瑟夫的善良是个疑问；有了这个首尾，若瑟夫的善良，应该说是明确的。

现在我们来讨论另外一个问题：加了这个首尾，好不好？从小说的结构来看，从小说的主题来看，有没有变化？

我们先从主题来看。如果不加这个首尾，就从这张金钱网络来看，小说的主题是什么？

生（杂然）：讽刺唯钱是图的人。

师：本文作者叫什么名字？

生（齐）：莫泊桑。

师：是哪个国家的？

生（齐）：法国。

师：莫泊桑是法国的批判现实主义作家。从小说节选的这一部分，我们一看就知道莫泊桑要批判金钱至上的社会。

师：当我把小说首尾补出来之后，我们发现作者在批判社会丑恶一面的同时，还在给我们怎样的启发？哪位同学说说？

（一位学生站起来）

生：还赞美那些不贪图金钱、洁身自好、不与那些势利的人同流合污的人，以及他们的行为。

师：赞美始终保持善良人性的人。人性是复杂的，金钱的诱惑会使人性扭曲。但是我们必须相信，在这个金钱社会之中，总有那么一些人，高举着善良的火炬，告诉我们人性的善良是不灭的。作者揭示了社会诱惑的可怕和人性的复杂。

从写文章的角度，你们有没有注意到，课文节选的部分叙述时用的是第几人称？

生（齐）：第一人称。

师：是第一人称，是“我”。如果不用“我”，你们想一想可以怎么写？你们能不能把它改成第三人称？不能吗？我就能。怎么不能呢？

我和朋友若瑟夫一起出去，看到街上有一个流浪汉，若瑟夫给流浪汉施舍了10个铜子。我就问他：“你为什么要施舍流浪汉10个铜子？”于是若瑟夫就给我讲了一个他自己经历的故事。接下来，就全是他怎么样，他家怎么样，他叔叔怎么样，一路“他”“他”“他”。

这样把文中的“我”改为“他”来叙述好不好？

生（齐）：不好！

师：首先请回答，有没有认为改为“他”叙述更好的？

（学生沉寂）

师：一个都没有。那么，用“我”来叙述好在哪里？

（一位同学举手）这位同学，你先说。

生：因为第一人称可以把人物的情感表现得更真实。

师：其他同学有没有要补充的？好，倒数第二排的那位同学。

生：因为用第一人称叙述这个故事，就像是亲身经历的，更真实。

师：让人觉得更加可亲。

有没有啦？后面那位同学，你来！

生：如果用第三人称写心理描写，就会显得很假。

师：也就是我要抒发对叔叔的那种情感就会不自然。

师：大家对小说的理解都非常的透彻。

黄老师要补充两点：一、不是所有的内容都用第一人称好。有些内容，还是第三人称比较好。像《红楼梦》，就是第三人称。第三人称适合叙述比较复杂的故事，它是一种全知全能的视角，所有的事情都知道。用第一人称，有的事情，“我”不在场，就没办法。你写很多人的故事，你全用第一人称，你怎么写？你把《红楼梦》，改成第一人称试试。（生笑）那就比较难。《水浒传》改成第一人称，也很难。二、用第一人称，可亲，情感真。各有各的优点。一般说，写情感细腻的文章，还是第一人称比较好。

师：我们还忽视了另外一点：这个“我”，除了第一人称，还有一点，大家有没有注意到“我”是一个什么样的特点身份呢？

生（齐）：小孩。

师：对，“我”是一个孩子。这就很有意思。这是第一人称中特定的写作方法，叫儿童视角。用儿童的眼光去写社会、写生活，你们发现有什么好处？让人觉得尤其可信。你们还学过的文章，哪些用的是儿童视角？

生（齐）：《新月集》，泰戈尔的《新月集》。

师：你们说的是诗歌。我们这里还是先谈小说。（学生沉寂）你们怎么就想不起《孔乙己》呢？《孔乙己》中“我”是什么人？

生（齐）：小伙计。

师：有个小伙计坐在酒店里，很冷静地、真实地、敏感地看待生活中的每一件事，既真实，又细致。

一篇小说有很多读法，今天我们抓住一个角度，从情节入手去读了这篇小说，读人物，读主题。这篇小说还有很多内容需要学习，如环境描写、细节方面、语言描写等等，到初三时，你们老师还要和你们一起再学习。今天我们这节课就学习到这里。谢谢同学们，下课！

第六章

一切在于分寸之间

加与减的辩证艺术

有研究我课堂的老师说："黄老师，似乎你很善于利用加法和减法组织课堂教学。"这样的研究者是很有眼力的。我在阅读教学中，的确常常有意识地运用加和减的方法引导学生深入解读文本。

这里就结合一些具体的教学案例做一个介绍。

运用加和减的方法，最典型的是我教钱钟书先生的《谈中国诗》。

钱钟书先生的这篇文章，虽然是他即兴演讲的整理，但还是体现了他一贯的文风和学者特点。涉猎面非常广，古今中外的诗文，随手拈来，机智的话语，内涵丰富。用一节课教学这篇文本，即使照本宣科地讲解，也无法完成。通过对文本的深入阅读，我找到了比较好的教学策略或者说教学方法，那就是加减法。教学本文，我其实就是做了三件事。第一件事是删减，第二件事是添加，第三件事是还原恢复。

教学开始，我说："这篇文章很长，一节课很难教完。我们今天就教中间最主要的一部分。根据文章的标题，大家看看哪些内容相对不太重要，能够先放一放。"有的同学说，可以砍掉前四小节。因为题目是谈中国诗，但前四节说的是中国文学与英美文学的关系，与中国诗的特点联系不是很紧，第5节开始从对中国诗的一般印象开始，才开始谈中国诗的特点。有的同学说第14节可以砍掉，理由是第14节引的诗太多了，还有两首外国人的，应该砍掉一些。也有的同学说，第14节不能砍，但第15节可以砍掉，因为不是讲中国诗的特点。我们便一起讨论他们的意见是否有道理，借此对这些准备砍的内容有了一个基本的理解，也是对文本内容和形式的基本解读。既解读了被砍去的部分，也解读了这些内容和全文的关系，而且贯穿了抓关键句的阅读方法。能砍的，要弄明白道理；不能砍的，也要弄明白道理；

对文本主体部分的内容，也要弄清楚写了什么。

第二件事是加。我说："我反复阅读第 5 ~13节，发现钱钟书写的这篇文章或者说演讲时思路有点问题，你们认为根据文章第5~13节的内容，用现在这个题目行吗？或者说这篇文章用这个题目行吗？"有的同学认为，这篇文章题目应该改为"谈中国诗与外国诗的区别"。有的说，题目应该是"中国诗的特点"。也有同学说，应该是"谈中国古诗的特点"。还有同学认为，题目"谈"之前要加一个"泛"字。最后有一个同学认为，题目最好是"谈中国古诗结构的特点"，因为作者说"我有意对文章的内容忽略不讲"。在这个过程中，我们把握了文章的结构，了解了中国诗特点的内涵，了解了作者的说理方式。

第三个主要环节还是减，但是一种还原式的减。我说："和大家学习到这儿有一种快感。钱老呀，你这个大学者呀，写的这篇文章怎么就经不起我们推敲呢？"在同学们很开心的时候，我又说："不过且慢，如果我们心平气和地想一想，是不是我们就真比钱钟书高明呢？是不是钱钟书的即兴演讲，思维就如此不缜密？现在我们回头看，我们补的内容，是不是都需要补？哪些是需要补的？哪些是不需要补的？"同学再次认真阅读课文之后，有同学发现，这是一篇演讲稿，题目可以宽泛一点，题目不点明，读者可以想到外国人对中国诗的第一反应就是中国的古诗。有同学说，新诗是进口的，本来就是外国诗，所以谈中国诗就是谈中国古诗，所以这个"古"字就不需要了。"形式"要不要呢？同学们发现，文章中说，中国诗和外国诗内容上没有区别，既然内容没有区别就不需要强调形式。中国有田园诗，外国也有；中国有爱情诗，外国也有。中国诗和外国诗内容几乎无差别，所以"形式"也不要加。至于"特点"要不要加呢？大家也认为没有必要，谈中国诗，不谈"特点"，谈什么呢？至于加一个"泛"字更没有必要，因为文章并不是"泛泛而谈"，而是比较深入的。让学生讨论加上去的这些内容是否一定要加，是对文本内容的第三层次的理解，也是更为深入的理解。经过讨论，立足演讲的对象、演讲的现场和特定的内容，这些加上去的内容纯粹是多余的。

这节课我们运用"减—加—减"这样的过程，比较简单地完成了一篇内容比较复杂的实用文的阅读。在"一减一加，一加一减"中，对文本有了比较深入的阅读，对文本内容有了比较透彻的理解，对作者的说理方法，对作者的语言机智，都有了一定的认识。

我教学《神奇的激光》这篇课文则主要运用了减的方法。有一次听一个老师教学这篇课文，评课时大家都说这篇课文很难教。说明文，说的知识学生不熟悉，又比较长，结构也比较松散，学生一看就懂。我说，没有绝对好教的课文，也没有绝对不好教的课文，不好教是因为我们没有找到好的方法。大家起哄，黄老师那你来教教看。我说给我几天时间，于是我就反复读课文。读了几遍课文之后，我决定采用先减后加的方法来教学这篇课文。我的教学过程很简单：1. 检查预习，明确说明对象和内容。2. 思考交流：如果写一篇300字左右的文章介绍激光，文章中哪些内容可以删掉，剩余的内容是从哪些方面介绍激光的。3. 语言活动：从文中摘取信息，组成一个不超过30个字的长句或语段说明激光是什么。4. 讨论：300字可以，30个字也可以，作者为什么写3000多字？写了什么内容？这些内容有什么作用？5. 讨论：三种写法各有什么特点？分别适宜什么样的要求？如果介绍激光，什么时候要用30个字？什么时候需要用300个字？什么时候需要用3000多字？

在这节课的教学中，第二、第三两个环节是减，先是减到300字，再减到30个字；第四个环节是加，是还原回复到原文之后再从作者的角度思考问题；第五个环节是整合，是比较减和加的不同表达效果和目的。本来比较难以处理的一篇课文，减减加加之后，变得非常简单。我教学《白雪歌送武判官归京》《阿房宫赋》《葡萄月令》等许多课文都采用了加减之法。

运用加减之法处理文本和组织课堂教学，运用得当，可以化繁为简。要注意的是，可以以加为主，也可以以减为主，可以先加后减，也可以先减后加，关键是要加得自然，减得合理。

进与出的辩证艺术

谈到阅读教学，我经常引用张志公先生的一句话。他说，所谓阅读教学，就是教师带着学生在文章中进进出出走他几个来回。张老用通俗易懂的话，概括了阅读教学本质。话语朴素，但道理深刻；既是先进的理念，又是实用的方法。

我在教学中常常有意识地去实践和体现张老的思想。我教学丰子恺先生的《给我的孩子们》，算一个比较典型的案例。

教学的第一个环节是初步了解作者丰子恺。通过师生的交流，同学们了解到丰子恺是一位画家，还了解到他的画非常具有生活气息和时代特征，取材常常贴近家庭生活，描述他在家里和他孩子们相处的情景，有的画是针砭时弊，但更多的画主题是表现童真和童趣。

第二个环节是根据课文理解丰子恺的孩子们。同学们对这些孩子的初步印象是他们很天真，很可爱。有的同学还从“阿宝两只脚，凳子四只脚”中看出来这些孩子很幼稚，很调皮，很任性；有些同学还从这个句子看出这些孩子把凳子看作是一种生命的形式，说明他们很有想象力。同学们抓住第5节“你们每天做火车，做汽车，办酒，请菩萨，堆六面画，唱歌，全是自动的，创造创作的生活”这个句子中“自动”这个词，看到这些孩子做所有事情都是自发的，出于内心的，是非常自然的，而没有一点点矫揉造作；从“瞻瞻！你尤其可佩服，你是身心全部公开的真人”这句话中的“身心全部公开”，看到这些孩子的单纯、天真，没有一点点心计；从“外婆普陀去烧香买回来给你的泥人，你是何等鞠躬尽瘁地抱它，喂它”中的“鞠躬尽瘁”，理解了这些孩子对小泥人全心全意、投入全部感情、投入全部身心的爱。除了抓住关键词句理解人物，还抓住一些事件理解丰子恺的孩子们的特点。比如抓住“我每次剃了头，你真心地疑我变了和尚，好几时不要我抱。最是今年夏天，你坐在我膝上发见了我腋下的长毛，当做黄鼠狼的时候，你何等伤心，你立刻从我身上爬下去，起初眼瞪瞪地对我端相，继而大失所望地号哭，看看，哭哭，如同对被判定了死罪的亲友一样”这件事，理解他们的爱憎分明。

在通过三个不同层次理解“孩子们”之后，再进一步理解作者这个“我”。具体做法是先让学生从文中圈画出表现作者内心情感的词语：“惭愧”、“欢喜”、“憧憬”、“痴心”、“委屈”、“委婉”、“佩服”、“悲哀”等。在这个基础上讨论：贯穿全文的是哪一个词语，或者说作者的感情主线是什么？再以此为基础讨论作者写作本文的目的。有的同学认为是给孩子们一个美好的回忆，过去的一些美好的东西总会逝去；有的同学认为是给孩子们一个美好的期待，要珍惜现在；有的同学说是给孩子们一个美好的祝福，祝福他们将来能够永远有这么一份美好，这么一份童真，这样一份快乐的生活。

以上的教学活动都是“进”。走进“孩子们”，也走进“我”，同时也走进了那个时代（写作的背景）。作为一篇散文，我们是以走进作者为主，先了解作者的身份和画的风格特点，再理解作者在文中要表达的感情，最后抓住标题理解作者的写作目的和意图。三个不同角度三个不同层次，都是为了理解作者这个“我”。

再后的教学活动主要是“出”。

其实我们在讨论作者的写作意图时已经包含了“出”。我让大家讨论：“给我的孩子们”中的“孩子们”指哪些人？仅仅指他自己的几个孩子吗？引导学生看注释之后发现本文是一个画集的代序，由这一点同学们不难明确：他说的“给我的孩子们”，狭义地讲是给他自己的孩子，广义地讲，又不仅仅是他的几个孩子，包括了所有的孩子们，不仅指当时的孩子们，也包括今天的孩子们，不仅是指孩子也包括成人，也就是所有的读者。

第二个“出”的活动，是让学生听写我在一个资料上看到的三位父亲读了这篇文章以后写的感想，思考三位父亲对一个人保持童心的不同看法。

父亲甲：我们生活在一个复杂的世界，必须让孩子了解真实的生活，否则就是对孩子的不负责任，会使他们失去适应生活的能力，使他们成为被欺骗被伤害的对象。

父亲乙：我们必须永葆一颗童心，它会让我们永远感受到生活的幸福和美好。人有一颗什么样的心，就会有一双什么样的眼睛；有一双什么样的眼睛，就会有什么样的生活。

父亲丙：成长就是一个不断抛弃的过程，我们不能永远留在童年，未来的生活会让我们把它作为尘封的记忆，我们只能带着无奈回望逝去的生活，用羡慕的眼睛看着快乐的孩子。

讨论的问题是：三位父亲分别表达了什么样的观点？他们对人在生活中是否应该拥有童心的观点分别是什么？

在这个问题讨论的基础上，再让同学们交流：如果是你爸爸，你估计他会是哪一种观点？这个活动其实已经是第二个“出”的活动。尽管我说，这个问题涉及隐私，不愿意回答的同学可以不回答，但大家的参与还是非常踊跃。有的同学说：“我觉得我的爸爸可能是属于第三种观点，因为他虽然觉得一个人保持一种童心是非常美好的，但是今天这个社会很复杂，所以我们一定要面对现实。”有的同学说：“我爸爸认为，即使面对复杂的现实，我们的内心还是应该充满童真的。”有的同学说：“我觉得我爸爸应该会跟我说第一种观点，因为在家里他经常跟我说，比如说有人问路你最好不要答应，我经常忍不住想跟别人说你应该怎么走，因为我觉得童心不仅仅是指幼稚，不仅是什么都不知道，而是你可以用一种快乐的心态去面对生活，积极地面对，但是遇到事情你还是要动脑子想一想。”不少同学赞同这个观点。当然，不少爸爸会对孩子说：人世险恶呀，外面充满了陷阱，你一不小心就很容易被伤害，被欺骗，这种现象非常多。虽然交流的是“爸爸”们的意见，其实也包含了同学们的意见。在同学们交流的过程中，我也参与发表了自己听到的一些“爸爸”的观点。

在这中间，我们又插入一个“进”的活动。我让大家讨论：以上三位父亲的观点哪一种和作者的观点比较接近呢？这时大家都对作者的观点有了进一步的认识：作者认为现实生活是容不得纯洁、快乐的童心的。在这里我穿插介绍了作者的生活经历，作者生活的时代，以及作者和他的老师弘一法师的关系。

然后由作者比较悲观的观点出发，以三位父亲的不同见解为基础，开展了一项语言活动：请大家用“童心，不是……而是……”的句式造一个句子，表达自己对童心的理解。这是一个以“出”为主的活动，其实也是一个“进”的活动，是一个“出”与“进”高度融合的活动。在这个语言活动中，学生要联系生活表达自己对人能否始终葆有童心这个比较复杂的问题的思考和认识，同时也是对作者对文本的进一步理解。从学习效果看，教学意图的实现是比较好的。有的同学造的句子是：童心不是简单幼稚，而是积极乐观的心态。有的同学造的句子是：童心不是智商低，而是情商高。有的同学造的句子是：童心，不是认为生活没有阴影，而是心中永远有阳光。有的同学造的句子是：童心，不是认为生活没有丑恶，而是永远追求美好。

这节课，先进后出，几进几出，出中有进，进中有出。进出之中，对文本的阅读，对思想内容的理解，对语言的品味和运用，对比较复杂的主旨问题的认识，都取得了比较好的效果。

对照张志公先生的要求，我们现在的阅读教学常常有两种很不正常的现象：一是进了文本就不再出来，教师就是带着学生在文本中兜来兜去，挖来挖去，始终跳不出文本；还有一种是只在文本外面兜圈，就是不进文本，引述拓展的文本，脱离文本的活动多，教学游离于文本之外，甚至游离于语文之外。

放与收的辩证艺术

好的课堂教学，应该有放有收。收放自如，是课堂教学的一种境界。

所谓放，既指在语文学习活动中，给学生尽可能大的自主性和选择性，在思维训练中给予学生尽可能大的思维空间，也指教学内容对文本对教材对课堂的突破；所谓收，就是不仅要有发散性、选择性、自主性的学习活动和思维训练，语文学习活动还必须有一定的规定性、定向性，思维训练也要进行必要的聚合思维，强调多元答案的同时，也必须承认问题的是非和答案的优劣，承认个性思维价值的同时，也必须承认思维的合理性和质量的高低。

说到课堂教学的放与收，我首先想到的是宁鸿彬先生的教学案例《皇帝的新装》。

这篇课文的教学，宁老师用了两节课，第一课时用他自己的话说是“粗读课文”。

在了解作者之后，宁老师说：下面准备读课文。读完之后，请你们给这篇童话加个副标题，一个什么样的皇帝（板书，一个……的皇帝）。省略号什么意思？学生很快就明白，这是要填出形容皇帝的词语。老师的要求是：两分钟准备时间，给本文拟一个副标题——一个什么样的皇帝，最好能结合课文做些解释。

这是一个非常好的开放性的活动，既是思维活动，也是语言活动。学生的答案丰富而精彩。有的同学添加的副标题是“一个愚蠢的皇帝”。因为课文中那两个自称是织工的骗子，根本没织衣服，也没给皇帝穿衣服，只是做做样子而已。而皇帝为了炫耀自己，还穿着这件实际上并不存在的衣服去参加隆重的游行大典。这一切，作为常人都能分辨出来，他却上当受骗，所以认为他是个愚蠢的皇帝。有的同学加的副标题是“一个昏庸的皇帝”。因为他身为皇帝，不去管理国家大事，不去关心臣民百姓，而是整天待在更衣室里，可见他是个昏君。他听信骗子的谎话，他还听信内臣们的话，赤身裸体去游行，都说明他一点儿头脑都没有。所以，他是个十分昏庸的皇帝。有的同学拟的副标题是“一个无能的皇帝”。他认为最诚实的、很有理智的、最称职的老大臣，却向他说假话，做假汇报，可见这个老大臣是不诚实的，没有理智的，不称职的。他连自己身边最信任的大臣都没有认清，这说明他是十分无能的。有的同学添的副标题是“一个无知的皇帝”。那两个骗子并不高明。他们的谎话，只要有点头脑的人便可识破。可是这个皇帝呢，当他在织布机前看不到布料时，竟然没有丝毫的怀疑，而是在想自己是否不够资格当皇帝。他真是连起码的知识也没有，他是一个无知的皇帝。有的同学加的副标题是“一个不称职的皇帝”。理由是说他不称职并不是因为他看不见布料，而是因为他不务正业，不明是非，不辨真伪。这样一个昏庸、虚伪、无能的皇帝是不称职的。

可宁老师不满足于更不陶醉于这些精彩的回答，他心中有着清晰而明确的教学指向，该引则引，该导则导，该收则收。比如一个同学拟的副标题是“一个爱美的皇帝”，理由是文中的皇帝一天到晚考虑的总是如何穿换新衣服。宁老师问：你说的“爱美”是他的优点还是缺点？于是巧妙地让这位同学认识到过分讲究穿戴就是缺点，是臭美。一个同学认为是“一个虚伪的皇帝”，理由是他天天换衣服，每时每刻都换衣服，换得太勤了。宁老师问：老换衣服就是虚伪吗？一个同学添加的副标题是“一个不可救药的皇帝”，理由是他整天想的是穿新衣，从来不关心国家大事，这样统治国家，国家必将走向灭亡，所以他是一个不可救药的皇帝。宁老师问：他不可救药的主要表现是什么呢？应该说，这些同学的发言用流行的评价“的确很棒”，可事实上的确又有非常明显的问题，宁老师都能“明察秋毫”而巧妙地加以引导。当然这可以说是宁老师点拨的艺术，但也足见宁老师心中有着清晰的“教学方向”，有着自觉的“收”的意识，绝不放任学生的“精彩发言”。

更为典型更为容易理解的是后面一个活动的收放自如。

接下去宁老师的学习要求是：下面我们研究一下这个故事的情节，谁能用一个字概括这篇童话的故事情节？或者说这个故事是围绕哪一个字展开的？给大家一分钟准备时间。

这同样是一个开放性很强的活动。有的同学认为用“蠢”字来概括，因为皇帝和那些大臣的言谈举止都特别蠢。有的认为用“骗”字概括，因为开始是骗子骗皇帝，后来发展到皇帝、大臣、老百姓自己骗自己。有的同学认为用“伪”字，因为皇帝、大臣和老百姓谁也不愿让别人知道自己什么也看不见。他们宁愿欺骗别人、欺骗自己，也不愿讲真话，所有的一切都是虚伪的。有的同学认为用“假”字，因为根本没有什么美丽的布料、美丽的花纹，而且骗子、皇帝、大臣、骑士和老百姓对这件衣服全说了假话，所以用“假”字概括。有的认为用“傻”字。那两个骗子的骗术很容易识破，而皇帝等人却信以为真。骗子在给皇帝穿衣服时，其实什么也没穿，皇帝却说特别合身。大臣、骑士以及老百姓对皇帝所谓的衣服也大加赞扬。其实穿没穿衣服，只要用手挠一挠不就知道了吗？这个皇帝太傻了！有的认为应该用“装”字来概括。这个故事从始至终是围绕着那一套新装展开的，如果没有了新装，就没有了这个故事。有的认为不应该是“新装”的“装”，而应该是“新装”的“新”，因为那个皇帝喜欢穿新装，关键是那个“新”字。那两个骗子胡说的那些特性，也是指的新织的布和用它做出的新装。大臣们称赞的，也是那新织的布和新缝制的衣服。有的认为用一个“心”字来概括，不过不是新装的“新”，而是心脏的“心”。因为骗子骗人是居心不良，大臣、骑士们说假话是心怀鬼胎，皇帝不说真话也是心里有鬼。因此，这个故事是围绕一个“心”字展开的。

这时宁老师归纳道：大家发表了不同的见解。你们分别用蠢、骗、伪、假、傻、装、新、心八个字概括这篇课文。那么，这八个字哪个是正确的呢？学生纷纷举手要求发言。宁老师说：很好！大家的积极性很高。不过，如果请你们现在就发表意见，恐怕还是各抒己见，一时很难统一。那么，怎样才能比较迅速地把正确答案筛选出来呢？下面我就教给你们几个办法。老师先教大家使用“排除法”，把不切题的答案排除掉。老师和大家一起回忆了提出的问题：谁能用一个字概括这篇童话的故事情节（“故事情节”四字语气加重）？很快就有同学发现：既然题目的要求是用一个字概括故事情节，那么“蠢、伪、假、傻”这四个字是不对的，因为这四个字说的是皇帝这个人物，是不切题的。在排除掉四个字，还剩下“骗、装、新、心”四个字，老师又介绍了“检验法”，就是把这四个字一个一个地试用，进行检验，能够适合于文中所有人物的就留下，不能适合于文中所有人物的就去掉。这就剩下了“骗”和“心”这两个字。老师又介绍了“比较法”，将这两个字分别用于每个人物，看哪个字更准确，哪个字更能表现出这个故事的特点。最后很快达成共识：“心”字不如“骗”字好。因为“心”指的是心理活动，就是思想，所有课文中的人物不都是有思想的。而在这个故事中，所有的人物都和“骗”字有关系，有骗人的，有被骗的，还有不被骗的。一个“骗”字说出了这篇课文的特色。

用不着我们多加分析和阐述，宁老师先放后收的艺术可以说是炉火纯青。接着他又说：这篇课文是围绕一个“骗”字展开的。请同学们说说，文中的各种人物是怎样围绕这个“骗”字进行活动的呢？这又是一“放”，同学们很快发现：骗子骗人，皇帝受骗，那两个老大臣还有其他官员是既受骗又骗人，老百姓也是既受骗又骗人。老师在引导同学认识到大臣官员们在这个故事中的作用是骗人为主，老百姓则是受骗为主之后，最后总结道：现在我们总地看一下。（边说边板书）骗子行骗，皇帝受骗，官员助骗，百姓传骗，小孩揭骗。这个故事从骗子行骗开始，到小孩揭骗结束，始终没有离开这个“骗”字。所以说，这个故事是围绕着一个“骗”字展开的。

一节课，放得充分，收得及时；放得有度，收得到位。收放之中，成就了一堂极其精彩的教学。

我在课堂教学中，也特别注意收与放的结合。教学《蜀道难》，在充分诵读和理清各层次的内容与主要表现手法的基础上，我和同学们一起探讨诗歌的主题。我问：作者从蜀道的由来、行走蜀道的感受、蜀道地势之高、蜀道地形之险、守道之人等多方面写蜀道之难，这中间有正面直接写它的“难”，也有的是从侧面写它的“难”，综合运用了想象、衬托、烘托等多种方法。大家想一想，李白为什么要把蜀道写得那么难？或者说李白写蜀道之难有什么用意？有的同学说李白通过蜀道之难，说明人生之路的艰难。有的同学说是表现李白政治上的艰难。我肯定了两位同学的见解非常有道理之后，根据有关资料引出了关于李白《蜀道难》主旨的六种说法：第一是人生的感喟；第二是政治上的艰险；第三是送友人入蜀；第四是关心故人（杜甫）；第五是劝明皇不要入蜀；第六是讽刺军阀割据。我对六种说法做了非常简要的说明，然后让大家从诗歌中寻找不同的说法的根据。有的同学发现最后一句“蜀道之难，难于上青天，侧身西望长咨嗟”是表达政治上的艰险。有的同学主张主旨是送友人，其依据是“问君西游何时还”。有的同学主张主旨是挂念杜甫，依据是“锦城虽云乐，不如早还乡”。有的同学找到了劝明皇不要去蜀的依据是“其险也如此，嗟尔远道之人，胡为乎来哉？”在此基础上，再讨论不同见解各有道理，从全诗看哪种更好呢？最后大家的意见都集中在感慨人生和感慨仕途上。我又补充了一些资料告诉大家，有人通过考证证明其中一些观点经不起推敲。比如关心故人杜甫的说法，有人考证当时杜甫已经不在四川了；比如劝明皇不要入川，有人考证当时安史之乱早就平息了。尽管这个问题的讨论最后没有唯一答案，但我觉得将课外种种资料的说法引进课堂，再将问题的讨论引进文本，既承认各家说法都有道理，又有相对集中的认识。自己觉得放与收的关系处理得比较成功。

放与收的方式多种多样，可以先放后收，也可以先收后放，可以欲放先收，也可以欲收先放，可以收中有放，也可以放中有收，并没有一定之规。关键在于适时适度，收放结合，不能放而不收，也不能收而不放。只收不放，课堂空间狭小，教学内容局促，思维训练单一；只放不收，教学目标不明，教学内容分散，思维训练散漫。

内与外的辩证艺术

内与外的关系，和收与放的关系，和进与出的关系，都有紧密的联系，但又不完全是一回事。所谓收与放，主要是指阅读教学中，既要给学生空间，又要有效地引导，既要有充分的发散，又要有必要的聚焦。针对的问题是，或者收而不放，或者放而不收。所谓进与出，是指教师要带着学生读进文本，还要带着学生读出文本；而且这样的进进出出不是一个来回，阅读教学就是在进进出出之中让学生读懂文本，学会阅读。

而内与外的关系，则主要是指教学的内容和教学的活动，既要充分利用文本资源，立足文本选择、开掘教学内容，又要能跳出文本丰富教学内容，拓展教学空间；要能做到由内而外，以内为主，以外促内，内外相融。

现在比较突出的问题是轻内重外，随意拓展，即文本的内容不能充分把握，没有充分利用，更没有好好开掘，脱离文本进行所谓拓展，“堤内不足堤外补”。

一位老师教学食指的《相信未来》，第一个环节是认识“诗歌是什么”，让学生用诗的语言说说诗歌是什么，然后自己用PPT展示了一大段很抒情很诗意的句子说说诗歌是什么。在让“同学们给我一点掌声”之后，估计学生不会明白诗歌到底是什么，因为我们听课老师也不知道诗歌到底是什么。如果说“诗无达诂”，各人心中有自己对于诗歌的理解，那么对于诗歌就没有一个绝大多数人认同的基本认识吗？如果没有，这样各人自以为“诗”的5分钟活动的意义是什么呢？接下去要学的“诗歌”，又到底是什么样的“诗歌”呢？其实学生的交流回答，老师看似精彩的一段话，都不是回答“诗歌是什么”，而是在说“诗歌带给人们的感受和享受”，那么这样的答非所问的活动就显得几乎没有什么学习价值和教学价值了。

第二个活动是“诗歌学什么”，老师结合PPT讲了“认识一个诗人，了解一个时代，把握一种文体，感受一份情怀”的教学目标。可是，这是一节课的目标，还是所有诗歌教学的目标？如果是一节课的目标，学习一首《相信未来》就能认识食指，就能了解“文革”，就能把握诗歌这种文体？这样的教学目标不仅让人想到“文革”，更让人想到“大跃进”：人有多大胆，地有多大产。如果是整个诗歌教学的目标，又怎么能只是“认识一个诗人，了解一个时代，把握一种文体，感受一份情怀”？所以这个又是差不多5分钟的教学安排，也让人不知所云。

第三个环节是“怎么学诗歌”（不知是学习诗歌写作还是学习诗歌赏析，是学习古诗还是学习新诗），总算开始接触《相信未来》了，可并不是为了欣赏诗歌，而是把诗歌切开来对应“初读课文，整体感知；知人论世，开启诗歌大门；品味语言，感受诗歌魅力”的读诗方法。在“知人论世，开启诗歌大门”时，教师又是一大片PPT文字介绍作者食指，一大片PPT图片介绍“文革”。

其他环节我们不再一一列举了。应该说，这节课是有特点的。但教师在《相信未来》这首诗上着力太少，不能不说是个问题。从时间看，整节课大概有15分钟左右基本不触及这首诗歌，也没有具体的赏析活动。从内容看，这节课不仅仅对这首诗的诗歌艺术手法的欣赏非常粗糙，非常简单化，对诗歌的内在结构（前三段的变化，前三段的内在关系及其和后面的关系）基本没有触及，对诗歌的语言也没有好好欣赏，甚至诗歌都没有好好读进去读入味（比如三个“相信未来”的不同读法），虽然花了那么多时间，用了那么多图片介绍“文革”，但作品的时代意义几乎没有得到体现。而诗歌以外的东西拉进课堂的太多，比如诗歌的知识（也未必准确），诗歌的学习方法，包括作者和背景。其实，一首《相信未来》只用20分钟（一堂课是40分钟）的时间去阅读欣赏，其效果就可想而知了。要让学生会读诗，先带着学生好好欣赏一首首具体的诗歌，让他们好好读进去，好好欣赏。在这个过程中获得诗歌的知识，学习读诗的方法。类似的课例，应该说很多。一位老师教学《在马克思墓前的讲话》，开头居然把马克思、恩格斯、列宁、斯大林、毛泽东五巨人的正面头像全都展示出来，还要对毛泽东进行具体的定性介绍。大家很容易看出这样的安排、这样的内容和课文的学习实在难以找到联系。课堂的空间是固定的，不该进来、可进来可不进来的东西多了，该进来的东西就少了。

另一个更为普遍的问题是，文本该教的内容不教，文本该学的内容不学，更不能充分挖掘和利用文本的学习资源。有些课堂视野逼仄，不仅局限于文本，而且局限于参考书，甚至就局限于中考或高考的那些考点知识点。一位老师教学刘鸿伏的《父亲》，在用罗中立的油画《父亲》导入之后，就是对应高考阅读题和学生讨论了三个问题：1. 文章第3段写："父亲说过，人是土物，离不开泥土的。"通读全文，你怎样理解"土物"这个词？"父亲"是"土物"吗？如果是，文中有哪些具体表现？2. 刘鸿伏散文的语言极富深情，极富内涵，也极富画面感。品味下面两处语句的内涵。（语句略）3.《父亲》一文除了讴歌父爱，还表达了怎样的感情？刘鸿伏的《父亲》是一篇内涵极其丰富的散文，写法也很有特点。教学这篇散文，仅仅完成这三个题目就能读进散文，就能理解散文了？另一位老师教学这篇文章，就是解读作者父亲的父爱，其他几乎什么也不触及。尽管文本的教学内容有很大的选择空间，但那不是浅读、俗读之后的选择，更不是盲人摸象式的选择，而是读懂读透之后的选择。知道弱水三千，取一瓢饮才可以；如果以为弱水只有一瓢，就不仅是浅俗的问题了。一位老师教学苏轼的《方山子传》，就是通过一连串的问题让学生理解课文的每一句、每一段，可是对于"作者为什么写'方山子传'而不写'陈慥传'""文章为什么不按时间顺序写""'我'和方山子两个人各以什么态度看对方"等很多有意思也很重要的问题一概不涉及。我总以为这样的教学是辜负了教材，更是辜负了作者的。

最近经常听一些老师说，教材的这篇选文不好，那篇选文也不行。教材的选文肯定有不少问题，有许多值得讨论的地方，但动不动就说这个课文不适宜进教材，那个课文不能选，恐怕是不够负责也不够审慎的。最近听说一位还算有点名气的老师认为《皇帝的新装》是不适宜做教材的，我真的很惊诧。也许我已经老得太落伍了。如果《皇帝的新装》都不适宜做教材了，我不知道还有什么文章什么作品适宜做教材。如果我们教不好，如果我们把握不住，就说不适宜，是不妥当的。充分尊重作者，充分尊重文本，发现可教的内容，开掘可教的内容，进行选择，进行整合，设计组织适宜的学习活动，恐怕才是我们应该努力去做的事情。

课例7 《葡萄月令》教学实录

师：我们今天学习汪曾祺的《葡萄月令》，课前把课文看过三遍的同学请举手（没有同学举手）；看过两遍的举手（没有举手）；看过一遍的请举手（少数同学举手）；一遍也没看的请举手（半数以上的同学举手）。向你们的坦诚表示敬意。没有预习是正常的，很多同学学语文是不预习的。其实不预习也不是大错。我们上课一起好好学，一样能把课文学好。

据说，汪曾祺先生写了这篇散文以后，非常得意。后来，人们一般也把它当作汪曾祺的代表作。（板书：代表作）可是它能“代表”什么呢？这是一个有意思的问题。很多人认为它首先能代表的是汪曾祺的“汪氏语体”（板书）。汪曾祺的散文和一般人不一样，这不一样首先是体现在语言上，究竟是什么语体？请同学们选课文中的一小段，通过你的诵读，读出“汪氏语体”的特点。

生：（朗读课文中描写“五月，浇水”的选段，语气平淡，语速中等）

师：大家认为他读得怎么样？认为读得好的请举手。（多数同学举手）这么多同学认为读得好，请一位同学说说好在哪里。

生：他读出了汪曾祺先生语言的特点，就是平淡、朴实、自然。

师：很好。这篇文章其实不好读，那种情感比较外显的文章，是好读的，而这样一种情感比较内敛的文章很难读。因为它不能用语音的技巧，一用，就破坏了文章。就如我们这位同学归纳的，这篇文章的语言特点是平淡、质朴，读这样的文章，最高的技巧就是不用技巧。刚刚那位同学读得非常好，他读得很陶醉。如果我建议的话，还可以再读得慢一点，节奏还可以再舒缓一点，这种平淡的味道可能更好。

品味一篇文章的语言更重要的是从语言本身入手。有人说这篇文章语言的特点就体现在好几个“多”上。请同学们仔细阅读文本，看看能找到语言的几个“多”（板书）？找到越多的“多”，那就读得越细、越深入。大家发现几个“多”了？找到一个就说一说。

（学生阅读课文，小声讨论）

师：找到“多”的请举手。

（有学生举手找到一个，有学生找到三个）

生：首先找到很多描写时间的词。

师：这些表现时间的词有何作用？

生：成为全文的线索。

师：这篇文章行文是什么线索？

生：他种下了葡萄，从1月到12月，是个时间过程，葡萄的生长过程。

师：这个“多”很好地体现了文章的结构特点。再找找语言方面的“多”。

生：文中写色彩的词语多，还有很多的语音助词。

师：举个例子看看。

生：比如说，“树枝软了”，“树绿了”，“树醒了”。

师：这位同学找得很不错，其他同学有没有找到？

生：描写多，抒情多。

师：抒情有直接有间接，那么直接抒情多还是间接抒情多？

生：直接抒情多。

师：哪些句子是直接抒情的？（学生未能举例）找了半天还没找到，说明（直接抒情）多不多？

生：不多。

师：不要轻易下结论，也不要因为找不到而着急。让黄老师和你们一起找好吗？从句子长短来看，长句多还是短句多？

生（齐）：短句多。

师：再从修辞的角度看，哪些修辞多？

生（齐）：拟人多，比喻多。

师：整篇文章来看，用修辞的句子多还是不用的多？

生（齐）：不用比喻的多。

师：不用比喻的语言是什么语言呢？

（学生在下面说：白描、平实。）

师：对，所以虽然文学性的语言不少，但总体来讲，口语化的语言比较多。（板书：口语多）可见，文章的“淡”，主要就体现在口语多上。如果这篇文章就是淡，就是口语化，它就算不得是散文语言的极品。这篇散文是淡，但是淡得好，那什么样的语言淡得好呢？

生（齐）：淡而有味。

师：这篇文章的淡而有味的“味”体现在哪里呢？它运用了口语化的语言，同时又有文学的色彩，这非常难，一般人写不好。要把口语化的语言和文学的语言融合得天衣无缝，这非常非常难。它的句式是短的多，但有没有长句啊？

生（齐）：有。

师：长句和短句又结合得这么好，这也增加了语言的味道。当然，更重要的味道就像吃葡萄一样，我们还要慢慢地欣赏。因为语言的“味”不仅仅在语言本身。

师：除了语言，这篇文章在写法上，也是汪氏散文的代表（板书）。那么这篇文章的写法有什么特点？

生：这篇散文是以时间为序来安排结构的。

师：大家在读的时候觉得，这篇散文是更讲究技巧，还是不讲究技巧？

生（齐）：不太讲究技巧。

师：也就是说写法比较简单（板书）。武术里有句话叫“无招胜有招”，而在文章里面，没有技巧往往是最高的技巧。这简单的写法能成为精品，有其艺术的规律在其中，简单却能体现其艺术的匠心。请同学们围绕这一点谈一谈，它“简单”中的匠心体现在哪里？

（学生讨论）

生：还写到别的树，丰富了文章的内容；色彩也很丰富，展现了非常美丽的画面；因为用了口语化的语言，所以在阅读的时候很有亲切感；很多地方语言很幽默、风趣；拟人和比喻让人觉得很有美感，而且很幽默。

师：除了写到桃花梨花，还有一些其他的内容。比如四月引用了《图经》，散文中引用文献，是很难的。运用口语，一难；把口语和文学语言融合在一起，二难；又把学术文献的语言融在里面，三难。融得天衣无缝，一般人做不到。我们再从写法来看。本来这篇文章是个简单的结构，以时间为序，而又写了桃花等，在内容丰富的同时，写法上又富于变化。散文的特点是什么？

生（齐）：形散而神不散。

师：所以写散文要把它撒开去，撒开去了文章就显得摇曳而变化。另外，在结构上，十二个月是不是平均用力？

生（齐）：不是。

师生：有详——有略，有长——有短。

师：大家看看，哪些段落写得长，哪些段落写得略。

生：五月，还有八月。

师：为什么有的段落长，有的段落短？长的段落写得长的原因是什么？首先，这几个月从葡萄生长来讲——最重要（学生齐）。还有什么深层的原因？

生：这几个月葡萄长得好。

师：这个"好"是怎么个"好"，能不能说得具体一些？

生：天气好。（其他学生笑）

师：你看，这也暴露了写作中的问题，对吗？写文章能不能这样写啊？天气好就多写一点？（学生笑）这几个月除了对葡萄的生长最重要以外，还有深层的原因。是因为这几个月葡萄园有什么特点？

（有学生答：生命力、生机。）

师：对，具有生机，充满了生命的活力，最容易引起作者内心的共鸣，所以作者才详写。

下面我给同学们一个更有难度的任务。假如让你把汪曾祺的文章缩写成一篇短文，你能缩写到多少字，而且内容比较全，忠实于原文？看谁缩写得最快，缩写得最短，内容最全。在草稿纸上写一写也可以，在书上圈一圈也可以。一个人完成也可以，两三个同学商量也可以。

（学生讨论、活动，老师巡视、指导）

（约3分钟后）

师：缩写的字数在50字以内的同学请举手。（一名学生举手）就请你来说说。大家看是不是符合内容不缺少的要求。

生：一月，葡萄未出窖；二月，葡萄吐芽；三月，葡萄上架；四月，为葡萄浇水施肥；五至七月，喷药修枝；八月，葡萄成熟；九到十二月，葡萄下架入窖。

师：嗯，不错。大家一起来评改一下。他的内容全不全？

生（齐）：全。

师：的确全了，有没有比他写的更短的？一个都没有？我就认为他的内容还可以再短。那该怎么做？大家想一想。

（学生七嘴八舌）

师：需要每个月都写“葡萄”吗？

生（笑）（齐）：不用。

师：一月葡萄怎么样，二月葡萄怎么样，十二个月就多了二十四个字。（学生笑）其实我们只要把葡萄移到最前面去就行了。（示范）葡萄一月在窖，二月出窖，三月上架，四月五月六月浇水喷药打梢掐须，五月中下旬开花，七月膨大，八月着色，九月十月自然生长，十一月下架，十一月十二月葡萄入窖。

假如把我和这位同学缩写的内容加一个题目，能不能用“葡萄月令”？好不好？

生（齐）：不好。

师：“月令”是什么意思？“月令”有两个意思：一、气候；二、物候。这里主要指气候还是物候？

生（齐）：物候。

师：什么叫物候呢？物候就是植物生长的周期特点以及与气候的关系。（学生记笔记）不要记。上课记笔记是最不重要的。这个记下去有什么用？给你们的孙子看？（学生笑）那重要的是什么？听比记重要，说比听重要，想比说重要。所以我们要多想一点，多说一点。

尽管解释“月令”说什么“气候、物候”，但是用了“月令”两个字，从语感上看上去，有了“月令”我们就有一种什么感觉？

生（小声说）：美感。

师：太好了。这就是良好的语言素养。你去查了字典就没有美感了，你不查反而有美感。刚才我和那位同学压缩的几十个字，美感还有没有？

生（齐）：没有了。

师：我们也想一个没有美感的题目。

生：“四季葡萄”。

生：“葡萄的生长周期”。

师：如果题目就叫“葡萄的生长周期”，这篇文章成为什么文体了？

生（齐）：说明文。

师：那我们现在读的《葡萄月令》是什么文章？

生（齐）：散文。

师：（板书：说明文、散文）汪氏散文是说明文的内容，散文的意境，诗的语言。这就是汪曾祺的散文。《白杨礼赞》比它好写多了，《背影》你和我都能写得出来。这种文章，一般人写不出来。所以，我们才称之为“散文中的散文，散文中的极品”。大家再想一想，什么样的人才能写出这样的文章呢？什么样的人才能写出这样的《葡萄月令》来呢？要写《葡萄月令》这样的文章，必须具备几个条件。第一个条件是什么？

生：诗人。

师：诗人就能写出《葡萄月令》了吗？（板书：诗人）

生：熟悉葡萄的人。

师：对，第一个条件是熟悉葡萄的人。那在汪曾祺之前那么多人种葡萄怎么没写出《葡萄月令》呢？

生：还有丰富的内心。

生：懂一点文学的人。

师：对。还要懂一点文学的人。可是当时懂文学而且和汪曾祺一起种葡萄的有人就跳湖了。所以还有一个条件，是什么？

生（齐）：乐观的，热爱生活的人。

师：对，还是一个热爱生活、热爱生命的人。（板书：热爱生活）在这么多条件中，最重要的一条是什么？

生（齐）：最后一条，热爱生活。

师：其实我们这样的了解还是不够深入。下面黄老师来读一段话，是汪曾祺女儿写的。我读一遍，看你能记住几个关键词。不是记得越多越好，而是记得越关键越好。然后想，汪曾祺是个什么样的人。

（教师朗读汪曾祺女儿汪明的文章选段：

不管别人怎么评价，我们知道，父亲自己对于《葡萄月令》的偏爱是不言而喻的。当年因为当了“右派”，他被下放到张家口地区的那个农科所劳动改造。在别人看来繁重单调的活计竟被他干得有滋有味、有型有款。一切草木在他眼里都充满了生命的颜色，让他在浪漫的感受中独享精神的满足。以至于在后来的文章中，他常常会用诗样的语句和画样的笔触来描绘这段平实、朴素、洁净的人生景色。果园是父亲干农活时最喜爱的地方，葡萄是长在他心里最柔软处的果子，甚至那件为葡萄喷“波尔多液”而染成了淡蓝色的衬衫在文章中都有了艺术意味，而父亲的纯真温情和对生命的感动也像“波尔多液”一样盈盈地附着在《葡萄》上。）

师：让我们看看同学们都记了几个词。就记一个词的同学请举手（没有）。记三到五个词的举手（有一部分同学）。记五个以上的举手（很多）。你们记笔记的功夫很厉害。（学生笑）我们看看记的是不是最重要的。哪个同学主动来说说看？

生：我记得比较多。一个是“偏爱”，这是对葡萄园的感情；第二个是当时的身份，“右派”；还有“劳动改造”是他为什么到这个地方去；“单调”是别人的生活，而他（汪曾祺）是觉得生活“有滋有味、有型有款”的；还有“生命的颜色”，这也是对葡萄的感情；还有“平实朴素”是这篇文章语言的风格；还有“纯真、温情”是汪曾祺先生这个人的特点。

师：我觉得你记得够全了。如果让你删掉一个，你删哪一个？

（学生在下面小声讨论）

生：删“单调”。

师：那“偏爱”你为什么舍不得删呢？你也“偏爱”吗？（学生笑）这一段的关键点其实有两个，一个是当时他的处境很不好，同时告诉我们另外一个信息，在这个非常不好的处境当中，他显得很乐观。这是一种什么样的人？用一个词形容。

生（齐）：乐观。

师：有没有更好的词？

生：豁达。

师：从这个时候的汪曾祺，你有没有想到一个类似的人？

生：苏轼。

师：对，苏轼。苏轼的人生境界跟汪曾祺的人生境界的确有相通之处，如果用一个词概括可以用什么词？

生：超脱。

生：悲惨。（学生笑）

师：听到你这个答案，我觉得很震撼。（学生笑）他的处境是有点悲惨，但是悲惨的生活他过得有滋有味，就不悲惨了。对吧？

生：有爱。

师：也对，爱是永远不能没有的。假如让你们从黑板上的词语找一个词来概括汪曾祺的人生境界，可以选哪个词？

生（齐）：淡而有味。

师：汪曾祺之所以这么乐观，在这样的生活中还能充满爱，确实是他的恬淡的人生态度决定的。（板书：恬淡）所以只有这样的汪曾祺才能写出这样的葡萄来，只有这样的汪曾祺才能写出这样的汪氏散文来。有人读了《葡萄月令》，用一个比喻来形容汪曾祺与葡萄的关系，比得非常好。如果让你来比，你会怎么比呢？我们把问题简化一下，也就是在汪曾祺的心目中葡萄是什么？

生：孩子。

师：有何凭据？从文中找凭据。

生：四月份，给葡萄浇水，“不一会，它就从根吸到梢，简直是小孩嘬奶似的拼命往上嘬”。

师：这是把葡萄当孩子了。其他有依据吗？

（学生小声讨论）

生：“九月的果园，像一个生过孩子的少妇，幸福、平静、慵懒。”

师：这怎么说明葡萄是孩子呢？（学生笑）不要害怕别人质问。好多同学都是这样，有好的想法，看到老师眼睛一瞪就以为自己错了。还有的同学就看老师的眼色判断对不对。这都是不好的习惯。现在请同意这个同学意见的同学举手。(几个学生举手) 我认为这足以说明这个问题。葡萄园把每个葡萄看成它的孩子，那葡萄园就是孩子的妈妈。那为什么说葡萄又是汪曾祺的孩子呢？很简单，我们想一下，如果葡萄园是妈妈，爸爸是谁啊？(学生笑)

生（笑）（齐）：汪曾祺。

师：对！（学生笑，鼓掌）其他有没有依据？我们再来看文章最后一小节是怎么说的："老鼠爱往这里面钻，它倒是暖和了，咱们的葡萄可就受了冷了。"请注意，"咱们"能不能是一个人？不能，至少两个人。那这里的"咱们"除了作者还包含谁？

生（齐）：果园。

师：这样的依据在文中还有很多，同学们可以课后去找。葡萄在汪曾祺的眼中就是他的一个孩子。由此可以推出结论，汪曾祺是一个什么样的人？

生：汪曾祺就是一棵葡萄树。

师：非常好。葡萄的爸爸不就是葡萄吗？（学生笑）今天我们这节课一起欣赏了汪曾祺为我们提供的一串葡萄，葡萄一样的语言，葡萄一样的散文，葡萄一样的心，葡萄一样的人。读散文，读现代散文，要读出人物的性情。怎么读出人物的性情呢？从语言入手，走进作者的心中。

好的。今天我们这节课就上到这里。谢谢同学们。

点与面的辩证艺术

阅读教学的点，就是抓住文本的局部进行深入研读；阅读教学的面，则是立足文本的整体解读文本，组织学习活动。阅读教学的规律告诉我们，点和面是相辅相成的关系，成功的阅读教学应该有点有面，点中有面，面中有点，点面相生。

考察目前的阅读教学，我们发现有点无面的情况比较突出。一位老师教学郭沫若的《白鹭》，能算是一个比较典型的例子。其教学环节大致如下：

1. 学生谈谈阅读文章对白鹭的印象（一首诗），从文中找到相关句子，齐读首尾。

2. 讨论：哪些段写“精巧”？表现在哪里？（第5段）哪些句子写“适宜”？为什么写其他鸟？（对比）齐读第5段。小结：精巧——外形。

3. 讨论：哪些段写“神韵”？“韵在骨子里”体现在哪些段？（第9段）讨论表达方式，比较三个“歌”的含义。齐读第9~10段。

4. 标画出描写的语句，读出画面感。教师先范读第6段，指导朗读的轻重和节奏；然后学生自由读。

5. 用“环境+动作”的结构给三幅图命名。（浅水钓鱼图、小村绝顶图、黄昏低飞图）

6. 走进语言，抓住关键词（如站、钓、嵌等），读出神韵，读出骨子里的美。

7. 将文章中浅水钓鱼图的描写改写为夹入较多议论抒情的文段加以比较，理解文章的白描手法。

8. 联系背景解读文章主题。

毫无疑问，这位老师的教学设计是非常精心的，每个活动都有明确的教学指向和学习价值，但缺少应有的整体意识。第一个环节，让学生说说阅读的整体感受，应该说是基于全文的，可是教者只是关注了像“一首诗”的比喻，却没有注意文章开头“白鹭是一首精巧的诗”和结尾“白鹭实在是一首诗，一首韵在骨子里的散文的诗”之间的不同和内在联系。如果说，教学起始阶段解决这样的问题条件还不成熟，而后面一直弃之不顾就是缺少整体的意识的典型表现了。因为最后一段话的理解，“实在”是解读文章主旨的关键。而按照教者这样的内容处理，似乎这篇文章就是先写外形再写声韵的并列结构。倘若如此，那么开头一句“白鹭是一首精巧的诗”是不是就是第2~5段的领起呢？最后两段“或许有人会感到美中的不足，白鹭不会唱歌。但是白鹭的本身不就是一首很优美的歌吗？——不，歌未免太铿锵了”，“白鹭实在是一首诗，一首韵在骨子里的散文的诗”，是不是就只是总括了第6~8段呢？这些都是设计全篇的很重要也很值得讨论的问题。其次，文章第6~8段文字之间到底是什么关系呢？三幅画面之间，就是一般意义的并列吗？诸如此类涉及全篇、着眼于整体的问题，教者几乎都没有关注。

最近听了一位老师教学刘鸿伏的《父亲》也是如此。这节课的教学主要是四个环节：

一、创设情境，导入新课。

让学生抓住皱纹、汗水和干裂的皮肤等细节，谈谈看罗中立的油画《父亲》的感受。

二、初读文本，感知形象。

要求是：文章第3段中写道：“父亲说过，人是土物，离不开泥土的。”通读全文，你怎样理解“土物”这个词？父亲是“土物”吗？如果是，文中有哪些具体表现？

三、细读文本，感知形象。

要求是：刘鸿伏散文的语言极富深情，极富内涵，也极富画面感。品味下面两处语句的内涵，并从文中另选两处自己感触最深的语句赏析。

1. 一双赤脚在山地的大雪中跋涉，那是父亲；一把斧头舞出清寒的月色在猫头鹰的啼叫里荷薪而归，那是父亲；一支青篙逼开一条莽阔大江，那是父亲；一犁风雨阵阵野谣披蓑戴笠的，那是父亲；一盏红薯酒就可以解脱一切愁苦的，那是父亲。

2. 终于到了上车的时候，我和父亲随了奔跑的人群，抱着行李惶惑的向前冲去，夜色昏朦中，灯火里，第一次看到那钢铁的庞然大物，心中充满恐惧和压抑感。车上人太多，挤得厉害，又值酷暑，在各种令人窒息的气味围困中我和父亲被挤站在车厢的尾部，将身体缩了又缩，依然被人群挤过来挤过去。

四、研读文本，探究主旨。

问：《父亲》一文除了讴歌父爱，还表达了怎样的思想感情？

稍作分析，就可以发现这节课的重心都在于片段的理解和赏析，而几乎没有着眼于整体的解读和学习活动。

第一个环节，只是起到“导入”的作用，而没有能够将两个父亲联系到一起，更没有借助罗中立的父亲来理解文中的父亲。

第二个环节的“你怎样理解‘土物’这个词?”“父亲是‘土物’吗?如果是，文中有哪些具体表现?”三个问题看上去似乎是立足整体的问题，教者也明确说是“感知形象”，要求“通读全文”。但只要我们对这篇文章的内容有基本的了解，就会发现父亲是个“土物”是不足以全面概括父亲这个形象的。因为发现父亲是个“土物”，但又不仅仅是个“土物”。所以，后一个问题“如果是，文中有哪些具体表现?”并不能达到整体感知文本的教学目的。

第三个环节则是很典型的语言片段的赏析。虽然在赏析中也能够感知父亲的形象，但这里所感知的认识的父亲形象是很不“完全”的。

第四个环节应该说是一个着眼于文本整体的学习活动。但如果比较深入地研读课文，我们就会发现这篇文章的主旨不只是讴歌一般意义上的“父爱”，也不是为了表达一般意义上的“思想感情”。这样一种泛泛的设问是不能引导学生整体理解文章的。我们以为，解读刘鸿伏的这篇《父亲》，文章结尾的一段话是无论如何也不能忽视的：

> 十年后，那背影依然如此清晰的呈现在我的心中。十年前，我还没有读过朱自清的《背影》，后来读了，我感到一阵震撼，但并不如何感动。朱先生虽然把父亲的背影写得沉重、深情，但他的父亲毕竟不如我父亲苦难，活得比我那与泥土、风雨结缘的父亲轻松快乐。我的父亲的背影，我永远像山一样挺立的父亲，是我生命的路碑。
>
> 为父亲，为自己，也为那养育过我的故土，我把所有翻开的日历都当作奋进的风帆。

为什么作者读朱自清的《背影》，感到一阵震撼而并不如何感动呢?作者的父亲和朱自清的父亲有什么不同呢?或者说作者父亲的爱和朱自清父亲的爱有什么不同内涵呢?为什么说父亲是自己生命的路碑呢?显然，这些问题都是解读全文非常重要的问题。

我以为，解读这篇《父亲》和解读刘鸿伏的“父亲”，文章中有一段很重要的话，也是不能不加以关注：

人生的偶然就是命运，但命运绝不仅仅只是偶然，崇拜泥土或崇拜书本，在某种意义上是一样的，但泥土与书本所涵括的内容却往往若我与父亲命运的内容，迥然不同又有许多相同，这也是偶然么？

说真的，对这段话，我到现在还不敢确定自己有了清晰的理解（姑且不考虑是否正确，是否切合作者的原意）。但我要提醒的是，在这篇议论不多的文章中，这段议论和文章要表达的“思想”（不是一般意义的“思想感情”），与作者要写的自己的父亲一定有着紧密的、至关重要的联系。

在这里我不能也不想具体解读这篇文章的主旨和内涵，举出上面两个片段只是为了说明，完全回避这两个至关重要的段落去解读全篇的主旨解读父亲，是缺少整体意识的，或者说并没有从整体上读明白这篇文章。

倘若第二个环节能够增加“父亲仅仅是个‘土物’，仅仅是‘崇拜泥土’吗？除了‘崇拜泥土’他还崇拜什么？又有哪些具体表现？”诸如此类的问题，第四个环节能够增加“为什么作者读朱自清的《背影》并不如何感动呢？作者的父亲和朱自清的父亲有什么不同？为什么说父亲是自己生命的路碑？”诸如此类的问题，或许整体意识就能得到一定的体现。

在谈到阅读教学文本处理的时候我们一直认为要从内容、形式和语言三个维度选择阅读教学的内容，开掘文本的教学价值。可是很多课堂上常常是，要么只有以各部分内容归纳和主题归纳为主的内容教学，要么就是以精彩词句品读为主的所谓细读，真正将三者融合在一起的教学还不是很多，而缺少面的意识也就是缺少整体意识，仍是一个比较突出的问题。其实，缺少整体的意识，即不把点的问题放到整体背景中解决，即使语句的品读，也难有好的效果。

由以上的案例也可以看出，缺少全篇的“面”的意识，往往是对文本缺少整体的准确把握和解读；要做到点和面相辅相成，做到点中有面，面中有点，点面相生，全面透彻地解读文本是基础也是关键。

多与少的辩证艺术

力求课堂教学的饱满，让学生能够得到更多的收获，这是绝大多数教师都有的想法。但教学实践告诉我们，以少见多，以少胜多，才是最正确的策略选择。而我们常常听到一些课总是以多求多，结果和目的常常适得其反。

最近听了一位老师教学苏教版高中教材的一篇小说《流浪人，你若到斯巴……》。应该说，这是一位很有想法、很有追求的优秀教师，这节课也是一节精心设计学生学习活动、很有特点的小说阅读教学课，但比较突出的问题就是失之于太“多”。

1. 教学环节太多。

整节课有六个大环节：

一、学习缘起

二、整体感知：了解这个故事

活动一：说说小说叙述的故事

活动内容：故事主人公是什么人？他看到了什么？听到了什么？想到了什么？

活动方式：独立圈画批注—小组内交流补充—代表展示

三、深入研读：反思那段历史

活动二：从学生到士兵的转变

活动内容：什么原因使他从学生转变为士兵？他对这场战争是怎么理解的？这个人物给你留下了哪些印象？

活动方式：自读补充材料、圈出每个环境布置的关键词—组内朗读重炮轰鸣、补出省略号内容—组内说说“铭文”的本义和象征作用。

四、升华认知：想象一种未来

提示引入：主人公的遭遇令人同情，他的重伤使他生不如死，他的未来究竟会怎样呢？正如本单元“写作指导”中所说，“文字背后隐藏的故事，则让读者去想象、去推断”。所以，我给同学们提供一个想象的视角。

活动三：推断故事未来

活动内容：当“我”认出了比尔格勒之后，喃喃地说出“牛奶”，后面是省略号。那么，“我”还会说些什么呢？请同学们用第一人称写几句话补出省略的内容。

活动方式：独立写出省略内容—组内交流补充—代表展示

五、课外延伸：理出一些问题

活动四：说说自己阅读的困难

活动内容：再读读小说，还有哪些疑难问题没有解决？

活动方式：课后独立整理典型的困惑（问题）—邀请老师同学帮助解决—总结解决疑难的方法

六、补充注释：完善整个认知

《流浪人，你若到斯巴……》是德国作家海因里希·伯尔的一篇反战小说，通过一个本该在学校读书的少年成了战场上的伤兵，文科学校成了战地医院，学习绘画的学生却永远失去了双手的故事，控诉了纳粹将德国青年“培养”成战争狂热者的罪行。小说构思精巧，视角独特。一个个悬念和出色的环境描写，无不展示了法西斯穷兵黩武的本质。整篇小说以主要人物的内心独白为主：我到底是不是回到了学校，我到底伤在哪里。所有的现实强迫这个17岁的少年接受一个他不愿意承认的事实：他被国家欺骗，并且终身残疾。

对于高一的同学来说，理解小说的主旨，应该不会十分困难。而本节课的所有教学活动，教者费尽心思就在让学生理解文本的主题。我以为，即使从教者的安排看，四、五、六三个环节也没有什么必要。我相信学生通过二、三两个环节的活动，对小说主旨一定有了比较深刻的理解。第二个环节，让学生说说故事主人公是什么人，他看到了什么，听到了什么，想到了什么，通过“独立圈画批注—小组内交流补充—代表展示”等一系列活动，较好地实现了整体感知、了解故事的框架和内容，尤其是对人物

“学生”和“士兵”二重身份的认识，已经对小说的基本指向有了切实的把握。而第三个环节关于“什么原因使他从学生转变为士兵？他对这场战争是怎么理解的？这个人物给你留下了哪些印象？”的讨论，和“自读补充材料、圈出每个环境布置的关键词—组内朗读重炮轰鸣、补出省略号内容—组内说说‘铭文’的本义和象征作用”等一系列活动，学生也已经基本读出了小说文本背后的东西，很好地解读了作者的写作意图，达到了“深入研读文本”，“反思那段历史”的教学目的，对纳粹用尽心机让德国青年一代热衷武力征服，向往成为战争英雄的卑鄙手段已经认识得比较清楚。

因此，我以为，在这个基础上第四个环节再“升华认知”想象主人公的未来究竟会怎样，意义不大，也没有必要。从教者提供的几个想象示例来看（示例一：牛奶，我要喝热牛奶。比尔格勒大叔，你还能帮我再倒一杯吗？我将来怎么过呀，只能用一条腿走路，连香烟我都无法用手去拿呀！示例二：比尔格勒，我口渴了，但是想喝你给我冲的热牛奶。我没有双臂，没有了右腿，我还怎么活下去呀。比尔格勒，让我再喝最后一口热牛奶，然后安静地死去吧。示例三：牛奶，我要喝牛奶。爸爸妈妈都战死了，我也要死了。伟大的德意志，这究竟是为什么呀？），这些想象的内容也算不得是人物命运的“未来”。对于高中生来说，对人物这样的命运在阅读中应该是能够领会的。而更重要的是，这样的活动并没有深化对作品的理解，恰恰相反，还可能损害小说主旨的深刻性。因为小说揭露的主要不是战争对德国青年身体和生命的伤害，而是纳粹教育对他们精神的伤害；不是表现战争给德国人民、德国青年带来的牺牲，而是表现纳粹是怎样把德国人民拉进战争，怎样把德国青年变成战争狂热分子的。

第五个环节“课外延伸”、“活动四”说说自己阅读的困难，和第六个环节“补充注释”完善整个认知，似乎也都没有必要。第五个环节虽然说是“课后延伸”，但并没有指向“课后”，更没有“延伸”，仍然都是指向文本内容理解的一系列问题，而具体内容也仍然是理解小说的主题。如果需要，第五个环节也应该安排在前，到这个时候再说说“阅读困难”，显然不是很妥当。也许有老师会说：难道这样的小说经过前两个环节的教学，学生就没有问题了？当然不会。这里，有两点需要说明：一是我们教学的目的就是达到学生对一篇文本的理解没有问题吗？我们能够教得学生的理解没有问题吗？文本理解的问题我们能够教得完吗？教得学生没有问题就好吗？第二点是，即使有很多文本问题要解决，我们也不应该总是直接针对主题理解进行教学。我们还可以通过小说结构、小说语言的教学等其他途径来加深对小说主旨的理解。至于第六个环节“补充注释：完善整个认知”补充的资料，则和第三个环节中提供的资料完全重复，没有增加新的教学内容和学习内容，就更没有必要了。

2. 链接的资料太多。

链接过多，是目前很多课堂的一个常见表现。这节课也表现得比较突出：

（1）在讨论环境布置时链接了以下资料。

①费尔巴哈的《美狄亚》。美狄亚是希腊神话中美丽的女魔法师，她用魔法帮助父亲夺回了王位。她被称为“复仇女神”。

②《挑刺的少年》。照片拍的是古希腊雕塑，刻画的是一个牧羊少年坐着挑脚刺的细节，早先被称作“忠诚的男孩”。他不顾脚掌有刺，而把敌人即将进攻的消息送给罗马元老院，消息送出后才坐下挑出脚刺。

③雅典娜女神庙庙柱中楣。雅典娜是希腊神话中的智慧与工艺女神，宙斯生下雅典娜时，她便手持神盾、全身武器披挂，所以雅典娜同样是战争的女神，被称为女战神，执掌正义的战争，因为雅典娜在特洛伊战争中的活跃表现，使她战神的名声甚至超过了阿瑞斯。

④从大选帝侯到希特勒的画像。大选帝侯特指1713—1740年在位的勃兰登堡选帝侯腓特烈·威廉，他曾率普鲁士军队击败了屡次干涉北德意志事务的瑞典军队，收复西波美拉尼亚，被尊称为大选帝侯。希特勒为“二战”时德国元首，曾建立纳粹党，宣扬极端民族主义，发动第二次世界大战。

⑤老弗里茨像。老弗里茨即腓特烈大帝，面对强敌奥地利，两次发动西里西亚战争，彻底动摇了奥地利对普鲁士的威胁，并获取了大量的财富和丰富的矿藏，从而获得了“腓特烈大帝”的美名，普鲁士正式崛起成为欧洲强国。

⑥北、西、东、南人种脸谱。这四种人种脸谱都是典型的日

耳曼民族人种，符合纳粹党所宣扬的“优等人种”。纳粹党宣扬“人种论”，后来发展成为极端民族主义，认为世界上的民族有优劣之分，日耳曼民族是最优秀的民族，而犹太民族和阿拉伯民族则是劣等民族，劣等民族就应该是被优等民族奴役的牲畜，甚至为了世界更繁荣，优等民族应该消灭劣等民族。

⑦恺撒、西塞罗、马可·奥勒留的胸像。恺撒、西塞罗、马可·奥勒留都是古罗马帝国雄才大略的君主，是德国崇敬的英雄。德国宣扬英雄，同时也暴露了霸权野心，即像古罗马帝国的英雄君主们那样征服世界。

⑧尼采像。哲学家尼采的“超人哲学”，认为“超人”才是历史的创造者，他有权奴役群众，而普通人只是“超人”实现自己权力意志的工具。“超人哲学”后来被希特勒盗用形成“战争哲学”。

⑨多哥的风景画。多哥1884年沦为德国殖民地，该地物产很丰富，盛产香蕉。

在学生依次说出自己圈点的环境布置的“复仇、忠诚、战争、霸权、人种、殖民地”等关键词，并用这些关键词说一段话之后，教师又投影了这样一段资料：

“二战”期间，身为“纳粹党全部文化哲学教导事务领袖私人代表”的罗森贝格为“德国总教会”拟定了“三十点纲领”。纲领规定德国境内的全部教会都是“民族性教会”，必须根绝“各种异己的外来的基督教信仰”，停止出版和传播《圣经》，从供坛上清除一切耶稣受难像、《圣经》和圣徒像，各教堂必须撤除基督十字架，代之以纳粹符号。纲领还规定学校可由教会来主办，学校除学习必要的文化知识外，必须从事军事训练，培养党内外从事领导工作的能力和战场实战能力。

（2）在学生齐读第49段“仅仅在三个月以前”至第50段，讨论了“我们当时的状态是什么？老师为什么也用同样大的字在写？”等问题，比较充分地理解了铭文之后，又链接了一段资料。

纳粹上台后，不仅改造了宗教，排斥一切异己，而且将德国的教育完全纳入了培养纳粹接班人的轨道。1933年11月6日，希特勒在讲演中说：“当一个反对者说，‘我不会投向你那边的’，我就平静地说，‘你的子女已经属于我们了……你算什么？你是要死的。但是，你的后代现在站在新阵营里。在一个短时期后，他们就将不知道别的，而只知道这个新社会’。”1937年5月1日他又说：“这个新国家将不把它的青年交给任何别的人，而是自己管青年，自己进行教育和抚养。”——《德国史纲》

（3）在教学总结时，为了进一步理解“病态的国家造就了病态的教育，病态的教育造成了病态的一代人”这一认识时又链接了以下资料。

德国军国主义教育是使青少年成为战争炮灰的根源。——《外国名作家大词典》

对纳粹德国对青少年一代的欺骗教育进行批判，从而揭示出民族灾难和个人不幸的根源。——《世界短篇小说名篇导读》

我们能够理解教者每一次链接的内容都有具体的目的，也都能帮助学生更深入地理解文本。但课堂的空间是有限的，链接多了，不仅会分散学生的阅读时间，而且会分散学生的阅读注意，更重要的是会堵塞学生思维的空间，影响他们对文本的思考，甚至可能使学生养成“资料依赖症”(现在很多老师就已经有了这样的症结)，而懒于从文本语言入手去解读文本。以上这些链接的资料，有的可以删减，有的可以筛选，有的则可以摘要，有的呈现关键词句就行了。

3. 语言学习活动太多。

我们一贯强调阅读教学中的语言活动，将它作为阅读教学的基本策略之一。但这并不意味着阅读教学中的语言活动都是好的，更不是越多越好。对上文中所指出的资料链接过多、教学环节过多等问题，很多老师是比较容易理解的，而对于这节课的语言活动过多，也许有些老师并不能接受。

学生的学习活动丰富，是这节课很显著的一个特点。但从教学节俭的角度看，这节课中的有些活动是可以精简的。比如，为了让学生认识主要人物从学生到士兵的转变原因，一共安排了三个活动：一是自读补充材料、圈出每个环境布置的关键词；二是朗读重炮轰鸣一段课文、补出省略号省略的内容；三是讨论“铭文”的本义和象征作用。应该说，这三个环节，教者都非常用力。第一个环节，学生先依次说出自己圈点的环境布置的关键词，再用“复仇、忠诚、战争、霸权、人种、殖民地”等关键词连词成段，又链接了一段《德国史纲》中的材料，让学生认识“二战”时德国学校的教育目的。第二个环节，先是小组内学生朗读，然后齐读、范读，接着讨论：此处的炮声说明了什么？再补写“由学校上战场，为……而阵亡”中省略号省略的内容（保家卫国，赶走入侵者），教师再引导讨论：保家卫国都可以理解，“赶走入侵者”是不是恰当呢？第三个环节先是学生齐读第49段“仅仅在三个月以前”至第50段，教师再引导讨论：那么学校的老师们是如何对待铭文的呢？我们当时的状态是什么？老师为什么也用同样大的字在写？接着老师分别给出四个情境（情境a：同学们想吃香蕉吗？多哥有大量的香蕉，我们必须通过武力征服它。不怕死，跟我上。情境b：同学们想成为英雄吗？我们历史上曾经出现过许多英雄，你也可和他们一样名垂千古。不怕死，跟我上。情境c：同学们，告诉你们不幸的消息，我们的国家快要灭亡了，就在今天早上，苏联人已经攻入我们的城市。我们为保家卫国而死，纪念碑上将永远刻下我们的名字。不怕死的，跟我上。情境d：同学们，情况越来越不妙了。苏联人说不但要灭了我们国家，而且还要把我们整个民族中的所有人都赶尽杀绝。同学们，为了民族存亡和希特勒，不怕死的，快，跟我上），让学生围绕中心话题“不怕死，跟我上”想象情景，最后又链接了《德国史纲》中的一段史料让学生认识“这个国家的统治者就是这样一步步把学生培养成战争狂人”。

我以为，为了让学生认识主要人物从学生到士兵的转变原因，以上三个大环节有一个最多两个就足以达到目的。第一个环节的环境布置分析后，学生认识了“二战”时德国学校的教育目的，其实就已经认识到了主要人物从学生到士兵的转变的原因。第二个环节补写出“由学校上战场，为……而阵亡”中省略号省略的内容，也就认识到了主要人物从学生到士兵的转变的原因。同样，第三个环节理解了“铭文”的本义和象征作用就达到了同样的目的。即使觉得三个环节都舍不得舍弃，也应该有详有略，当然最好的办法是互相整合。就我不成熟的思考，觉得将第二个环节补写“由学校上战场，为……而阵亡”中省略的内容和第三个环节的情景想象进行整合是非常合适的。因为“由学校上战场，为……而阵亡”中省略的内容仅仅补充为“保家卫国”、“赶走入侵者”显然比较单薄，如果把a、b、c三个情境中的内容“武力征服”、“想成为英雄”、“家快要灭亡”和民族危机等内容都整合进去，毫无疑问，对“由学校上战场，为……而阵亡”这句话的理解才更全面更深刻。

除了这样一些大的活动显得重复多余，很多小层次的活动也有这样的问题。如理解“铭文”的本义和象征作用这个环节，就安排了“理解本义—问题讨论—给情境想象—链接《德国史纲》中的一段史料”等好几个层次的活动，其实只要理解本义之后讨论学校让学生写铭文的目的就能够达到教学目的了。同样，理解环境布置这个环节之中，根据资料找出关键词之后再根据关键词说一段话的活动，关于炮声场景中的许多问题的讨论，也都可以精简。尽管我们也一贯强调重点的教学环节要分解要分层，但没有重点的过多分层必然使教学环节显得繁复。

语文课堂教学的多与少是一个基本的对立关系。处理好这对矛盾，对教师的要求非常高。有的课单薄稀松，有的课臃肿累赘，有的课似多实少，而好的课以一当十，以少胜多，似少实多。

取与舍的辩证艺术

对于阅读教学来说，每一篇文章可教可学的内容总是那么丰富。而我们又不可能将该教的都教，该学的都学。于是合理地取舍，就成为教学活动设计和组织的基本问题。从另一个角度说，科学而高效的教学要善于以一当十，要善于整合，而绝不是面面俱到，按部就班。更重要的是，取者也不是简单的“教”，舍者也不是简单的“不教”。因此，合理取舍，巧于取舍，是教学活动设计和教学活动组织的重要追求。

那么该如何合理取舍巧于取舍呢？钱梦龙老师教学《死海不死》堪称一个经典的案例。

钱老师的这节课，就由“不需要教”和“教”两个大板块组成。第一个主要活动就是“舍”。在通过猜测课文的方式，品读课文标题，了解死海的知识之后，钱老师问：“关于死海的知识，同学们都已了解；这篇课文属于说明文，关于说明文的知识，估计同学们也已经知道了不少。你们已经知道的东西，如果还要老师重复地教，你们觉得有劲吗？”学生都说：“没劲！”钱老师接着说：“是呀，我也觉得没劲。因此，我想我们在决定这篇课文里哪些知识需要老师教之前，先请同学们讨论一下‘什么知识可以不教’。现在请同学们打开课本，把这篇《死海不死》看一遍，然后根据课文后面练习题的要求想一想：练习题要求我们掌握的知识哪些可以不教？前后左右的同学可以小声议论议论，互相交流。”

同学们看书思考之后，开始交流。在师生的交流和同学们的交流中很快明确有三方面的内容是可以不教的：一是列数据说明的方法；二是关于课文中三个“死”字的含义；三是游弋、谕告、执迷不悟等词语的理解。但是，如果我们以为这里的所谓不教就真的是不“教”，或者以为这就是一种“不教之教”的艺术，就失之于简单了。这里的“不教”之中，既有“不教”，又有教，实在是一种取与舍的智慧。我们不妨看一看下面这个片段：

生：我认为课文里用到的列数字的说明方法可以不用教。

师：说说理由。

生：课文里为了使说明更加具体准确，用了一些数字来说明海水含盐量高，如“135.46亿吨氯化钠、63.07亿吨氯化钙、各种盐占死海全部海水的23%～25%”等等，这种说明方法一看就知道，完全可以不教。

生：我同意他的意见，但还有点补充。课文在说明海水含盐量高的时候用了很多数据，使用这些数据的作用是使读者对死海海水的含盐量究竟高到什么程度更加明确了。这些道理也很简单，不教也懂。

师：是啊！你们看，“135.46亿吨”、“63.07亿吨”，这简直都是一些天文数字！

我在读到这些数字的时候，对死海海水的含盐量的印象就特别深刻。这两位同学说得都有道理，课文里的这些数字说明和它的作用，的确一看就明白。不过如果不教的话，有关的一些知识是不是能够掌握，我还是有些不放心。例如，课后练习中还要我们区别“确数”和“约数”，并且要求知道什么情况下用确数，什么情况下用约数。这些知识不教行吗？

生：我认为行。

师：哦，你挺自信，好样的！认为可以不教的同学请举手。（绝大多数同学举手）看来，还有一小部分同学似乎还缺少一点自信。（指不举手的学生）你是认为还要教的，是吗？

生：我想教一教不会有坏处，再说我也不大有把握。

师：确数和约数你能区别吗？（生点头）那你说说看，刚才那位同学从课文里找出的那些数据是确数还是约数？（生答：确数。）你能找一个约数的例子吗？

生：“传说大约两千年前”、“最深的地方大约有400米”，都是约数。

师：找得很对嘛！约数在表达上都有一些明显的标志，你知道吗？

生：一般都用“大约”、“左右”、“上下”这类词。

师：如果不用这些词，能表示约数吗？

生：我想也行。

师：请举个例子，最好能造个句子。

生：（思考片刻）这条鱼有七八斤重。

师：好极了！你关于约数的知识掌握得很好嘛，你应该有充分的自信，是吗？

生：是的。

师：刚才有同学说用“确数”可以使说明更加准确，那么用约数是不是说得不准确了呢？

生：约数和确数相比，当然不够准确。

生：我认为不能这样说，主要看在什么情况下用，有的时候用确数反而不准确。

师：怎么会用确数反而不准确？能举个例子来说吗？

生：（思索片刻）比如要我现在说出您的年龄，我只能说大约六七十岁（笑声），因为我不知道您的实际年龄；如果我肯定地说您65岁，而您实际上不是65岁，那不是反而不准确了吗？

师：言之有理！啊，这位同学举手，有什么意见要发表吗？

生：我认为课文里有个地方运用确数和约数有点自相矛盾。46页上有这样两句："海水平均深度146米，最深的地方大约有400米。"既然平均深度是个确数，那么最深的地方也应该是确数，否则怎么算得出平均深度呢？如果最深的地方用约数，那么平均深度也只能是约数。因为平均深度是根据从最浅到最深不同的深度计算出来的，根据约数怎么可能计算出确数来？

师：说得真好！我同意。同学们这样会动脑筋，真让我高兴。我看关于列数据说明的方法，同学们掌握的知识比我预料的还要多，完全可以不必教了。大家再看看，还有哪些知识可以不教？

生：后面练习题中要求区别课文中三个"死"字的含义，我认为这也很简单，不教也懂。

师：对，标题"死海不死"中两个"死"字，刚才同学们都已说过，不必再重复了。那"死海真的要死了"这句中的后一个"死"字的含义呢？

生：是"干涸（hé）"的意思。

师：完全正确。这个"涸"字很容易念错，可你念对了，很了不起。你是怎么念对的？

生：下边的注解上有注音。（笑）

师：大家别笑，他读书注意看注解，这种好习惯不是每个同学都有的。

我再提示一下，看看下面这些词语是不是也可以不教？（板书：游弋、谕告、执迷不悟）

生：我认为可以不教。

师：我欣赏你的自信。但你要说出可以不教的理由，因为其中有的词估计同学们语文课里没学到过，比如"游弋"、"谕告"。

生："游弋"虽然没学到过，但书上有注解；"谕告"也没学到过，但回去查一查词典就知道了。

师：说得好说得好，语文课上没有学过的，完全可以查词典自学嘛！同学们课外有没有查词典的习惯？（众：有！）这是个好习惯，一定要坚持下去，让词典成为你们的一位终身老师。那么这些新词我们就不讨论了，再说这篇课文新词也很少，有些词结合上下文也都不难理解，比如“执迷不悟”。

在这个片段中，我们的确可以看到，关于列数字的说明方法，关于确数和概数的识别及其说明作用的理解，关于课文中三个“死”字的含义的区别，对“游弋、谕告、执迷不悟”等词语的理解，都不是老师教的，或者是学生本来就会的，或者是通过自己学习掌握的。但教者在不教之中“该出手时就出手”，又在四个方面充分发挥了教的作用。

一是教需要教的人。当老师请认为可以不教的同学举手时，虽然绝大多数同学举了手，但还是有一小部分同学没有举手，于是钱老师指着一个不举手的学生问：“你是认为还要教的，是吗？”在这个学生说“教一教不会有坏处，再说我也不大有把握”后，钱老师便开始“教”他识别约数和确数。可是是怎么教的呢？这就是钱老师的第二个“教”：令其自悟，教其自得。他和这位同学是这样对话的：

师：确数和约数你能区别吗？（生点头）那你说说看，刚才那位同学从课文里找出的那些数据是确数还是约数？（生答：确数。）你能找一个约数的例子吗？

生：“传说大约两千年前”、“最深的地方大约有400米”，都是约数。

师：找得很对嘛！约数在表达上都有一些明显的标志，你知道吗？

生：一般都用“大约”、“左右”、“上下”这类词。

师：如果不用这些词，能表示约数吗？

生：我想也行。

师：请举个例子，最好能造个句子。

生：（思考片刻）这条鱼有七八斤重。

师：好极了！你关于约数的知识掌握得很好嘛，你应该有充分的自信，是吗？

在我们为钱老师的教学智慧所折服的同时，也应该悟到其中取舍的道理：能不教的坚决不教。

钱老师的第二个“教”是深化学生的学习。在学生基本认识概数和确数之后，钱老师问：“刚才有同学说用‘确数’可以使说明更加准确，那么用约数是不是说得不准确了呢？”这一问使学生对概数和确数这个知识的学习深化了一步。有学生发现了“有的时候用确数反而不准确”，有同学发现“课文里有个地方运用确数和约数有点自相矛盾”。不难发现，这里的学习已经进入探究学习的高级阶段。

钱老师的第三个“教”是指点学习方法。在一位同学说“游弋”虽然没学到过，但书上有注解，“谕告”也没学到过，但回去查一查词典就知道了。钱老师说：“说得好说得好，语文课上没有学过的，完全可以查词典自学嘛！同学们课外有没有查词典的习惯？（众：有！）这是个好习惯，一定要坚持下去，让词典成为你们的一位终身老师。”

从钱老师“不教”的这个环节，我们可以看到他取舍的原则就是：能不教的坚决不教，需要教的一定要教。

如果说前一个片段在“不教”之中表现了钱老师的取舍智慧，那么后一个片段则是在“教”之中表现了钱老师的取舍智慧。

师：下面是不是让我们换个角度思考一下：你们认为要学好这篇课文，哪些知识还是需要老师教的？大家前后左右可以议论议论。

（学生看书、小声议论）

师：谁先来说说？

（无人举手）

师：（继续启发）你们知道这篇文章是什么文体吗？

生：是说明文。

师：说明文是个大类，包括各种产品说明书、书籍的出版说明和内容提要、词典的释文、影剧内容介绍、除语文以外的各科教科书及讲义、知识小品，等等。凡是以说明事物或事理为主要表达方式的文本都是说明文。（指一学生）你说说看，这篇课文是说明文中的哪一种?

生：是知识小品。

师：(问全班)他说得对不对?同意的请举手。(多数学生举手)你说对了。但什么是知识小品，你知道吗?

生：不知道。

师：知识小品有什么特点，知道吗?

生：不知道。

师：你都不知道?(生点头)那你怎么知道这篇课文是知识小品呢?

生：我是瞎蒙的。(笑声)

师：不，你肯定不是瞎蒙的，你心里肯定有一个关于知识小品应有的“样子”，而这篇课文正好符合你心里的这个“样子”。是这样吗?

生：我心里没有样子。(笑声)

师：那你为什么不说它是产品说明书或别的什么说明性文体，而偏偏要说它是知识小品呢?你在说的时候心里肯定有过一些选择的，是不是?

生：是的。

师：好好想想，你在各种文体中选定知识小品，当时是怎样想的?

生：因为它是介绍关于死海的知识的，文章很短小……所以是知识小品。

师：说得对呀!知识小品就是介绍科学知识的；文章篇幅又很短小，所以叫“小品”。你看你说出了知识小品的一些重要的特点，你明明知道，怎么说不知道呢?

生：这是我看了课文后临时想出来的。

师：这更了不起，说明你的思维很敏捷，很有判断力。我早说过你不是瞎蒙的嘛!(笑声)下面请大家再来看看知识小品除了篇幅短小、具有知识性以外，(板书：知识性)还有些什么特点。

生：知识小品写得比较生动有趣，能吸引读者。

师：说得很好。刚才那位同学的意见如果可以用“知识性”三个字概括的话，你能不能把你的意见也用个什么性来概括？

生：趣味性、生动性。

师：他说了两“性”，但我们只要一个“性”就够了，请同学们两个中选一个，要说出选择的理由。主张选“趣味性”的同学请举手。（绝大多数学生举手）看来大多数同学都主张用“趣味性”，谁来说说理由？

生：“生动性”一般指语言描写方面，趣味性好像指文章内容方面的。比如这篇《死海不死》，在介绍死海海水的特点和死海形成原因时，插进了一些历史传说和民间故事，内容很有趣。

师：说得真好！同意的请举手。（全班举手。教师板书：趣味性）知识小品除了具有知识性、趣味性以外，还有一点十分重要，就是它介绍的知识必须是正确的、符合科学原理的，请大家也用一个“性”来概括。

生（七嘴八舌）：科学性！

师：完全正确！

（板书：科学性）现在请一位同学给三个“性”排个次序。

生：知识性、科学性、趣味性。（师插话：这样排列的理由呢？）因为知识小品首先是介绍科学知识的；其次，它介绍的知识必须是符合科学原理的；趣味性没有前两个性重要，所以排在最后。

生：我也同意这样的次序，但他说趣味性不重要，我不同意。

生：我是说没有前两个重要，没有说不重要。

生：我仍然不同意你的意见。因为，一篇知识小品如果科学性、知识性都很强，但一点趣味性都没有，大家不要看，科学性、知识性再强也没用。可见趣味性是最重要的。

（学生纷纷议论，莫衷一是）

师：请大家静一静！看来同学们的意见有很大分歧，想听听我的意见吗？（众：想！）我认为，对知识小品来说，知识性和科学性是它的本质属性，（板书：本质属性）因为作者写作知识小品的根本目的就是向读者介绍科学知识，如果没有知识性和科学性，知识小品也就不存在了；趣味性则是它的重要属性，（板书：重要属性）我基本上同意他的意见，知识小品是一种以传播、普及科学知识为目的的文艺性说明文，它是写给一般读者看的，当然要写得读者爱看，因此特别讲究趣味性，使读者在轻松愉快的阅读中获得一定的科学知识。同学们还有别的意见吗？（稍顿）看来大家同意了。

现在我们请一位同学把刚才讨论的内容总结一下。谁来？

生：知识小品是说明文的一种，是一种文艺性的说明文，它具有知识性、科学性、趣味性。知识小品的作用是向读者普及科学知识。

师：谁还有补充的？

生：知识性、科学性是知识小品的本质属性，趣味性是知识小品的重要属性。

师：他说得比较完整；他补充得也很好。看来同学们的悟性都很高，知识也掌握得很好，学习这篇课文原本要求重点学习的“列数据”的说明方法、确数与约数的区别和作用等，都可以不教；关于知识小品的文体特点，同学们也自己从课文中悟出来了，也不用我再喋喋不休地介绍了。

就是说，同学们在有些方面已经达到了不需要老师教的地步，我真为同学们高兴！不过，关于知识小品的特点，尤其是知识性、科学性、趣味性问题，同学们大概是第一次遇到，因此建议同学们接下来再花点时间深入讨论一下。限于时间，我想从“三性”中选择一个来讨论，就作为这堂课学习的重点。同意吗？

生（齐）：同意！

师：三性中选择哪一个？

生：趣味性。

师：为什么选趣味性？

生：因为我们自己写作文要能够吸引读者，也应该有点趣味性。看看作者是怎样引起读者兴趣的，也许对我们自己写作文有启发。

师：大家同意吗？

生（齐）：同意！

“下面是不是让我们换个角度思考一下：你们认为要学好这篇课文，哪些知识还是需要老师教的？”这个过渡句表明下面进入了“需要教”的内容。教什么呢？钱老师又是怎么教的呢？

先教文体。“你们知道这篇文章是什么文体吗？”老师又把球传给了学生。在学生说是说明文之后老师说道：“说明文是个大类，包括各种产品说明书、书籍的出版说明和内容提要、词典的释文、影剧内容介绍、除语文以外的各科教科书及讲义、知识小品，等等。凡是以说明事物或事理为主要表达方式的文本都是说明文。（指一学生）你说说看，这篇课文是说明文中的哪一种？”这里老师先是教给了学生说明文的类型和主要特征。“这篇课文是说明文中的哪一种？”再将问题抛给了学生。在学生认为是知识小品时，老师给予了充分肯定，紧接着追问道：“你说对了。但什么是知识小品，你知道吗？”学生的回答是“不知道”。本来，老师应该顺其自然地告诉学生什么叫知识小品。可是钱老师不是这样处理的。接着，他和学生有这样一段对话：

师：知识小品有什么特点，知道吗？

生：不知道。

师：你都不知道？（生点头）那你怎么知道这篇课文是知识小品呢？

生：我是瞎蒙的。（笑声）

师：不，你肯定不是瞎蒙的，你心里肯定有一个关于知识小品应有的“样子”，而这篇课文正好符合你心里的这个“样子”。是这样吗？

生：我心里没有样子。（笑声）

师：那你为什么不说它是产品说明书或别的什么说明性文体，而偏偏要说它是知识小品呢？你在说的时候心里肯定有过一些选择的，是不是？

生：是的。

师：好好想想，你在各种文体中选定知识小品，当时是怎样想的？

生：因为它是介绍关于死海的知识的，文章很短小……所以是知识小品。

师：说得对呀！知识小品就是介绍科学知识的；文章篇幅又很短小，所以叫“小品”。你看你说出了知识小品的一些重要的特点，你明明知道，怎么说不知道呢？

可见，即使要教的知识，特别是和具体课文紧密联系的内容，钱老师也不是简单地传授，更不是将知识塞到学生口袋里，而是精心引导，让学生从文本的阅读中自悟。这是教之中的不教，是不教之教；是取中之舍，舍中之取。

接着钱老师就此引导学生总结知识小品知识性的特点，并渐次认识趣味性和科学性的特点，通过比较认识生动性和趣味性的不同，并对三个特点进行排序，认识三个特点的关系，进而对哪个是最主要的特点展开了充分的讨论。这是钱老师在这个片段的第二次“教”。他先让同学们充分讨论，在大家的讨论得难分难解的时候，他出场了：“请大家静一静！看来同学们的意见有很大分歧，想听听我的意见吗？（众：想！）我认为，对知识小品来说，知识性和科学性是它的本质属性，（板书：本质属性）因为作者写作知识小品的根本目的就是向读者介绍科学知识，如果没有知识性和科学性，知识小品也就不存在了；趣味性则是它的重要属性，（板书：重要属性）我基本上同意他（指一生）的意见，知识小品是一种以传播、普及科学知识为目的的文艺性说明文，它是写给一般读者看的，当然要写得读者爱看，因此特别讲究趣味性，使读者在轻松愉快的阅读中获得一定的科学知识。”什么内容该教，什么时候教，该用什么方式教，钱老师总是把握得恰到好处。

之后，钱老师说：“看来同学们的悟性都很高，知识也掌握得很好，学习这篇课文原本要求重点学习的‘列数据’的说明方法、确数与约数的区别和作用等，都可以不教；关于知识小品的文体特点，同学们也自己从课文中悟出来了，也不用我再喋喋不休地介绍了。就是说，同学们在有些方面已经达到了不需要老师教的地步，我真为同学们高兴！不过，关于知识小品的特点，尤其是知识性、科学性、趣味性问题，同学们大概是第一次遇到，因此建议同学们接下来再花点时间深入讨论一下。限于时间，我想从‘三性’中选择一个来讨论，就作为这堂课学习的重点。同意吗？”因为

“我们自己写作文要能够吸引读者，也应该有点趣味性。看看作者是怎样引起读者兴趣的，也许对我们自己写作文有启发”，最后大家决定后面的阅读就主要学习课文的趣味性。

从总体说，这堂课分为两个大的板块，前面一个板块是在不教中教，总体是舍；后面一个板块是在教中不教，总体是取。一节课，有大取，有大舍，舍得多，取得少。大取就是教学这篇科学小品的趣味性，大舍就是不教数据说明，不教三个“死”的不同含义，不教那些看似生疏又可以自己掌握的词语，不教知识小品的知识性和科学性。但大舍中，又有许多小取，不教之中又有许多教；大取中，又有许多小舍，教之中又有许多不教。匠心独运，可以说达到了取舍之道的至境。

而我们的许多课堂教学，或者教学内容单薄，或者教学内容臃肿；或者是可以不教的处处都教，面面俱到，平均有力，或者是应该教的教不到位，蜻蜓点水，浮光掠影。比较普遍的问题是，文言文阅读教学内容单薄，除了翻译，除了字词句，几乎什么都没有；而现代文阅读常常是内容拥挤，几乎是什么内容都想教。如果深入剖析，看似教，其实又什么也没有教的现象，也不是绝无仅有。至于只教“内容”，只教“语言”，只教“考点”，极大地浪费文本资源的现象更是比较普遍。

我们真应该好好向钱梦龙老师学习取舍的智慧。

动与静的辩证艺术

一次语文课堂教学活动中，一位老师对学生提出了一个学习要求，然后看了看手表问道：“给你们12秒钟时间，好吗？”可爱的孩子们异口同声地说：“好！”我不知道这位老师是如何精确计算出12秒这个时间的，我更不知道12秒钟学生能够完成什么样的问题。

如果说这位老师的12秒是个别的特殊情形，而下面这个教学情景则是比较常见的现象。

老师说："下面请同学们阅读课文第3~5三个小节，思考PPT上的三个问题。"老师想了想说："给你们3分钟好吗？"同学们自然说好。

接着学生开始看书，可是我们的老师绝不闲着。老师不停地在行间走来走去，更有不少老师一会儿和这个学生耳语几句，一会儿和那个学生耳语几句，一会儿说"已经过去两分钟，大家要抓紧时间"，一会儿又说"有的同学习惯真好，一边看书一边在书上圈点勾画，大家要向这些同学学习"。甚至有的老师还会插进来提一点问题，或者在黑板上写几个字。

过了一会儿，老师说："好，时间到，开始讨论。"过了不到半分钟，老师又说："好，时间到，开始交流。"于是指名同学发言。

一开始，老师的神情和蔼可亲。可是连着叫了三五个同学，回答都靠不了边，老师的脸色便开始发生变化，然后用殷切的目光终于找到一个以为很有把握的同学，充满希望地说："某某同学，你来回答。"没有想到某某的回答也不靠边，老师的情绪终于失控了，责问道："某某，你怎么也回答不对呢？"

等到课后谈教学感受，老师就会说："原来在某某班级试教，效果很好的。没想到今天人太多，学生有点紧张，没有配合好。"反正一切都是学生惹的祸，就是没有自己的错。

我用这个案例说明过很多问题，比如学生主体问题，比如阅读课的学生阅读问题，比如阅读教学的问题提出问题，这里我想用它说明课堂教学的动和静的问题。学生的回答为什么远离老师的期望呢？有很多种可能：有可能是阅读的时间不够，有可能是问题提得不够恰当，有可能是讨论得不够充分。我这里要说的一个因素是：老师根本就没有让学生安安静静地好好看书好好思考。

不知道是什么原因，现在很多老师都害怕课堂上安静，更舍不得让学生安安静静地看书。最近一阶段，发现有些老师让学生看书还要播放音乐，把课堂搞得像咖啡厅。温馨是很温馨的，但我以为没有什么道理。我在批评教师朗读课文滥配音乐时曾调侃地问："你们在家里看书读文章都要放音乐吗？"老师便会哄笑起来，因为一般人都不会。为什么上了课堂就要背离常情呢？我也和老师们讲过一个真实故事，一位老师上课时很喜欢播放音乐让学生看书，可是她儿子这样做，她就很光火，斥责道："今后看书就不许听音乐，听音乐就不要看书！"

在很多人看来，热闹就是好课。热闹就是教学气氛好，热闹就是学生积极主动，热闹就是教师善于激活和引导，热闹就是学生主体教师主导。所以现在不少阅读课，动不动就是集体朗读，就是别出心裁的分组分角色朗读，就是变着花样排桌子，就是分组讨论合作探究。怎么做热闹，我们的老师就怎么做，就是不肯让学生静下来好好看看书，好好想一想问题。

课堂上喜欢热闹，还有一个表现就是动不动就要学生鼓掌。有人说我是反对课堂上鼓掌的，这话不全对。不错，我是说过：不要把自己搞得像个三流歌星，不要把课堂搞得像个歌厅。因为我知道课堂是学习的地方，是需要安静的，过于喧嚣绝不利于学生的学习。而且据我所知，真正的艺术家，包括歌唱家，绝不会声嘶力竭地喊：来一点掌声，好吗？梅兰芳不会，帕瓦罗蒂也不会。

其实对课堂里的掌声我也不是一概反对的。我要看这掌声是如何响起的，是为谁响起的。如果是为学生响起的，如果是为学生学习的成长，如果是为学生精彩的学习表现，如果是为学生走出一个错误的认识，如果是为学生互相之间精彩的辩论，如果是因为学生敢于发表自己独到的观点，如果是因为学生敢于和老师争论，敢于向教材向权威质疑，这样的掌声当然应该响起。我们反对的是掌声是为教师而响起。如果掌声是因为教师的表演而响起，是因为教师的要求而响起，我们便觉得有些无聊和无趣。

即使掌声是为学生响起的，我们还要冷静看一看、想一想，掌声是为学生的什么表现响起的。我听一个语文教师教学苏轼的《水调歌头·明月几时有》，屏幕上是一轮圆月，一个男生在舞台一角一会儿仰首望月，一会儿做挥毫疾书状，另一个男生在舞台的另一角一会儿仰首望月，一会儿低头做思念状。这时音乐响起，一女生着一袭长裙，手持话筒从边幕处款款而出，口中唱着《水调歌头·明月几时有》那首歌。那歌声在我看来真真超过三流歌星。于是掌声响起，经久不息。执教老师显示出得意之色，听课老师显露佩服状。而我却心里实在不是滋味。这是语文课还是音乐会呢，或者是舞台剧？孩子们会唱歌能演戏，自然是好事，但我们的行当毕竟是教语文的。再说，教学的本质是教学生学习不会的知识，这样展示学生本来就具有的才艺，能说是教学吗？

细细想来，教师们喜欢热闹的背后，是对新课程理念的误解。新课程强调学生主体，于是就变着法子，让学生说，让学生跳，让学生笑；新课程强调要活动，于是就将各种艺术形式搬进课堂，吹拉弹唱，声色电光，全套都上，以为这就是新课改了。另一个原因是真正的学科素养不足，真正的教学艺术不足，真正的教育智慧不足，不能通过学科的学习活动调动学生，不能依靠教学智慧引领学生点拨学生。内功不够，就只能靠这些外功凑合，以营造氛围。第三个原因是一些专家和领导，尤其是一些既是专家又是领导的专家们的误导。宫中尚促织之戏，于是就有了促织的悲剧。

与动和静密切相关的是张与弛。现在的课堂，节奏普遍都比较快，都比较赶。很多老师都把学生当电脑，不断发出一个个指令："好！开始看书！""好！开始讨论！""好！开始交流！"比如我们前面提到的"五分钟，阅读三个段，思考三个问题"的例子就是。很少看到老师说："不着急，同学们慢慢想。""不着急，慢慢说。"更是很少老师问："同学们看完了吗？""同学们时间够不够？"好的课堂，总是张弛有度，动静结合。学生没有时间好好读，怎么能理解文本？学生没有时间好好想，怎么能有高质量的问题回答？

其实，要做到动静适宜真的并不难，就是给学生必需的阅读时间和思考时间，就是把节奏放慢一点。苏轼在谈到自己的文章时说："吾文如万斛泉涌，不择地而出。在平地，滔滔汩汩，虽一日千里无难；及其与山石曲折，随地赋形而不可知也。所可知者，常行于所当行，常止于不可不止，如是而已矣。"真是写文章的高境界！一个教师能够在该行的时候行，在该停的时候停，也一定是一种高境界。课堂倘能如此，一定是学生喜欢的好课。

要做到动静适宜还要学会等待。我在很多场合批评过"一问就答，一答就对，一呼百应，一写了之"的假课。一问就答，不是老师提问不动脑筋，就是学生回答不动脑筋；一答就对，不是老师问得愚蠢，就是老师问得无聊；一呼百应，既听不清学生回答的差异，更不知道学生回答的对错；一写了之，以找到所谓正确答案为满足，常常是既没有学，也没有教。而这样的课之所以渐渐成为风气，也是因为热闹，是因为很多教师“等不得”或者“不会等”，当然主要是“不肯等”。一般说，教学中的“等待”，常常有三种情况：一是学生如果想不出，说不对，让他慢慢想，慢慢说；二是学生如果想不出，说不对，就将这个问题搁一搁，时机成熟时再说；三是发现学生的一些问题，并不一定即时处理，更不要一步到位，等到适当的时间再解决或者分步解决，效果常常会比预想的好。一个教师如果能够善于等待，是一种成熟的表现，甚至是一种很重要的智慧。

除了比较普遍的，也是比较严重的“静”不下来的问题，语文课堂同时也存在着“动”不起来的问题。有时候，看上去的热闹其实并不是真正的“动”而是表面的动。什么是语文课堂的“动”呢？当然是学生的听、说、读、写活动。即使撇开那些并非听、说、读、写的活动，有不少听、说、读、写的活动由于缺少要求、形式不当，学生也没有真正动起来。所以我们在描述语文课堂教学活动时，特别强调要让学生有思考地听，有要求地说，带着任务从容地读，形式多样地写，而最关键的一点是要让学生动脑筋，动脑筋的听、说、读、写，才是真正的动。动耳，动嘴，动眼，动手，关键是动心和动脑。动心是悟，动脑是想。有感悟、有思考的听、说、读、写活动，才是真正的“动”。

语文课堂教学中，动和静是一对相辅相成、互为表里的矛盾。有静，才有动；有静，才使动更有意义，也更有效果。更重要的是，静本身就是动，甚至是更本质的动。诸葛亮说“宁静以致远”，语文课似乎也是如此。

课例8　《蜀道难》教学实录

师：（板书课题）今天我们学习李白的《蜀道难》。有没有想到今天这个课题为什么要竖着写呢？

生：（小声地）山高啊。

师：现在不多说，等一会儿你们就明白。课前要求大家熟读课文，最好能背诵。课文能背上了吗？背上了的请举手。（大部分同学举手）好的。没有背上的继续背，背上的要能默。现在请一起背诵，没有背上的就看课本。

（学生背，比较整齐）

师：背得不错。一直没有犹疑，说明同学们背得很熟。但是，有几个句子同学们背得很快，我听得不太清楚。我们一起落实几个字的字音。

第一个是“蚕丛及鱼凫”的“凫”怎么读啊？

生：凫（fú）。

师：嗯，不错。第二个是“飞湍瀑流争喧豗，砯（pīng）崖转石万壑雷”。“砯”字怎么读？

生：（同声）“砯（pīng）崖转石万壑雷”。

师：什么“崖”？

生：砯（pīng）崖，课本上有注音。

师：啊，我倒还没有在意。那版本不一样。过去我们一直读成“pēng崖转石”。没关系。你读你们的“砯（pīng）崖”，我可能还会读成“pēng崖”。还有一个句子，你们读得也不好。就是后面一个句子：其险——

生：（同声）其险/也如此——

师：不要读了，已经错了。“也”字，靠前还是靠后？

生：靠前。

师：不但要靠前，还要拉长一点。诗歌一般不用虚字，李白的诗歌中用“也”字，跨越了诗文的界限，也可以说是以文写诗。李白写诗不守规矩，这也就是李白之所以成为李白的一个原因。好，继续读。

生：其险也/如此。

师：老师示范“其险也/如此”，“也”要读得稍长，可以突出“险”。

据说，李白拜谒贺知章，就呈上这首诗。贺知章读完之后，说“真乃谪仙人也”。什么是“谪仙人”啊？

生：就是被贬谪的仙人。

师：所以，李白被称为诗仙。贺知章的意思是，《蜀道难》是神仙才能写出的诗啊。“此曲只应天上有，人间能有几回闻？”神仙有什么特点？

生：不受束缚，比较自由。

生：想象丰富，奇特。

师：有道理，这是神仙的特点，下面我们就进入神仙的诗歌境界，感受诗仙的魅力。诗歌讲究诵读。我们先来读前三个字。可以说，这首诗如果把前面三个字读好了，这首诗就不用学了。谁来试试？没有人举手？那我们请五个同学读一读，比一比，看怎样读更好。从这个同学开始，我们请五位男生——

生：噫吁嚱！

生：噫吁嚱！

生：噫吁嚱！

生：（读不出来）

生：噫吁嚱！

师：我修正一下要求。老师发现，不把后面的内容带上，不好读，对不对？（生：对）那好，把后面的一句连起来一起读，让感情充分表达出来。

（五个学生继续读）

生：噫吁嚱！危乎高哉！

生：噫吁嚱！危乎高哉！

生：噫吁嚱！危乎高哉！

生：噫吁嚱！危乎高哉！

生：噫吁嚱！危乎高哉！

（五位同学读得各不相同）

师：这五位同学读得都不相同。姑且不评论谁读得最好。你们想一想这个句子会有多少种读法？

（学生没有反应）

师：同学们，排列组合有没有学？

生：（同声）还没有呢。

师：你们想一想，读这个诗句，不同主要在哪里？

生：重音。

师：对。重音。还有——

生：延长。

师：延长，还有停顿。

那么，重音有几种可能？延长有几种可能？停顿有几种可能？组合一下有多少种读法呢？等会儿，你们把这个题目给你们的数学老师做一做，看他能不能做出来。当然那样做，是数学的方法。我们现在用语文的方法。刚才几位同学读出了几种读法。现在，黄老师再读几种，大家看怎样读更好。

师：（教师比较诵读）

噫吁嚱！危乎高哉！（重音在“噫”和“危”，“吁”、“嚱”延长）

噫吁嚱！危乎高哉！（重音在“吁”和“危”，“吁”、“嚱”延长）

噫吁嚱！危乎高哉！（重音在“嚱”和“高”，“吁”、“乎”延长）

噫吁嚱！危乎高哉！（重音在“噫吁”和“高”，“嚱”、“乎”延长）

噫吁嚱！危乎高哉！（重音在“吁”和“危”，“嚱”、“乎”延长）

……

（讨论明确：读法可以有不同，但基本要求是“噫”要重读，给人异峰突起的突兀感，“吁”不宜重读，否则会冲淡前一个字的重读，“嚱”也不宜重读而必须延长，加强感叹，重读了不自然，也破坏了感叹的色彩，“危”必重读，和“噫”呼应，形成起伏，“高”可重可轻，“乎”宜轻读，有感叹味，并形成起伏，“哉”可稍微延长，有吟诵的余味。）

师：刚才我们讨论应该怎样读比较好。但同学又不必过于拘泥，关键是理解，读出自己的理解。现在请同学们继续读一读。

（学生自由读）

师：除了这三个词三个字，或者说除了读好这七个字，全诗还有一句话也很关键。读好它，对全诗就有了更深入的理解。哪个句子？

生：蜀道之难，难于上青天。

师：这个句子在诗中反复出现。一共几次？

生：三次。

师：出现了三次。三次能不能一样读？

生：不能。

师：肯定不能。请你们把这三句都画出来。

（学生画这三句）

师：请两位同学比读一下。有没有主动要求读的？

（学生没有反应）

师：没有？没有，我就指明了。张颢，该你出场了。另一个请龚思恩。

生（张颢）：能不能多读一些句子？

师：可以。根据需要提前读一两个句子都可以，不要太多；太多这个三个句子就不突出了。

（两位同学比读。）

生（张颢）："噫吁嚱！危乎高哉！蜀道之难，难于上青天。"

"蜀道之难，难于上青天！使人听此凋朱颜。"

"蜀道之难，难于上青天，侧身西望长咨嗟。"

（三句略有不同，但都比较高亢，响亮，雄浑）

生（龚思思）："噫吁嚱！危乎高哉！蜀道之难，难于上青天。"（豪迈，雄浑）

"蜀道之难，难于上青天！使人听此凋朱颜。"（低沉）

"蜀道之难，难于上青天，侧身西望长咨嗟。"（充满感叹）

（学生自发掌声）

师：第一个同学读得比较响亮、豪放，第二个同学的情感把握更细腻一些，把三句的变化读出来了。这三句的读法很有讲究。第一句要读得豪迈、雄浑，第二句要读得低沉，第三句要读出感叹。大家也不妨读一读。

（学生自由读）

师：大家想一想，这三句在文章中有什么作用呢？

生：把文章串起来。

师：这是结构上的作用。结构上，除了把文章串起来，还能把文章的层次向前推进。

生：内容上，能够把情感的变化表现出来。

师：这个情感的变化，很重要，就是文章的脉络。理解这三个句子的作用，要从内容、形式和情感不同角度考虑。

有人说，读《蜀道难》，理解了这几个句子，就足够了，这是很有道理的。可是除了这三句，诗歌还有很多内容。其他内容又写了什么呢？与这三句有什么关系呢？

带着这个问题，我们合作朗诵一下诗歌。我读反复的这三句，你们读其他部分。

（师生合作朗诵）

师：想一想，其他内容写了什么？与这三句有什么关系呢？好的，我们分组完成。一、二小组研读“噫吁嚱！危乎高哉！蜀道之难，难于上青天”和“蜀道之难，难于上青天！使人听此凋朱颜”之间的内容，三、四小组研读“蜀道之难，难于上青天！使人听此凋朱颜”和“蜀道之难，难于上青天，侧身西望长咨嗟”之间的内容。

可以就近讨论，也可以自由组合为小组讨论。

（学生阅读，讨论）

师：我们来交流一下。先请一、二小组的同学交流。

生：写了蜀道的形成。

师：（板书）也就是蜀道由来。为什么要写蜀道由来？

生：地形险要。

生：写人行走在蜀道中。

师：压缩一下，就是蜀道旅途，写行走在蜀道中的感受。这有什么样的意图？

生：可以表现蜀道之难。

师：这是衬托和烘托。写“黄鹤之飞尚不得过”，“猿猱欲度愁攀援”，衬托蜀道之高，写鸟的悲号，写子规啼叫，是烘托。

生：还有一个神话传说。

师：（板书：神话）为什么要写这个神话？

生：可以写出险峻，神奇。

师：对。“上有……下有……”写蜀道太高了。再请三、四组的同学交流。

生：写山峰，写树，写水，写悬崖。

师：写这些有什么作用？也是用了什么方法？

生：也是烘托，衬托。

师：主要是烘托还是衬托？

生：烘托。

师：还写什么？

（学生迟疑）

师：（读）“剑阁峥嵘而崔嵬，一夫当关，万夫莫开。所守或匪亲，化为狼与豺。……”

生：写人。

师：写什么人？

生：写守蜀道的人。

师：对，写守蜀道的人（板书）。现在想一想，写这些内容与三次反复的句子是什么关系呢？

（学生思考）

师：诗和文章一样，常常有关键句。如果有，这首诗的关键句很显然是？

生（齐）："蜀道之难，难于上青天。"

师：对。诗不仅有关键句，关键句中还常常有关键词关键字，人们称之为——诗眼。如果这首诗有诗眼，诗眼是哪个字？

生（齐）："难"。

师：那么，蜀道"难"在哪里？

生：难在蜀道之路的艰险，还难在守道之人的凶残。

师：还有呢？不妨按照诗歌的思路说。

生：开道就难。

生：行走难。

生：山很高。

生：很险。

师：比较全了。我们先小结一下刚才的问题，写其他内容与"蜀道之难，难于上青天"这个关键句什么关系？

生：其他句子都是围绕这个句子展开，都是写难，从不同角度写蜀道难。

师：对，这就具体写出了"蜀道之难"。现在我们就把诗歌的思路理清楚了。现在我们归纳一下，是从哪几个方面写难的？用哪些方法写难？

生：一个是本身的，内在的，直接的。一个是外在的原因，导致了蜀道之难。

生：第一是写蜀道的高和险，第二是写蜀道上行道之人的艰难，第三是通过想象，写蜀道之难的外在原因。

师：说"外在的"不太准确。

生：还有渲染气氛，写出蜀道之难。

师：作者从蜀道的由来、行走蜀道的感受、蜀道地势之高、蜀道地形之险、守道之人等多方面写蜀道之难，这中间有正面直接写它的"难"，也有的是从侧面写它的"难"；综合运用了想象、衬托、烘托等多种方法。大家想一想，李白为什么要把蜀道写得那么难？或者说李白写蜀道之难有什么用意？

生：我觉得是李白通过蜀道之难，说明人生之路的艰难。

生：我觉得是李白政治上的艰难。

师：（板书：人生之路、政治多险）同学们说得都很有道理。

关于李白《蜀道难》主旨的理解有多种说法，主要有这样几种（补充板书）：

第一是人生的感喟。

第二是政治上的艰险。

第三是送友人入蜀。

第四是关心故人（杜甫）。

第五是劝明皇不要入蜀。

第六是讽刺军阀。

那么，同学们能否从文本中分别找到这些理解的根据？

生：最后一句是表达政治上的艰险。“蜀道之难，难于上青天，侧身西望长咨嗟。”

生：送友人的依据是：“问君西游何时还？”

生：挂念老杜是“锦城虽云乐，不如早还乡”。

生：劝明皇不要去蜀。“其险也如此，嗟尔远道之人，胡为乎来哉！”

师：这里的“险”，除了蜀道自身的高险之外，还有“所守或匪亲，化为狼与豺”之险。当然，这样的对应是比较简单的方法。只能说明不同见解各有道理。你们觉得哪一种更好？

生：我觉得人生感慨，可能更好一些。

生：我觉得仕途感慨好。

师：关于本诗的主旨，的确是见仁见智。我个人比较倾向于第一第三种。辛弃疾的很多词，既是送友人，又在感慨人生。其他的各种观点，当然各有道理。也有人通过考证证明其中一些观点经不起推敲。比如关心故人杜甫的说法，有人考证当时杜甫已经不在四川了；比如劝明皇不要入川，有人考证当时安史之乱早就平息了。当然解读诗歌未必就要用考证的方法。

有人说，诗歌是语言的艺术；也有人说，诗歌是排列的艺术。不过，排列对诗歌的确很重要；不同的排列，效果不一样。比如这首诗，有人把

“噫吁嚱”独立排行。也有人把“噫吁嚱，危乎高哉”排在一行。除了句子的排行之外，有时候断句，也影响排行。比如“又闻子规啼夜月，愁空山。”有的版本就断为五五句“又闻子规啼，夜月愁空山”。你们觉得哪一种更好？

生：书上的好。

师：对，我也以为课本上的七三断比五五断要好。这样有一种参差的美，还能把空山的空旷，人的孤独和惆怅表达出来。现在，我们尝试一下，如果让你来排行，你如何排？然后，按照你自己的排法诵读。

（学生思考排行，并自由诵读）

师：好。现在请同学自由读全诗。我在黑板上画出图谱。画出的图谱，表达我对排行的理解。

（学生按照自己的排法，诵读全文；老师在黑板上画出图谱）

师：我为什么要强调这种图谱和这样的分行？

生：形式上给人高峻的感觉。

师：（描画出排行的边缘线，呈山势险峻的蜀道状）的确是这样，这样的排行在形式上给人强烈的震撼。李白这首诗，是什么体裁？是不是近体？是律诗还是绝句？

生：是乐府诗。

师：对，乐府。乐府的句式，长短比较自由。句式的长短，也是表达情感的重要手段。李白的乐府，句式更是多变。不拘形式，不守规矩，需要长则长，需要短则短，三个字，五个字，七个字，随手写来。这样的句式和形式有什么效果？

生：形象而有力地表现蜀道之难。

生：还有感情上的起伏和变化。

师：很好，通过诗句的长短，表现出感情上的起伏和变化。他奔放的情感和飘逸的诗风，他如神仙一样的奇特的想象和联想，都和这样的语言形式，形成内在的统一。

生：我觉得这还是李白作为诗仙的一种语言的艺术。

师：非常好，我们欣赏这首诗，就可以从这三个方面去把握：形象，感情，语言。今天的课就上到这里，课后同学们还要多读，多品味。

附录　文本是教学活动的土壤

当大家认识到教学活动的设计对于语文教学的重要，当我们懂得了精彩的课堂来自精彩的活动，很多老师关心的是：精彩的语文教学活动从哪里来？我们说，语文教学活动来自文本的阅读。

“亲自”阅读

我们知道，说语文教师要“亲自”阅读文本，这是个病句，也是个笑话。这样说是有典故的。我曾经工作过的一个学校，某位领导对老师们说：“社会各界把他们亲自生的孩子送到我们学校。我们能不尽心尽责吗？”后来，“亲自”在我们那个学校就成了典故。老师们在食堂相遇，就会说：“亲自来吃饭了？”

这里说“亲自”阅读，是为了强调教师必须自己直接面对文本。事实上，很多老师并不重视文本阅读，甚至有人基本不读文本。

大量课堂实例说明：阅读教学中很多问题的出现，都与教师对文本缺少深入的解读有着紧密的关联。

据我们了解，语文教师备课中的文本解读存在着这样一些问题：1. 过程倒置。即不是先阅读文本，而是先阅读教学参考和各种资料，然后再阅读文本，甚至根本不阅读文本（尤其是自己以为熟悉的课文）。2. 有人无己。备课时会较多地甚至是大量地阅读包括教学参考书在内的相关资料，最后是各种结论充塞自己的头脑，却没有自己的阅读体验，更没有形成自己的认识和见解。3. 重心失当。即热衷于寻找所谓新的教学方法，把备课时间花在资料搜集上的多，花在构思如何教学上的多，花在教学形式上的多，花在设计练习上的多，而花在阅读文本上的少。4. 僵化少变。即一旦形成了对文本的某种认识，就很难改变，不仅不能超越自己，对其他不同的观点也常常排斥。凡是有新的说法，都不愿接受。

由于缺少直接的深入的文本阅读，致使阅读教学中的文本阅读出现了大量问题：

1. 误读文本。一位老师教学曹操的《短歌行》，其主题归纳居然是人生短暂，要珍惜生命。一位老师教学闻一多先生的《七子之歌》，居然让学生讨论台湾什么时候才能回到祖国怀抱。一位老师教学屈原的《渔父》，对“沧浪之水清兮，可以濯吾缨；沧浪之水浊兮，可以濯吾足。”两句诗的解读竟然是要热爱自然，要和山水对话，对“举世皆浊我独清，众人皆醉我独醒，是以见放”的解读是“屈原一个人和千千万万普通百姓的文化对峙”。这样的解读，实在离文本太远，离屈原太远。

2. 浅解文本。不少老师教学杨绛先生的《老王》，无视文章最后“几年过去了，我渐渐明白：那是一个幸运的人对一个不幸者的愧怍”这句话，解读为要关心社会上的弱势群体。不少老师教学刘鸿伏的《父亲》，无视文章中“十年前，我还没有读过朱自清的《背影》，后来读了，我感到一阵震撼，但并不如何感动。朱先生虽然把父亲的背影写得沉重、深情，但他的父亲毕竟不如我父亲苦难，活得比我那与泥土、风雨结缘的父亲轻松快乐。我的父亲的背影，我永远像山一样挺立的父亲，是我生命的路碑”这样一段话，将文章解读为父爱的表达。

3. 俗解文本。也就是简单联系当下背景解读文本，或者脱离作者和写作背景，从非常世俗的角度解读文本。一位老师教学牛汉写于“文革”中的诗歌《华南虎》，最后落实到要学生有主见，不要盲从，不要沉迷于游戏机。一位老师教学《项脊轩志》，居然从“轩凡四遭火，得不焚，殆有神护者”这几句中读出了得意之情。不少老师教学《甜甜的泥土》，将主旨归结为后娘都是歹毒的。教学毛泽东的《沁园春·雪》，和学生讨论作者的思想感情，学生回答为“保卫祖国山河而战斗的责任感”，老师也给予高度肯定。

4. 肢解文本。即只看到局部，而看不到整体。前面举到的例子把曹操的《短歌行》的主题归纳为人生短暂，要珍惜生命，就是如此，只看到了其中“对酒当歌，人生几何？譬如朝露，去日苦多”几个句子，而忽视了全部；同样教学《观沧海》，仅仅抓住“树木丛生，百草丰茂。秋风萧瑟，洪波涌起。日月之行，若出其中。星汉灿烂，若出其里”，就解读为歌颂祖国山河。

这样的文本阅读，缺少真正的阅读过程，缺少全面深入的把握，缺少直接的阅读体验，影响了教学活动的设计和组织，影响了教学过程中对学生阅读的指导和对学生问题的有效处理，直接影响了阅读教学的质量。

因此，要优化阅读教学，要有好的教学活动设计，必须从认认真真、扎扎实实的文本阅读做起。

陌生阅读

所谓陌生阅读，就是在全新的阅读中感受文本，形成新鲜的阅读体验，获得对文本的直接认识，积累阅读教学的本我资源。

陌生化本是西方文艺理论的一个概念，现在常常被借用来表达阅读的一种状态。通俗地说，陌生化阅读就是把阅读对象（哪怕是读过多次的文本）当作全新的文本对待，把曾经有过的体验和认识搁置起来，使阅读主体和阅读对象之间形成一种距离，用新鲜的阅读触觉感受文本。用纳兰性德的诗来说，就是“人生若只如初见”。

对于语文教师来说，如果是新选入的文本，进行陌生化阅读还比较容易，但对于比较熟悉甚至是非常熟悉的文本，要进行陌生化阅读就比较困难。不管是哪一套教科书，都有许多文本是我们比较熟悉甚至是相当熟悉的。但熟悉文本就未必利于教学，甚至就因为熟悉而没有办法突破以前的教学思路。而对于这些文本的理解，也常常定格于已有的理解。这对阅读教学是非常不利的。陌生化阅读，要求我们尽可能以一种空白的心态面对文本，要求我们在阅读之前首先将自己的认识进行“格式化”。具体地说，主要有三个方面：

1. 指不带任何现成的结论进行阅读。

只要教过几年书，绝大多数课文都是我们所熟悉的，一看到这些课文，很多现成的结论就会出现在我们的头脑里。看到《我的叔叔于勒》就想到资本主义人与人之间赤裸裸的金钱关系；看到《项链》，就想到资本主义社会妇女的爱慕虚荣；提到周朴园，就是自私、冷酷；提到王熙凤，就是狠毒、刁滑、工于心计。这样的结论，或许并不错。但问题在于有了这样的结论，就使我们的阅读过程失去了应该有的意义。因为在这种已有结论的支配下，阅读就不能产生新的体验，就不能形成新的认识。陌生化阅读要求我们必须尽可能忘掉这些结论。其实做到这一点，并不困难。就是要我们在备课时，首先接触文本，而不是先看参考或先找出以前使用的教科书；是以一种平静的心态接触文本，让心灵和文本对话，和作者对话，平静地倾听文字的叙述，倾听作者的叙述，让感受和认识自然地在心里成长。散文家于坚在谈到人对自然的认识时曾说，我们从文化中接受了太多的关于自然的认识，使我们不再认识真正的自然；我们心中的鸟和树叶已经不再是鸟和树叶本身，而是附着了太多其他东西的鸟和树叶。这对我们应该如何陌生化阅读文本是很有启发的。

2. 不带任何现成框子进行文本评价。

阅读的过程是体验的过程，是理解的过程，也是评价的过程。从某种意义上说，所有阅读都是文学批评。我们有时候，由于受自己所接受的知识限制，由于缺少新的知识的及时补充，长期坚守着一套封闭的（甚至是过时的、错误的）评价标准和评价方式，使自己的阅读方式和阅读行为完全僵化。如果如此，就不可能进行陌生化的阅读。使用新教材以后，如果选文使用的版本和以前的不完全一样，有些老师就以为这个文本是错的。这里除了反映缺少版本意识，也反映我们的老师脑子里对课文的接受完全已经定型化。甚至有些老师对文章的体式也完全定型。在他们看来，只有《谈骨气》才是典型的议论文，只有《白杨礼赞》和《荷塘月色》才是散文，只有《南州六月荔枝丹》和《景泰蓝的制作》才是说明文，不切合这些文章的特点，就是选文不典型，也就没有办法教学。对于陌生化阅读来说，丢掉这些框子比丢掉那些结论更为重要。

3. 以读者的视角进行阅读而不是直接以教师的视角进行阅读。

每个人都是多重角色的复合体。而不同的角色，对对象的评价则会不一样甚至完全不同。记得某报曾经报道，一个法官脱了法袍以后大声责骂那个被她判赢官司的原告。当记者采访时，她说："在法庭上，我穿着法袍，我是法官，我代表法律，我只能根据法律判他胜诉；现在我是一个普通人，是一个母亲，我可以责备他缺少良知。"我们教师也有着多重身份，相对于文本来说，我们可以是教师，也可以是普通的读者。陌生化阅读要求我们能够以普通读者的视角去阅读文本。因为这样能使我们得到更真实的，也更贴近学生阅读过程的体验和认识。而如果立足于教师的立场进行阅读，就会更加职业化，也更加技术化，会带着很强的主观色彩阅读文本、评价文本。有时候，作为一般读者很喜欢的文章，一旦作为教者，就会不喜欢，就会认为没有“教头”。有时候，我们会由文本想到一些其他读者，包括学生根本就不会想到的问题，都是由于这样的原因。一些长期采用解剖式阅读教学的老师，一读文章看到的就是一个个知识点和命题点，这样的读就是高度技术化的阅读，对真正意义上的阅读教学是非常可怕的。

立体阅读

所谓立体阅读，就是从不同维度、不同层面观照文本，获得对文本的全息解读，处理好文本阅读中多重意义之间的辩证关系。用苏轼的诗句“横看成岭侧成峰，远近高低各不同”形容立体的阅读再贴切不过。

首先是要认识文本承载的三重意义。一是文本的作者意义，或者说叫主观意义，即作者试图通过文本要表达的意义。这层意义是阅读要把握的基本意义，即尽可能准确地弄清楚作者试图要表达的思想。但这对于一个教师来说，绝不是全部。传统的阅读教学，以让学生理解文本的基本意义为全部任务，以作者的写作意图作为评价理解准确与否的唯一标准（即和作者的意图一致就是正确的，否则就是错误的），是对阅读教学任务的矮化窄化。一个特定的文本，一旦作为一个自足的存在，它就不再受作者思想的绝对约束，它会在流传过程中形成它特定的意义，这就是文本的客观意义或文本的社会意义。二是文本的主观意义和客观意义，虽然可以用阅读学中的“所指”和“能指”来对应，但又不是那么一个简单的关系。我们之所以又称之为社会意义，就是它不是某一个具体人所赋予的意义，而是在大跨度的时间过程中不知不觉地形成的。最典型的例子是成语，比如“逃之夭夭”、“难兄难弟”、“鞭长莫及”等。名著的主题解读也是如此。《红楼梦》的主题有着丰富的指向，除了不同读者的不同立场不同解读角度之外，社会也是解读的一个重要参数。塞万提斯的《唐·吉诃德》也是如此。作者的意图就是要讽刺骑士文学，但不同的民族、不同的阶级却赋予它不同的主题。这里面还有很重要的文化因素。我们很多古诗名句，使用时常常会承载着许多与作者原意风马牛不相及的新的意义（不包括作为修辞的个别语境的特殊应用）。比如“但愿人长久，千里共婵娟”，苏轼表达的是兄弟之情，思念之情，现在人们绝大多数不再用它表达兄弟情谊，也不一定是表达相思，而常常是表达男女之间的爱慕。三是读者的个性意义，也叫读者意义。这也是一种主观意义，但这个主观的主体和第一层意义的主体是相反的。“一千个读者一千个林黛玉”，“一千个读者一千个哈姆雷特”，是一个代表性的说法。这里有两种可能。一是在共同指向基础上的不同解读。比如林黛玉很美，但到底怎么美，各人有各人不同的理解；假如让所有读者画出林黛玉的肖像，十有八九是不同的。另一个是理解的指向本身就不同。比如对王熙凤的理解，有人以为能干，有人以为弄权。同样是周朴园对鲁侍萍说的一句“你别以为我的心就死了”，有人以为这全是虚伪的骗人鬼话，有人以为这里面包含着几分真情。诸如此类的例子举不胜举。当然，这样的三重意义，文学作品的表现更为典型，但不是说其他类型文本就绝对没有。

人们所提倡的个性化解读和多元解读，包括创造性阅读，都是基于这样的阅读基本规律提出来的。当然，要我们对每一个文本的三重意义都认识得十分清楚，是苛求的，甚至就不可能。但一个语文教师如果不能清醒地认识这样的阅读规律，是不应该的，也是很可怕的。

其实，从理念上充分认识到这一点并不难，难就难在具体作品的解读中，在具体的阅读教学过程中能够处理好三重意义之间的内在联系，处理好多元与一元、个性与共性之间的辩证关系。过分强调文本理解的客观性或过分夸大读者个性理解的空间，都会扭曲阅读的正确行为，都会对阅读教学造成无法挽救的伤害。而对于一线语文教师来说，尤为重要也是十分困难的是对具体文本理解的把握。记得有一次听一位初中老师说课，教学的内容是苏教版初中语文教材九年级（上）的《诗人谈诗》。课文是诗人鲁藜的一首短诗《一个深夜的记忆》，以及诗人曾卓对这首诗的解读文章。这位老师在谈教学设想时既十分关注诗歌的多元解读和个性解读，又强调了教师要有有效的引导和评价，防止学生完全脱离文本的随意误读。可以说，其教学思想是无懈可击的。但当请他说说就这首诗而言哪些个性化解读可以予以鼓励的时候，他的回答实在让我们震惊。他认为，这样一首写在抗日年代的诗歌，理解为“游子对家乡的思念”可以，理解为“对友人的牵挂”可以，理解为“失恋的人对所爱的人的思念”也可以。多元解读的合理性，的确是一个非常难以界定的问题，但我们不能因此就倡导一种随意解读，否则就失去了“教学”的意义，对学生阅读能力和文学素养的培养也都是有害的。

立体的阅读，还指能够从不同立场、不同层面和不同纬度进行阅读。

一般说，教师的文本的阅读，最起码有三个立场。一个是读者立场，一个是学生的立场，其次是教师的立场。

读者立场，也可以叫一般立场，即以普通读者的身份进入阅读。一般说，普通读者的阅读，是一种不带有具体目的的阅读，是近乎无功利的阅读。这种阅读，心境尤其放松。而在放松的心境中阅读，能够得到最真实的感受，尤其能够形成最客观的评价。而我们很多语文老师，由于职业角色的习惯，常常缺少这样的阅读心态和立场。一接触文本，很快就进入教学的立场，满眼看到的就是知识点、能力点、训练点。这种高度功利化的阅读，是非常有害的。它完全破坏了阅读美感、阅读享受和阅读的真实。就像一个职业医生，如果他平时看人的眼光就像解牛的庖丁“目无全牛”，把我们的骨骼五脏都看得清清楚楚，就像一个警官，看我们的眼光就像审查犯人，总是在我们身上寻找犯罪嫌疑，岂不太恐怖？我曾撰文谈过语文教师文本阅读的智慧，提出陌生化阅读、立体式阅读和发现式阅读。有老师问我，“读者立场”的阅读和“陌生化阅读”是否是一回事？我说，这当然不是一回事。所谓“陌生化阅读”，既可能是“读者立场”的阅读，也可能是“教学立场”的阅读，而且以后者为主。“陌生化阅读”是说，“你不管对文本已经多么熟悉，但你必须抛开一切已经有的感受和认识，不得把已有的阅读感受和阅读结论带进正在进行的阅读过程。因为，你以前的阅读未必就是全面的、深刻的，甚至未必就是正确的”。“读者立场”的阅读和所谓的“裸读”也不是一个概念。所谓“裸读”、“素读”，就是不借助任何凭借的直接面对文本进行的阅读，而“读者立场”的阅读则指以一般读者的身份进行阅读，其本质特点是追求阅读尽可能达到无具体的功利目的。

作为阅读教学活动中教学主体的阅读，教师的阅读不可能忽视教学立场的阅读。所谓教学立场的阅读，就是立足教学需要在阅读中发现教学的资源，选择教学的内容，我们把这个过程概括为“解读文本—解构文本—建构文本—整合文本”四个阶段。什么是解读文本呢？我们认为：语文教师解读文本，必须形成自己的阅读体验和阅读见识；必须遵循文本阅读的基本规律，处理好多元解读和一元解读的统一；必须是意义理解、形式理解和语言理解的三者统一。而决不能是教学参考书的照搬和照抄，更不能是到文本里去找出几个知识点、能力点和训练点，尤其不能是文本和高考阅读训练的简单对接。什么是解构文本呢？教师要能对文本进行庖丁解牛式的分析，能把握意义、形式、语言三者之间关系，以及它们各自内部的联系。现在很多人提倡的“文本细读”与此有着紧密关联。简单说，修电视机必须能够拆卸电视机，必须理解电视机的工作原理和结构关系。而所谓文本建构，则可以说是把拆卸后的电视机进行重新组装。我们常常看到一些课堂，教师和学生一起把文本大卸八块，然后下课了，留在学生脑子里的是一堆散乱的零件。这样的阅读教学非常可怕。而那种简单对接高考现代文阅读的教学则常常如此。对于立足教学立场的阅读来说，最难的是整合，即对文本各个方面的因素进行整合。既要把多方面的教学资源整合到一起，还要把教学内容和教学形式整合到一起。这对一个语文教师的专业化素养提出了很高的要求。但唯有能够承担这种责任，具备这种能力的教师才是专业化的语文教师。

对语文教学中的学生立场，我们曾专门撰文进行过论述。而文本阅读中的学生立场，又是常常被大家忽视的问题。

文本阅读的学生立场，就是要求教师在文本阅读中，必须考虑这样一些问题：学生会怎样读？学生应该怎样读？学生会读出什么？学生应该读出什么？学生会有什么障碍？学生如何解决这些障碍？教师倘若能立足这样的问题去阅读文本，教学的内容就会丰满，教学的过程就会流畅，教学的活动就会实在，教学的安排就会更有针对性，学生出现的问题，教师就能给予及时而有效的引导和帮助，而不至于束手无策，或用尽心机却没有效果。

目前，教师的文本阅读，存在两个极端化的现象，我们必须正视。一个是不少教师几乎没有文本阅读，即使读了，也没有自己的阅读体验，更没有阅读见识。或者一切盲从教学参考书，用唯一的答案作为标准；或者是简单化的多元阅读，所有答案都是对的，所有答案都很精彩。另一个问题是，一些老师过度自我的解读。这些老师往往有着良好的文本解读能力和极强的文本自主阅读的意识，对文本既有丰富的阅读体验，又常常有自己的阅读见识，有的还具有良好的文学批评素养和较高的阅读理论水平。他们对教学参考书的内容几乎不屑一顾，对文学批评界早有的定评也大多不以为然，甚至将他们的见解和观点全当作反面的靶子。在他们的课堂上，自己的阅读体验和阅读见识便是他们的教学资源和教学内容。这样的课堂，的确具有活力和张力，也颇能得到一些学生和同行的认同和赞誉。但从语文课程的角度看，这样的做法同样不可取。因为作为一门课程，尽管教师有开发资源的责任和权利，但个人化的阅读行为并不能简单代替课程内容的选择。从文本阅读的角度看，这两种阅读都缺少学生立场的阅读。作为教材编者编写参考书的用意是为教师的教学服务的，即完全是一种教学立场。如果教师完全照搬了，就失去了学生立场的选择和加工。而后一种极端，则完全是一种“我”解读。教师并没有立足学生的需要，对自己的阅读体验和解读见识进行选择，甚至都没有进行必要的提炼和整合。而一个教师的阅读体验和解读见识，哪怕是的确很有价值，都未必是合适的教学资源和教学内容。其实，这两种极端的阅读行为，也是教学立场阅读的缺失。前者几乎没有自己的文本阅读，也没有对教学参考书的内容进行立足教学需要的选择和加工；后者虽有自己的阅读体验和阅读见识，但也没有对它们进行立足教学需要进行再处理。

其实，教师的文本阅读，在一定程度上也是包含了批评立场的，但考虑到它基本是融合于前三种立场之中的，所以就不再单独阐述。

阅读是一个很复杂的活动，文学类文本阅读尤其如此。从不同角度，对这个活动过程会有不同的认识。对文本解读的维度，有着多种不同的分析。粗略梳理，主要有这样三种：

1. 二维解读。

这是一种最简单的文本解读分析。可以表述为，花和作者。在文学作品中，作者描写一朵花，都不会只是为写花而写花，而是借助花表达自己的思想和感情，必然在花中藏着一个“我”。朱自清写“荷塘月色”绝不是为了写“荷塘月色”，而是为了写那颗“颇不宁静的心”；鲁迅写“雪”，茅盾写“白杨树”，郁达夫写“北平的秋天”，都不是仅仅为了写“雪”，写“白杨树”和“北平的秋天”，而是为了写自己既像南方“雪”又像北方“雪”的性格，写“北方的农民”和“抗日的力量”，写郁达夫那颗“多愁善感”的心。当然，这个“我”，可能是清晰的，也可能是含蓄的。比如《白杨礼赞》中的“我”就比较显性，《雪》中的“我”就比较含蓄。因此，阅读文学类文本，应该先读出文本写了什么，再读出文本实际上写什么。即先弄清楚作者写了什么样的“花”，再弄清楚作者在写“花”时，表达了什么样的思想和感情，或者说表现了一个什么样的作者。遇到“我”的表现比较含蓄、比较隐性的情况，尤其要用心揣摩，从文字中寻找出那个“我”来。

2. 三维解读。

可以简单表述为，花，世界，作者。佛家有个说法是“一花一世界，一叶一菩提”，原来的意思自然是表达禅意的，但也告诉我们，每一朵花都是整个世界的一种表达方式，都包含着整个世界的所有的信息和智慧。被作者写到作品中的花自然也就表达了作者眼中的世界。因此，阅读文本，尤其是文学类文本，要先看文本写了什么，也就是写了什么样的“花”，再看文本通过所写的“花”表现了一个什么样的世界，这个花和世界，又表达了作者什么样的思想，或者说表现了作者对这样一个世界有什么样的看法。值得注意的是，作者在文章中要表现的那个“世界”，可能有多种内涵。可能是对现实生活比较直接的看法，比如茅盾的《白杨礼赞》；可能是对人类生存方式的一种表达，比如普里什文的《林中小溪》；可能是对人生和生命的参悟，比如宗璞的《紫藤萝瀑布》。因此，我们阅读时就要注意作者对“世界”认识的内容指向和价值取向。

3. 四维解读。

可以简单表述为，花，世界，作者，“我”。和三维阅读相比，这里又多了一个“我”。这里的“我”即读者。这种阅读观强调读者的在场和参与。花，不仅是作者眼中的花，也是读者眼中的花；世界，不仅是作者眼中的世界，也是读者眼中的世界。王国维在《人间词话》中提出了“有我”和“无我”两种不同的境界，也有人借鉴他的理论提出了“有我”和

“无我”两种不同的阅读策略。“有我”强调将阅读者参与到作品的解读之中，并将自己的情感体验同作者的情感体验相互碰撞和融合；“无我”强调完全还原作品原貌，而尽力排除阅读者的情感带入。而西方接受美学则认为，作品是读者和作者共同完成的，所有作品的阅读，都有读者的“在场”，不存在真正的“无我”阅读。这种观点现在得到了普遍的接受。“一千个读者一千个林黛玉”，“一千个读者一千个哈姆雷特”，几乎是阅读的共识。同样理解《雪》中的“我”，同样理解《荷塘月色》中“我”的“不平静”，但却会理解出不同的“我”，不同的“不平静”。

所谓解读的不同维度，是着眼于阅读的一般规律，对阅读行为的一种分析方式。从这些不同的分析中，我们可以寻找到对阅读教学很有意义的启发。有鉴于此，我们认为，语文教师的文本阅读，尤其是文学作品阅读，还应该能够基于不同的立场。

还有人提出了大众视角、原生视角和现实视角三个不同的维度。这里不再一一介绍。

智慧阅读

所谓智慧阅读，并不是一个严谨的科学术语，而是一种文学性、形象化的表达，是指在阅读中不简单地接受他人的解读结论，不停留于自己以前的解读，不依循通常的解读途径，而能够从新的角度、新的途径，个性化地解读文本，获得对文本新颖、独特的理解，为高品位、高质量的阅读教学提供基础。要注意的是，语文教师的智慧解读是立足于阅读教学进行的，其解读的新颖、独特和个性化也只是相对的。在阅读教学中，一个优秀的语文教师要追求智慧的阅读教学，就必须能够智慧地解读课文。

1. 寻求解读文本的新视角，获得对文本内涵的新理解。

人们常说：经典常读常新。这里的新，主要指对经典的新的理解。前面我们在立体阅读中说过，同一篇文本，可以从不同的视角进行阅读，而不同的视角就会有不同的理解。鲁迅关于《红楼梦》的一段精辟的话是大家都熟悉的。那是不同的人从不同的角度对《红楼梦》的解读。而同一个人从不同的视角解读同一个作品，也会获得不同的理解。对莫泊桑《项链》的解读，多年来我们都定位在小说通过玛蒂尔德这个形象揭露了资本主义社会中人的强烈的虚荣心；后来我们从命运和人生的角度去解读它，又获得了偶然的小事能影响甚至决定人的一生这样的认识；现在我们从妇女地位、女性心理的角度去解读这部作品，则又是一个新的视角。鲁迅先生的杂文《记念刘和珍君》，其主题我们一直理解为揭露反动政府镇压学生的罪行，歌颂青年学生为国家牺牲的精神。在使用苏教版高中语文新教材时，我从教材专题的内涵“直面人生”出发，换一个角度解读这篇杂文，把文章的主旨定位在歌颂刘和珍这样真的猛士敢于正视淋漓的鲜血，敢于直面惨淡的人生的精神，使教学思路和重心发生了根本的变化。我的教学思路主要是：（1）根据文章叙事内容，概括刘和珍的特点；（2）理解作者对刘和珍的感情，认识她的猛士精神；（3）了解段祺瑞执政府的嘴脸，理解文章交代背景对写刘和珍的作用。整个教学就以刘和珍的猛士形象为中心，完全跳出了以前的教学思路和阅读视角。我不敢说这样的解读和这样的教学非常成功，但可以说明很熟悉的经典篇目也可以换一个解读的视角。一位老师教学《林黛玉进贾府》抓住两个主要人物的初会去推演他们的“必然爱，必然悲”的结局，也许从红学的角度看算不得新鲜甚至也算不得合理，但从阅读教学的角度看也是一个新视角的解读。作为一个中学教师，由于学力和时间的局限，有时候要换一个绝对的新角度解读作品或许会力不能及，则可以借助他人的尤其是一些名家的解读拓展自己的视野，借助他人的视角来形成自己的新解读。如钱理群先生、孙绍振先生常常对选入中学语文教材的一些经典篇目提出新的解读，很值得我们借鉴和汲取。

2. 寻求解读文本的新途径，采用新的切入方式解读文本。

不同的人解读文章有不同的习惯方式，解读不同类的文章也各有一些基本的途径。这样的习惯方式和基本途径可以提高我们文本解读的效率，但长期采用这样固定不变的方式和途径也会僵化我们的阅读方式和解读文本的思维，使我们对文本的解读很难有新的突破。比如《林黛玉进贾府》，我们一直都是抓住环境描写、人物出场描写引领学生解读教材节选部分的内容。但一位老师引导学生在细致阅读中发现“忙”和“笑”这两个反复出现的词，比较不同人的“忙”和“笑”的不同内涵和表现人物的不同作用，带领学生走进人物的内心世界，解读的途径、解读的方式可谓别出心裁。《雷雨》是一部经典戏剧，也是中学教材的保留篇目。长期以来，很多老师用心探索了解读作品节选部分的不同途径和方式。除了抓住剧情、抓住矛盾冲突、抓住人物性格、抓住潜台词等通常的途径之外，有的老师从洋火、衬衣、照片、钱等道具入手进行解读，有的老师抓住人物台词中"我们"、"他们"、"我"、"你"等称代的变化进行解读，有的老师抓住侍萍对周朴园称呼的变化进行解读，途径各不相同，但都获得了理想的效果。

除了对文本着眼点的变化，还可以在教学中通过各种有效的学习活动引领学生深入文本、理解文本。一位老师教学《季氏将伐颛臾》，让学生根据具体的语境在表示孔子和学生对话的每个"曰"字前面加上修饰语，巧妙地引领学生深入解读文本。一位老师教学《南州六月荔枝丹》则要求学生先将全文缩写为300字左右的短文，通过比较认识文章引述诗文和资料对于说明的作用和效果，再要求学生利用文章的素材写一个以荔枝为主题的MTV脚本。这样的教学设计不仅是一种综合性、活动型的语文学习，同时也是引导学生解读文本的有效途径。

3. 发现文本解读的新问题，并通过问题解决形成教学的新思路。

智慧的阅读，是一个不断发现的过程。

首先是发现新的问题。这些问题，可能是对文本本身解读的发现，也可能是从教学的角度对文本处理的发现。一个不能发现新问题的教师，肯定是缺少教学智慧的。发现问题，解决问题——哪怕问题没有解决——就会提升课堂教学的品位和质量。可以说，凡是成功的课堂，智慧的教学，都会展示教师问题发现的能力。而死死抓住教学参考上的问题进行教学的课堂，是绝不可能体现教学智慧的。教学《金岳霖先生》一文，初步阅读中就觉得全文是扣住一个"趣"字展开的，可到底是如何写趣的呢，并没有形成清晰的认识。反复阅读之后，终于豁然开朗，发现文章是通过写先生的童趣、风趣、雅趣和士趣，表现先生的个性和人品。苏教版高中语文新教材也收入了经典课文魏徵的《谏太宗十思疏》，但版本和人教版有很大差异，保留了被一些版本删除的内容。对此，很多老师颇有微词，教惯了老版本的我一开始也不知道如何处理这个棘手的问题。反复研读后发现，只要从文章结构和中心观点的角度入手，这个问题就可以得到很好的解决，而且这是一个非常有教学价值的问题。于是教学中我让学生通过比较研读文本，讨论是删除更好还是保留更好，既解决了一个很难处理的问题，又借此引导学生比较深入地解读了文本，同时培养了学生议论文写作的结构意识和阅读探究的能力，真可谓一石三鸟。

很多精彩的课堂都是智慧阅读的典型案例。著名特级教师宁鸿彬先生教学《皇帝的新装》，其主要教学过程是这样的：（1）学生阅读全文，用一个动词概括故事情节；（2）展开讨论，从同学们归纳的动词中找出最恰当的一个字"骗"；（3）讨论故事中人物被骗的原因；（4）讨论孩子没有被骗的原因。全文的教学紧紧围绕一个"骗"字，放得开，收得拢，进得去，出得来，既研读文本，又训练思维，学生主动，教师引导，堪称阅读教学的经典。可这一切的前提，是教师自己的阅读发现。如果宁老师没有发现一个"骗"字在这篇童话中的独特地位，是不可能有这样的教学创意的。一位老师教学《宝玉挨打》，抓住一个"哭"字展开，也有异曲同工之妙：先分析众人的哭相，后探析不哭之人不哭的原因，再找可以哭却没有哭的人，接着想象迎春、探春和惜春来了会不会哭，赵姨娘、贾环来了会有什么反应。这样的精彩教学充分证明了智慧的教学来自智慧的阅读，智慧的阅读要求教师的阅读必须有自己的发现。

进行发现式的阅读，文本解构和文本整合是两个重要环节。

文本解构，之所以没有得到应有重视，很重要的一个原因是人们误以为文本解读包含了文本的解构，而事实并非如此。尽管文本解读的过程，在一定程度上必然会涉及文本的解构，但文本解读并不必然地包含文本解构，甚至很少真正顾及文本解构，因为这两者并不是一回事。一般说，文本解读主要是对文本所表达的意义的理解和认识，而文本解构主要是对文本结构（即各部分之间关系）和形式特点的把握。用修电视来打比方，文本解读主要是理解某一电视机的工作原理，而文本解构则主要是对电视机硬件结构的了解和认识。对于修理电视的人来说，这两者同样重要。因此说，一个语文教师应该具有文本解构的基本能力。

文本解构，首先是弄清楚文本各部分之间的关系。叶圣陶在《语文教学二十韵》中说："作者思有路，遵路识斯真。"他还教给我们把握文章思路的具体方法："看整篇文章，要看明白作者的思路。思路是有一条路的，一句一句，一段一段，都是有路的，这条路，好文章的作者是决不乱走的。看一篇文章，要看它怎样开头的，怎样写下去的，跟着它走，并且要理解它为什么这样走……再往细处说，第二句跟头一句是怎样连接的，第三句跟第二句又是怎样连接的，第二段跟第一段有什么关系，第三段跟第二段又有什么关系，诸如此类，都要搞清楚。”（叶圣陶《认真学习语文》，《语文随笔》，第8页，中华书局2007年版）“要把作者的思路摸清楚，先要看一句跟一句怎样联系，再来看段，一段跟一段怎样联系，一段一段清楚了，全篇文章也清楚了。”（叶圣陶《谈语法修辞》，《语文随笔》，第42页，中华书局2007年版）我们知道，要达到叶老的要求很不容易，但对于一个语文教师来说，这又是必须具备的基本功。

如果说文本的思路分析，是文本的纵向解构，那么对文本各方面内容之间、各种因素之间由局部到局部的分析则是文本的横向解构。我们认为，对文本进行横向解构必须把握文本的三个基本层面。一是文本的意义理解，一是文本的形式理解，一是文本的语言理解。文本的意义理解主要属于文本的解读，但文本的意义理解并不是孤立的存在。文本解构中的意义理解，更主要的是着眼于意义与形式、语言之间的关系。文本的形式理解，主要包含了文章的结构方式、文本的表现手法等内容；文本的语言理解，主要包括文本的语言特点、文章具体句子尤其是关键句的认识和理解等内容。一般说，任何文本的教学都应该立足于这样三个层面。但遗憾的是，我们发现很多阅读教学，或者仅仅是停留于文本意义的层面，甚至是浅层意义的理解，其中比较优秀的也仅仅着眼于不同层面的意义之间的关系解读。也有的阅读教学仅仅是文本的语言品味，“说说喜欢的句子”是这种做法的流行教学模式。可以说，忽略文本的形式解读，是阅读教学一个比较普遍的问题。

无论是纵向的文本解构还是横向的文本解构，其共同的指向都是从文本中发现教学内容，发现教学资源，发现可教学之处。可以说，文本的解构是教学内容选择的前提。优秀的教师总是能从文本中发现有价值有意义的教学资源，即可教之处。而很多老师之所以不管什么文本都只能面面俱到，是因为在他们眼中的文本都是一头完整的“全牛”。也有的老师，教学中常常割裂文本，把文本撕裂成一块块碎片，使学生无法走进文本的世界，原因也在此。而不能根据文本的具体内容设计成功的学习活动和教学活动，是阅读教学一个更严重的问题。一个原因是这些老师无法发现文本中的可

"取"之处可"教"之处，无法发现文本中可以设计和组织教学活动的资源。归根结底，是因为缺少横向解构文本的能力。只有能够像庖丁那样做到"目无全牛"才能达到对文本"以神遇而不以目视，官知止而神欲行。依乎天理，批大郤，导大窾，因其固然，技经肯綮之未尝，而况大軱乎"的境界。唯其如此，才能发现教学中应该从哪里入手动刀、从哪里切入，才能设计和组织成功的教学活动，才能带领学生自如地进出文本。

文本解构固然重要，而更为重要的是文本教学内容的整合。文本整合，首先是指在教学中要建立学生对文章整体的认识。

我们也常常看到阅读课上一些老师解构文本的能力的确不错，轻轻松松就将文本大卸八块；我们也看到一些老师自己解构文本的能力并不强，但依据教学参考书和一些资料，也能很快将文本砍成几个部分、几个层次。但卸完了、砍完了，教学任务就完成了。我们以为这样的教学过程是不完整的，对学生的语文学习也是不负责的。打个比方，就像教学生修电视，将电视拆卸开来给学生看，这固然是必要的。但你把电视拆成一堆零件，然后扬长而去。这样做，对学生有什么意义呢？我们有责任和学生一起将电视拆开，更有责任和学生一起将电视组装起来。这样才是完整的教学过程，也才能真正有利于学生学会阅读。

文本的整合，还指一篇文本教学中各方面内容之间的整合。一篇文章的可教之处总是丰富的，理想的阅读教学，各个教学内容之间不应该是零散的，而应该是一个有机的整体，是一种相互依存、相得益彰的关系。而要实现这样的效果，必须能够将教学内容进行有机整合。如我们前面所说，一篇文本可教的基本内容有内容教学、形式教学和语言教学三个层面。但这三个层面并不是简单相加，而是你中有我、我中有他的关系。一些老师常常抱怨课时太少，总觉得处理文本的时间不够，绝大多数与没有深入解构文本的能力有关，更与没有整合诸多教学内容的能力有关。系统论早就告诉我们，整体效益大于各部分相加之和，三个"一"相加，其结果并不是"三"，而其成本却小于"三"。这就是整合的教学效果。

整合教学内容，最有效的方法，就是设计语文学习活动或者说教学活动。目前阅读教学的展开大多数是教学内容的简单排列。改变这一现状的最好做法，就是将教学内容整合为教学活动或学习活动。对此，我们在有关文章中已经做过介绍和阐述。这里要说的是，文本的整合也包括了一篇文本教学中各个教学活动的整合。理想的阅读教学展开总是由教学活动串联而成，一堂课的教学活动又不宜也不可能很多。我们常常看到一些课堂教学的过程过于繁复和琐碎。这些老师或许觉得很多教学活动都很不错，都舍不得放弃，最后只能匆匆忙忙、浮光掠影，好的活动却并没有好的效果。所以，我经常和年轻老师说：你要努力将几个教学活动整合为一个教学活动。经过整合的教学活动，虽不能说是“以一当十”，至少应该是“以一当三”、“以一当二”。

阅读教学的内容整合，也包括文本教学目标的整合。一篇文本的教学目标，自然可以确定许多不同的目标。而这些目标又必须体现课程标准提出的“知识和能力、过程和方法、情感态度价值观”的三维目标要求。但我们发现有些老师对课程目标的理解是教条的、割裂的。很多老师的教学目标完全是简单化的对号入座：一是知识目标，二是能力目标，三是过程目标，四是方法目标，五是情感态度价值观的目标。目标琐碎而繁杂。我们在批评阅读教学的目标被拔高时曾批评过一种现象，即有些老师的阅读教学每节课必然会花几分钟时间安排一个情感态度价值观的教育活动，对学生进行一番做人的教育。似乎不如此，就没有全面体现三维目标，就没有落实新课程改革的要求。这不仅仅是对新课程理念的误解，不仅仅是对阅读教学课程目标的误解，也是缺少目标整合意识的表现。三维目标之间能这样简单化分开吗？情感态度价值观的目标能通过这样的形式去实现吗？显然不行。三维目标六个要素，是一个统一的整体。知识获得的过程，就是能力培养的过程，能力培养的过程中就包含了方法的掌握。至于情感态度价值观的目标，更是融合在学生的语文学习之中，更是在其中诸目标实现过程之中实现的。可见，阅读教学的文本处理，目标的整合也是非常重要的。

要说明的是，我们这里的“解构”并非解构主义的“解构”。通俗地说，它就是对文本的拆卸。拆卸和整合是一对矛盾，但在阅读教学的文本处理中同样重要。

后 记

写这篇后记，目的只有一个，就是表达我深深的谢意。

首先要感谢的是漓江出版社的文龙玉老师。在出版《论语读人》的时候，她就一再希望能够帮我出版语文教学方面的专著。我和她以前并不熟悉，来往时间也不长，至今还未谋面，但在出版《论语读人》的过程中，她优异的专业素养，严谨的学术精神，尤其是其为人的坦荡和热忱，让我坚信和她合作是愉快的，专著的质量和发行是能够得到保证的。于是，我就和她谈起酝酿多年的“语文教学活动的设计和组织”、“作文教学的理念解读和实践要领”两个选题，让她选择一个。没有想到，她非常坚决地表示两个选题她都要，并且强烈地希望我不要再和其他出版社联系。基于对她非常好的印象，我也爽快地答应了她的要求。本来，这两个选题我或许还会等一等再考虑出版，是文老师的热忱和对我的信任催生了这两本专著的诞生。

其次我要感谢我的两个弟子徐飞老师和王开东老师。虽然我占着师傅的名分，其实他们在许多方面都比我要强得多。开东老师思想敏锐，涉猎广博，见识丰富，阅读和写作的功夫都不在一般。和他交流，常常开我茅塞。我不止一本书是在他积极的策划和推动下出版的。徐飞老师，对语文教学用心专一，作文教学尤有心得，家中藏书数千，读书广丰，近年来购书常替我代买一本，也携带着我与时俱进地读了一点新书。听说我要出这两本书，他们都积极支持，经常和我交流有关话题，从书的取名，到书的结构，从标题到附录，都提出了很多好的建议。得知我在为请谁写序感到为难准备让他们各写一篇时，都慨然答应了我的请求。本来，关心我的前辈并非三位五位，但他们或者年事已高，或者身份地位导致他们极其繁忙，都不忍心以拙著出版相烦。徐飞老师和开东老师，答应了我的约请，就省却了我许多烦恼。

三是要感谢为我的拙著出版付出了辛苦劳动的许许多多老师。苏州工业园区星港中学的董劲老师、江苏师范大学学科教学（语文）研究生朱莹莹老师，都为我整理了长篇演讲的记录稿，使我节省了文字输入的很多时间。苏州工业园区的语文教研员刘铁梅老师，苏州工业园区东沙湖学校的王敏芳、赵文静等老师为我的教学实录整理付出了许多辛勤的劳动，江苏省苏州中学的朱以婷老师、苏州幼儿师范学校的张涵韵老师，认真完成了两本书的校对工作，指出了许多错误，并且提出了许多非常好的修改意见。在此，一并表达我对他们的诚挚谢意。

2015年4月6日